Sammlung außerdeutscher Strafgesetzbücher
in deutscher Übersetzung

Herausgegeben vom MAX-PLANCK-INSTITUT
für ausländisches und internationales Strafrecht in Freiburg i. Br.
durch Professor Dr. Hans-Heinrich JESCHECK, Freiburg i. Br.
und Professor Dr. Gerhard KIELWEIN, Saarbrücken

XCIII

Das bulgarische Strafgesetzbuch vom 16. März 1968

(Nakazatelen kodeks)
mit ergänzenden Vorschriften

Berlin 1973

WALTER DE GRUYTER
BERLIN · NEW YORK

Das bulgarische Strafgesetzbuch vom 16. März 1968

(Nakazatelen kodeks)

mit ergänzenden Vorschriften

Übersetzt von

Dr. Thea Lyon und Dr. Anton Lipowschek

mit einer Einführung von

Dr. Anton Lipowschek

Berlin 1973

WALTER DE GRUYTER

BERLIN · NEW YORK

Gedruckt mit Unterstützung der Gesellschaft für Rechtsvergleichung

ISBN 3 11 003765 3

Satz und Druck: Druckerei Chmielorz GmbH, Berlin

Inhaltsverzeichnis

Einführung in das bulgarische Strafrecht

GLIEDERUNG

A. GEOGRAPHISCHES UND GESCHICHTLICHES

Bulgarien liegt im südöstlichen Teil der Balkanhalbinsel. Im Osten bildet das Schwarze Meer seine natürliche Grenze, während seine nördliche Grenze größtenteils an der unteren Donau verläuft, die zugleich auch die Staatsgrenze mit Rumänien bildet. Im Westen grenzt Bulgarien an Jugoslawien, im Süden an Griechenland und die Türkei.

Seit der Niederwerfung des mittelalterlichen Bulgarenreiches 1395 durch die auf den Balkan heranrückenden Türken ist das heutige Bulgarien fünf Jahrhunderte eine Provinz des Osmanischen Reiches gewesen. Nach dem Russisch-Türkischen Krieg von 1877/78 entstand ein selbständiges bulgarisches Staatswesen unter türkischer Oberhoheit, dessen Grenzen auf dem Berliner Kongreß 1878 festgelegt wurden. 1908 löste Bulgarien die letzten Bande mit der Türkei und proklamierte sich zum souveränen Königreich. Nach dem Einmarsch sowjetischer Truppen im September 1944 und der gleichzeitigen Ausrufung des Aufstandes gegen die „monarcho-faschistische Diktatur" übernahm die von den Kommunisten angeführte „Vaterländische Front" die politische Macht. Das Land wurde in eine Volksdemokratie nach sowjetischem Vorbild umgestaltet. Die Grundfeste der neuen sozialistischen Gesellschaftsordnung wurden durch die Verfassung vom 4. Dezember 1947 auch rechtlich bestätigt. Sie sind auch in die nunmehr geltende Verfassung vom 16. Mai 1971 übernommen worden. Bulgarien ist demnach „ein sozialistischer Staat der Werktätigen von Stadt und Land unter der Leitung der Arbeiterklasse", in dem die Bulgarische Kommunistische Partei „die leitende Kraft in der Gesellschaft und im Staat ist" (Art. 1 und 2)[1].

B. ENTWICKLUNG DES STRAFRECHTS

I. Das Strafgesetzbuch von 1896

Nach 1878 blieb das türkische Strafgesetz von 1859 weiterhin in Anwendung. Dieses Gesetzeswerk lehnte sich an den französischen Code pénal von 1810 an. Das erste umfassende bulgarische Strafgesetzbuch ist erst im Jahre 1896 von der Volksversammlung verabschiedet worden. Den Kodifikatoren diente hauptsächlich das ungarische Strafgesetzbuch von 1878 als Vorlage, dem wiederum das Gedankengut der deutschen „klassischen Strafrechtsschule" zugrunde lag, so die Grundsätze der Legalität (nulla poena sine lege) und der Verantwortlichkeit nur für schuldhaft begangene Straftaten, wobei auch die beiden Schuldformen, Vorsatz und Fahrlässigkeit, näher bestimmt wurden. In den folgenden Jahrzehnten erfuhr dieses Straf-

[1] Deutsche Übersetzung der Verfassung in: WGO-Monatshefte für osteuropäisches Recht 1971, S. 300.

gesetzbuch zahlreiche Änderungen und wurde von Nebengesetzen begleitet, die die Wechselfälle der politischen Entwicklung im Lande widerspiegelten. Darunter seien nur einige wichtigere erwähnt, wie das Gesetz zur Ausrottung des Banditentums von 1922, das Gesetz zum Schutz der Sicherheit des Staates von 1934[2], das Gesetz zum Schutz der moralischen und materiellen Kraft der Armee von 1936 und das rassendiskriminatorische Gesetz zum Schutz der Nation von 1941[3]. Die Sondergesetze der Vor- und der Kriegszeit wurden nach dem 9. September 1944 aufgehoben.

Das Strafrecht erfuhr seitdem tiefgreifende Änderungen. Durch das Gesetz über die Versorgung und Preise von 1946 wurde grundsätzlich die Anwendbarkeit der Analogie im Strafrecht zugelassen. 1948 wurden zwei neue Strafarten, nämlich die Besserungsarbeit ohne Freiheitsentziehung und die Einziehung des Vermögens, eingeführt.

Politische Straftaten und Kriegsverbrechen wurden durch neu erlassene Sondergesetze geahndet, darunter durch die Gesetzesverordnung über die Aburteilung der für den Eintritt Bulgariens in den Weltkrieg gegen die Alliierten Nationen und für die damit verbundenen Verbrechen Verantwortlichen durch das Volksgericht[4] von 1944 mit rückwirkender Kraft für die darin inkriminierten Handlungen, ferner durch das Gesetz zum Schutz der Volksmacht von 1945 und das Militärstrafgesetz von 1949.

II. Das Strafgesetzbuch von 1951

Zu Beginn der 50er Jahre erging im Rahmen einer Neuregelung des gesamten Justizwesens am 2. Februar 1951 ein neues Strafgesetz,

[2] Deutsche Übersetzung in: ZfoeR 1935, S. 397.

[3] Deutsche Übersetzung in: ZfoeR 1941, S. 553. Siehe hierzu auch *Stainov, P.*: Die neue Judengesetzgebung in Bulgarien, in: ZfoeR 1941, S. 553; *ders.*: Der gegenwärtige Stand der Judengesetzgebung in Bulgarien, in: ZfoeR 1942, S. 51.

[4] Dŭržaven Vestnik (Staatsanzeiger) Nr. 219 v. 6. Oktober 1944. Davon betroffen wurden u. a. Personen, die „im In- und Ausland im Zusammenhang mit der von der Regierung betriebenen Innen- und Außenpolitik nach dem 1. Januar 1941 Tötungen, schwere Körperverletzungen, Brandstiftungen, Raube, Plünderungen und Folterungen befohlen, zu diesen angestiftet oder sie selbst begangen haben", sowie diejenigen, die „die Sicherheit des Staates gefährdet haben, indem sie Verträge mit kriegführenden Staaten abgeschlossen oder an der Entscheidung über die Kriegserklärung mitgewirkt oder Handlungen angeordnet haben, die die Neutralität gegenüber der Sowjetunion verletzten und dadurch die internationale Lage Bulgariens erschwerten", ferner diejenigen, die die bulgarische Armee in den Krieg gegen Jugoslawien und Griechenland zur Verfolgung der dortigen Volksbefreiungs-Streitkräfte entsandt haben.

dem bald auch die Strafprozeßordnung vom 5. Februar 1952, das Gesetz über die Gerichtsverfassung vom 7. November 1952, das Gesetz über die Staatsanwaltschaft[5] und das Gesetz über die Advokatur vom 5. Juni 1952 folgten.

Das Strafgesetz vom 2. Februar 1951 stellte die erste in sich geschlossene Kodifikation des Strafrechts in Bulgarien nach dem Zweiten Weltkrieg dar, der die ideologischen und kriminalpolitischen Konzeptionen der in der Sowjetunion herrschenden Strafrechtslehre zugrunde lagen. Bei der Ausarbeitung sind insbesondere das Strafgesetzbuch der Russischen Sozialistischen Föderativen Sowjetrepublik (RSFSR) von 1926 und das tschechoslowakische Strafgesetz von 1950 verwertet worden. Die konkreten Regelungen des neuen Gesetzeswerkes entsprachen den Zielen und Zwecken der nunmehr in Bulgarien im Ausbau begriffenen sozialistischen gesellschaftspolitischen Ordnung. Hierzu führt der Motivebericht aus:

„Das Strafgesetz hat die Aufgabe, den gesellschaftlichen volksdemokratischen Aufbau und die Rechtsordnung in unserem Staate, vor allem aber den in der Verfassung festgelegten Staatsaufbau und die instituierten gesellschaftlichen Verhältnisse vor Angriffen zu schützen. Die Einhaltung der neuen sozialistischen Gesetzlichkeit im Lande ist eine der Grundaufgaben des Strafgesetzes. Das Mittel, dessen sich das Strafgesetz zur Erfüllung dieser Aufgaben bedient, ist die Bestrafung der Straftaten. Das Gesetz erklärt diejenigen Handlungen zu Straftaten, die eine gesellschaftliche Gefahr darstellen, und sieht die Strafen vor, die für die Begehung solcher Handlungen verhängt werden“[6].

Durch die Zugrundelegung der Gesellschaftsgefährlichkeit als des die Straftat konstituierenden Merkmals (Art. 2) habe der Gesetzgeber den „im bourgeoisen Recht vorherrschenden Formalbegriff der Straftat“ als einer Handlung, die vom Gesetz für strafbar erklärt ist (Art. 1 bulgStGB von 1896), aufgegeben und sich den sowjetischen Begriff der materiellen Straftat zu eigen gemacht, heißt es weiter in den Motiven. In Art. 7 wird demgemäß bestimmt, daß eine Handlung, die zwar formal die Merkmale einer Straftat aufweist, keine ist, wenn sie geringfügige Bedeutung hat und keine schädlichen Folgen eingetreten sind, d. h. sie nicht gesellschaftsgefährlich ist. Die Zulässigkeit der tatbestandsmäßigen Analogie wurde beibehalten und damit motiviert, daß der Gesetzgeber bei der Verabschiedung eines Gesetzes

[5] Aufgehoben durch das nunmehr geltende Gesetz über die Staatsanwaltschaft vom 3. Februar 1960 (Izvestija na Prezidiuma na Narodnoto sůbranie [Mitteilungen des Präsidiums der Nationalversammlung] Nr. 11 vom 5. Februar 1960; fortan: Izvestija).

[6] Motivi kům proekta za Nakazatelen zakon (Motive zum Entwurf eines Strafgesetzes), veröffentlicht in: Izvestija Nr. 13 vom 13. Februar 1951.

nicht alle künftigen Erscheinungsformen der Kriminalität voraussehen könne und dadurch die unvermeidlichen Gesetzeslücken ausgefüllt werden.

Der in Art. 64 niedergelegte Grundsatz, daß Strafgesetze keine rückwirkende Kraft haben, wurde durch Art. 91 a (eingefügt 1953) durchbrochen, der Personen unter Strafe stellte, die sich vor dem 9. September 1944 als Anhänger der antifaschistischen Bewegung ausgaben, in Wirklichkeit aber mit der monarcho-faschistischen Macht kollaborierten (Provokateure).

Im Besonderen Teil wurde vor allem die Staats- und Wirtschaftsordnung durch zahlreiche Tatbestände unter Schutz gestellt: Straftaten gegen die Republik (Kap. I), gegen die Volkswirtschaft (Kap. IV), gegen die gesellschaftliche Ordnung (Kap. XI). Die Tatbestandsbeschreibungen erlaubten eine ausdehnende Auslegung, die angedrohten Strafen waren hoch. Die Eigentumsdelikte wurden in zwei Kapitel unterteilt, in Straftaten gegen das gesellschaftliche Eigentum (Kap. III) und gegen das Privateigentum (Kap. VI). Diese Gliederung entsprach den herrschenden gesellschaftspolitischen Auffassungen, die bereits zuvor in der Verfassung von 1947 ihren rechtlichen Niederschlag gefunden hatten. Die gesellschaftspolitischen Kernbestimmungen dieser Verfassung waren: Das Volkseigentum ist die Hauptgrundlage des Staates bei der Entwicklung der Volkswirtschaft und genießt besonderen Schutz (Art. 8). Das Privateigentum und seine Vererbbarkeit sowie die Privatinitiative in der Wirtschaft sind anerkannt und genießen den Schutz des Gesetzes (Art. 10). — Dementsprechend setzt sich das Strafgesetz zum Ziel, dem gesellschaftlichen Eigentum allseitigen Schutz gegen alle Angriffe zu gewährleisten. Die Tatbestände der Straftaten gegen persönliches Eigentum sind den neuen Bedürfnissen des Wirtschaftslebens angepaßt[7].

Bereits in den unmittelbar folgenden Jahren wurde das Strafgesetz mehrmals teilweise geändert[8]. Erst eine umfassende Novelle

---

[7] Motive zur Änderung und Ergänzung des StG (Izvestija Nr. 12 vom 10. Februar 1956).

[8] Im Jahre 1953 wurde durch ein Dekret (Izvestija Nr. 6 vom 20. Januar 1953) folgende Sonderbestimmung für die Anwendbarkeit der Verjährung erlassen: „Gegenüber Personen, die wegen Straftaten an Kämpfern gegen die monarcho-faschistische Diktatur zur strafrechtlichen Verantwortlichkeit gezogen werden, wird die Anwendung der Verjährung gemäß Art. 51 StGB der Beurteilung des Gerichts unter Berücksichtigung der Schwere der Handlung und der Gesellschaftsgefährlichkeit des Täters überlassen. Gegenüber diesen Personen werden die bis zum 9. September 1944 verabschiedeten Amnestien und die Gesetzesverordnung über den Erlaß der Strafverbüßung für bis zum 9. September 1944 begangenen Handlungen (Dûržaven Vestnik [Staatsanzeiger] Nr. 274 vom 9. Dezember

im Jahre 1956 brachte eine gewisse Konsolidierung mit sich. Das Gesetz selbst wurde in „Strafgesetzbuch" umbenannt[9]. Unter den wichtigsten Änderungen sind zu erwähnen: Der Fortfall der Analogie in bezug auf Straftatbestände; Erhöhung der Altersgrenze für strafrechtliche Verantwortlichkeit vom 13. auf das 14. Lebensjahr; Beschränkung der Strafe der „Aberkennung von Rechten" auf bestimmte Rechte, die in Art. 28 aufgezählt sind, sowie die Aufhebung der Bestimmung, daß bei Straftaten im Amt die Aberkennung von Rechten auch dann erfolgen konnte, wenn sie im Besonderen Teil nicht vorgesehen war; Ausschluß der strafrechtlichen Haftung von Angehörigen bei Nichtanzeige von Straftaten gegen gesellschaftliches Eigentum (Art. 110 Abs. 2) und von Hochverrat (Art. 72 b in Verbindung mit 72 a)[10]; grundsätzliche Zulassung der künstlichen Schwangerschaftsunterbrechung unter Einhaltung bestimmter Bedingungen. Diese sind durch die Instruktion des Ministeriums für Volksgesundheit und Sozialfürsorge über das Verfahren bei künstlicher Schwangerschaftsunterbrechung vom 5. April 1956 näher geregelt worden[11]. Die Strafandrohungen für einige Straftaten sind herabgesetzt bzw. abgeschafft worden, wie die Todesstrafe in dem aufgehobenen Abs. 3 des Art. 131 (für Ärzte, Kraftfahrer und andere Berufstätige) bei Tötung oder Gesundheitsbeschädigung im Trunkenheitszustand, Art. 146 (Körperverletzung), Art. 165 und 166 (Beleidigung) und andere mehr. Demgegenüber sind einige Strafandrohungen, z. B. für Verletzung der Arbeitssicherheit (Art. 150), unsittliches Verhalten, Randalieren und andere chuliganische Handlungen (Art. 283)[12] sowie für

---

1944) nicht angewendet". — Aufgehoben 1956 (Izvestija Nr. 12 vom 10. Februar 1956.) — Siehe unten Anm. 130.

[9] Siehe *Lyon*, Thea: Das Bulgarische Strafgesetzbuch vom 2. Februar 1951, Sammlung Außerdeutscher Strafgesetzbücher in deutscher Übersetzung Nr. 73, Hrsg. von *H.-H. Jescheck* und *G. Kielwein*, Berlin: de Gruyter 1957. — Die Änderungen sind in die Übersetzung eingearbeitet. Der Inhalt der wichtigen Neuerungen ist außerdem in den Fußnoten zu den entsprechenden Artikeln vermerkt.

[10] Beide Art. sind durch Gesetz vom 13. Februar 1953 (Izvestija Nr. 13 vom 13. Februar 1953) eingeführt und im gleichen Jahr durch Gesetz vom 10. November 1953 (Izvestija Nr. 90 vom 10. November 1953) wieder aufgehoben worden.

[11] Izvestija Nr. 34 vom 27. April 1956. — Siehe unten die Übersetzung der geltenden Instruktion S. 122.

[12] Jetzt Art. 325. Im Schrifttum auch Hooliganismus (engl. hooligan) gebräuchlich. Wiewohl sich einige in der DDR eingeführte terminologische Sprachschöpfungen als brauchbar anbieten, erscheint der im StGB der DDR verwendete — ebenso entlehnte — Ausdruck „Rowdytum" zur Übernahme hier kaum geeignet. Dem bulgarischen Tatbestand des Chuliganismus fehlt nämlich das Merkmal des DDR-Grundtatbestandes der „Beteiligung an einer Gruppe" (Art. 215 StGB DDR). Dem bulgarischen Tatbe-

Straftaten, die gegen gesellschaftliche Interessen von besonderer Bedeutung gerichtet sind, verschärft worden. Zwei neue Kapitel sind eingeführt worden, Verkehrsdelikte (Kap. XIII) und Militärstraftaten (Kap. XIV). Zugleich sind das Militärstrafgesetz und der bereits erwähnte Art. 91 a StGB aufgehoben worden.

Aber auch nach der Strafrechtsnovelle von 1956 sind einige Teiländerungen erfolgt. Davon seien nur die Strafe der Aberkennung des Rechts auf Wohnsitz in der Hauptstadt und in Kreisstädten (Art. 28 neuer Abs. 3) und die vorfristige bedingte Entlassung von Strafgefangenen, die durch vorbildliche Führung und ehrliche Einstellung zur Arbeit ihre Besserung unter Beweis gestellt haben (Art. 56 a), neue Straftatbestände von Landstreicherei (Art. 285 a) und gewohnheitsmäßiger Bettelei (Art. 285 b) erwähnt.

III. Nebengesetze

Das rechtliche Instrumentarium zu einer umfassenden Bekämpfung der Kriminalität im herkömmlichen Sinne und anderer gesellschaftswidriger Erscheinungen ist durch drei weitere Gesetzeswerke abgerundet worden.

1. Bekämpfung der Jugendkriminalität

Durch das Gesetz über die Bekämpfung der Kinderkriminalität vom 6. Februar 1958 — später ergänzt und umbenannt in Gesetz über die Bekämpfung von gesellschaftswidrigen Erscheinungen von Minderjährigen und Nichtvolljährigen[13] (fortan Jugendgesetz) — ist ein System von Erziehungsmaßnahmen geschaffen worden, die gegenüber strafrechtlich nicht verantwortlichen, in bestimmten Fällen auch gegenüber strafrechtlich verantwortlichen Jugendlichen, statt krimineller Strafen zur Anwendung gelangen können[14].

Das Gesetz unterscheidet zwischen von Jugendlichen begangenen Straftaten und „gesellschaftswidrigen Erscheinungen“, ein Verhalten, das als Abweichung von ordnungsgemäßer Entwicklung und Erziehung der Jugendlichen bezeichnet wird. Die in Gegensatz zur Gesellschaft geratenen Jugendlichen sollen durch kommunistische Er-

---

stand wäre eher die Tatbestandsgruppe des Art. 4 der DDR-Verordnung über Ordnungswidrigkeiten vom 16. Mai 1968 vergleichbar, die allerdings nicht als „Rowdytum“ sondern als „Störung des sozialistischen Zusammenlebens“ rubriziert ist.

[13] Minderjährige sind strafrechtlich nicht verantwortliche Personen bis zum 14. Lebensjahr; die Nichtvolljährigen vom vollendeten 14. bis 18. Lebensjahr sind strafrechtlich verantwortlich. — Siehe unten, insbesondere Art. 31, 32 und 61 StGB.

[14] Jetzt Art. 61 StGB.

ziehung zu bewußten und ergebenen Bürgern werden. Diese Erziehung der heranwachsenden Generation soll durch tätige Zusammenarbeit der Partei-, Berufs-, Jugend- und anderen Massenorganisationen und staatlichen Organe durchgeführt werden. Zu diesem Zweck sind eingerichtet:

a) Kommissionen zur Bekämpfung der gesellschaftswidrigen Erscheinungen der Minderjährigen und Nichtvolljährigen (fortan Jugendkommissionen), und zwar eine Zentralkommission in Sofia, der die Anleitung der Kreiskommissionen und der örtlichen Kommissionen bei den Volksräten der Städte und Rayons obliegt. Bei Bedarf können solche Kommissionen auch bei Gemeinden eingerichtet werden.
b) Pädagogische Dienststellen für Kinder bei den Volksräten.
c) Arbeitserziehungsschulen beim Ministerium für Bildung und Kultur.
d) Besserungsheime beim Ministerium der Justiz.

Die örtlichen Kommissionen verhandeln:

a) gesellschaftswidrige Handlungen.
b) Straftaten von Minderjährigen, wenn das Verfahren gemäß Art. 29 eingestellt und die Akte zur Prüfung an die Kommission überwiesen wurde.

Die Kommission kann folgende Erziehungsmaßnahmen beschließen:

— Sühne.
— Entschuldigung in öffentlicher oder anderer Form.
— Verwarnung mit einer Erziehungsfrist bis zu zwei Jahren. Begeht der Verwarnte in der Erziehungsfrist eine andere gesellschaftsgefährliche Handlung, so wird gegen ihn eine andere Erziehungsmaßnahme angeordnet oder er wird dem Staatsanwalt oder dem Gericht übergeben.
— Erziehung unter Erziehungsaufsicht, mit der eine gesellschaftliche Organisation, das Arbeitskollektiv oder eine Einzelperson beauftragt wird.
— Beantragung der Unterbringung des Jugendlichen durch die Kreiskommission in einer Arbeitserziehungsschule oder in einer anderen Heilbehandlungs-Erziehungsanstalt.

Stellt die örtliche Kommission fest, daß der Jugendliche von Erwachsenen zu der gesellschaftswidrigen Handlung angestiftet worden ist, unternimmt die Kommission die erforderlichen Vorstellungen bei zuständigen Organen oder gesellschaftlichen Organisationen, damit der Anstifter zur Verantwortung gezogen wird. Die örtliche Kommission kann auch Eltern, die ihre Erziehungspflicht vernachlässigt haben, mit gesellschaftlichem Verweis oder gesellschaftlicher Bloßstellung oder mit Geldstrafe bis zu 10 Lewa belegen. Sie kann ferner beim zuständigen Gericht den Antrag auf Aberkennung elterlicher Rechte gemäß den Bestimmungen der Art. 59 bis 65 des Familiengesetzbuchs vom 15. März 1968 stellen. Anwaltliche Vertretung vor örtlichen Kommissionen ist nicht zugelassen. Die Beschlüsse der örtlichen Kommissionen sind zu begründen, sie sind jedoch nicht beschwerdefähig[15].

2. Bekämpfung des geringfügigen Chuliganismus

Durch das Dekret über die Bekämpfung des geringfügigen Chuliganismus vom 28. Dezember 1963[16] sind Verhaltensweisen Jugendlicher unter administrative Strafe gestellt worden wie „ungebührliches Benehmen durch Schmähungen, Beschimpfungen oder ungehörige Ausdrücke an einer öffentlichen Stelle vor mehreren Personen, durch beleidigendes Benehmen gegenüber Bürgern, Organen der Macht, der Gesellschaft oder durch Streitsüchtigkeit, Raufhandel oder ähnliche Handlungen, die gesellschaftliche Ordnung und Ruhe verletzen, soweit sie nicht die Straftat gemäß Art. 283 StGB darstellen" (Art. 1)[17]. Für solche, von über 16 Jahre alten Personen begangenen Handlungen kann der Einzelrichter am Volksgericht den Arrest bis zu 15 Tagen oder Geldstrafe von fünf bis zu 50 Lewa verhängen. Die Arreststrafe wird in den entsprechenden Einrichtungen des Ministeriums des Inneren vollzogen.

Bei Ersttätern wird keine Strafe verhängt, sondern die zuständige Jugendkommission benachrichtigt. Die Strafe wird auch dann nicht verhängt, wenn in Ansehung der Handlung und der Persönlichkeit des Täters dieser durch Maßnahmen gesellschaftlicher Einwirkung gebessert werden kann. Die Verteidigung durch einen Rechtsanwalt ist nicht zugelassen, die Strafverfügung muß begründet sein. Sie ist nicht beschwerdefähig und unverzüglich zu vollstrecken. Die Strafverfügung wird in das Strafregister nicht eingetragen, der Betroffene gilt nicht als vorbestraft.

3. Bekämpfung gesellschaftswidriger Erscheinungen

Durch das Gesetz über Kameradengerichte vom 22. Juni 1961 — mit späteren Änderungen[18] — ist einerseits die Bekämpfung bestimmter gesellschaftswidriger Erscheinungen, die keine Straftaten

---

[15] Vergl. *Geilke*, Georg: Jugendstraf- und Fürsorgerecht in Bulgarien, in: Zeitschrift für die gesamte Strafrechtswissenschaft, 74. Bd., S. 26—34.

[16] Dŭržaven Vestnik (Staatsanzeiger) Nr. 102 vom 31. Dezember 1963.

[17] StGB von 1951, jetzt Art. 325.

[18] Siehe unten StGB Besonderer Teil, Anmerkung zu Kap. II und Übersetzung auf S. 187.

sind, und andererseits die Ersetzung der strafrechtlichen Verfolgung bestimmter Straftaten von minderer Bedeutung durch ihre Verhandlung vor Kameradengerichten und durch von diesen zu verhängende Maßnahmen gesellschaftlicher Einwirkung geregelt worden.

Kameradengerichte sind gewählte gesellschaftliche Organe. Ihre Hauptaufgabe ist die Erziehung der Bürger im Geiste der kommunistischen Einstellung zur Arbeit, Beachtung der Regeln des sozialistischen Gemeinschaftslebens, Achtung des sozialistischen Eigentums und dergleichen. Sie sind eine Form von stufenweiser Überwindung bestimmter Funktionen des Staates und ihre Übernahme durch gesellschaftliche Organe in Organisationen, Betrieben, landwirtschaftlichen Arbeitsgenossenschaften und Einrichtungen[19].

C. DAS STRAFGESETZBUCH VON 1968

I. Entstehungsgeschichte

Die Vorarbeiten für eine Neukodifizierung waren bereits seit 1963 in Gang, 1965 wurde bereits der erste Entwurf erstellt. Dieser wurde in den folgenden Jahren verbessert, und zwar durch die Heranziehung von Wissenschaftlern und Praktikern sowie die Diskussion in der Öffentlichkeit. Im endgültigen Entwurf wurden die Erfahrungen der Praxis in Bulgarien selbst als auch in anderen europäischen sozialistischen Ländern, insbesondere aber die Regelungen der in diesen Ländern ergangenen neuen Strafgesetzbücher verwertet[20]. Die Ausarbeitung eines neuen Strafgesetzbuches wurde 1966 in eine umfassende Gesetzgebungsreform, die auch die Verfassung einschloß, eingebettet. In seinem Grundsatzreferat auf dem IX. Kongreß der Kommunistischen Partei Bulgariens vom 14. bis 19. November 1966 führte *T. Živkov,* Erster Sekretär des Zentralkomitees, u. a. aus: „Der Umbau und die Erneuerung unserer Gesetzgebung soll die Kodices und Gesetze zur Grundform der rechtlichen Regelung der sozialistischen gesellschaftlichen Beziehungen machen. Es ist notwendig, daß die rechtliche Regelung der wichtigeren Fragen der staatlichen Politik in ihrer Gesamtheit nicht durch Dekrete, Verordnungen und

---

[19] Kratka bŭlgarska enciklopedija (Kurze bulgarische Enzyklopädie) Bd. 2, Sofia 1961, S. 224. — Siehe *Lipowschek:* „Die Tätigkeit der Kameradengerichte in Bulgarien" in: WGO-Monatshefte für osteuropäisches Recht 1968, S. 126.

[20] In den Jahren 1958—1961 die Grundlagen der Strafgesetzgebung der Union der Sozialistischen Sowjetrepubliken und der Unionsrepubliken, denen die Verabschiedung der Strafgesetzbücher der 15 Unionsrepubliken folgte, 1968 neue Strafgesetzbücher in der ČSSR, DDR und Rumänien, 1969 in Polen.

dergleichen sondern durch Gesetze erfolgt". Dies sei zur Stärkung der sozialistischen Gesetzlichkeit erforderlich[21].

Von den Gesetzgebungsvorhaben auf dem Gebiete der Strafjustiz, die die Ministerin der Justiz, Svetla Daskalova, ankündigte[22], sind bisher neben dem Strafgesetzbuch das Gesetz über administrative Übertretungen vom 20. November 1969 (fortan: Übertretungsgesetz, Übersetzung siehe unten S. 193) und das Gesetz über die Vollstreckung der Strafen vom 5. April 1969 (fortan: StrVollstrG)[23] verabschiedet worden. Der bereits fertiggestellte Entwurf einer Strafprozeßordnung ist hingegen noch nicht zum Gesetz erhoben worden.

Die Notwendigkeit der Neukodifizierung des Strafrechts begründete die Justizministerin damit, daß das StGB von 1951 der gegenwärtigen Entwicklungsetappe der gesellschaftlichen Beziehungen in mancherlei Hinsicht nicht mehr entspreche:

„Einerseits sind darin Handlungen als Straftaten bezeichnet, die nunmehr keine besondere Gesellschaftsgefährlichkeit aufweisen. Andererseits sind darin einige gesellschaftsgefährliche Erscheinungen nicht als Straftaten erfaßt, die man mit anderen Mitteln nicht bekämpfen kann. Einige angedrohte Strafen entsprechen nicht der Gesellschaftsgefährlichkeit der betreffenden Handlungen. Die Rolle der Zwangsmittel bei der Bekämpfung der Kriminalität wird gewissermaßen überbewertet, die erzieherische Rolle der Strafen hingegen unterschätzt, und die Teilnahme der Gesellschaft kommt überhaupt nicht zum Ausdruck. Für einige Straftaten sind zu hohe Mindest- und Höchstgrenzen festgesetzt, die die Gerichte bei der Individualisierung der Strafe behindern. Die Möglichkeit der Verhängung von Strafen ohne Freiheitsentziehung sind beschränkt. Außerdem enthält das Strafgesetz keine ausreichend scharfen Strafen für Fälle von gefährlichem Rückfall, weshalb die Bekämpfung von Rückfallkriminalität erschwert ist"[24].

II. Gesellschaftspolitische Grundlagen des StGB

Dem StGB von 1968 liegen die gesellschaftspolitischen und kriminalpolitischen Vorstellungen des Marxismus-Leninismus zugrunde. Der Marxismus-Leninismus geht von der materialistischen Philoso-

---

[21] IX. s-ezd Bolgarskoj kommunističeskoj partii (IX. Kongreß der Bulgarischen Kommunistischen Partei), Moskau 1967, S. 87—88.

[22] Reč na ministŭra na pravosŭdieto Svetla Daskalova po proekta za Nakazatelen kodeks (12. mart 1968 godina) (Rede des Ministers der Justiz Svetla Daskalova zum Entwurf eines Strafgesetzbuches vom 12. März 1968), in: Socialističesko pravo 1968, Heft 4, S. 3—12.

[23] Veröffentlicht im Dŭržaven Vestnik (Staatsanzeiger) Nr. 30 vom 15. April 1969.

[24] Reč (Anm. 22), S. 12.

phie aus und ist eine umfassende Lehre von den Gesetzmäßigkeiten der Natur und der Gesellschaft (Weltanschauung)[25]. Ihr Kernstück ist die Lehre von der antagonistischen Klassengesellschaft. Die Ausbeutung der Massen durch die herrschende Klasse sei mit ihren Folgeerscheinungen Armut und Unwissenheit auch der natürliche Nährboden für die *Kriminalität,* die ein „immanentes Produkt der Klassengesellschaft" sei. Es gebe daher kein „Verbrechen an sich", das für jedes Gesellschaftssystem oder jede Zeit Geltung hätte[25a].

Die im bulgarischen Schrifttum eine lange Zeit vorherrschende These, die Kriminalität als Produkt der kapitalistischen Gesellschaftsbeziehungen werde mit dem Abbau der kapitalistischen Überreste und dem Aufbau der sozialistischen Gesellschaft absterben, weil ihr der natürliche Nährboden entzogen würde[26], hat sich nicht bewahrheitet. Im neueren Schrifttum wird dieses Problem in einer differenzierteren Sehweise behandelt. Die Kriminalität habe sich zwar strukturell verändert; sie sei jedoch auch im Sozialismus unausbleiblich, und man dürfe dies nicht mit ihrer Eindämmbarkeit verwechseln[27].

Das Phänomen der Kriminalität im Sozialismus bereitet auch systemdogmatische Schwierigkeiten, weil es sich doch immerhin um erhebliche gesellschaftliche Erscheinungen handelt. Man versucht, diese Schwierigkeit mit der Erklärung zu überbrücken, daß die Ursachen der Kriminalität nicht in der eigentlichen Natur der sozialistischen Gesellschaftsverfassung, sondern in den objektiven sozial-historischen Bedingungen ihrer Formierung und Entwicklung liegen. Es handele sich demnach „um zufällige Abweichungen und Schwankungen in der allgemeinen Tendenz der objektiven Gesetzmäßigkeit der Entwicklung des sozialistischen gesellschaftlichen Bewußtseins"[28].

---

[25] Diese kann hier nicht im einzelnen dargestellt werden. Bulgarien folgt auch hier dem sowjetischen Vorbild (vergl.: Programm der Bulgarischen Kommunistischen Partei, Sofia 1971, S. 102).

[25a] *Nenov,* Ivan: Nakazatelno pravo, Obšta čast (Strafrecht. Allgemeiner Teil), Sofia 1963, S. 197.

[26] Vergl. *Lipowschek:* Perspektiven der Kriminalpolitik in Bulgarien, in: WGO-Monatshefte für osteuropäisches Recht, 1967, S. 188. — *Krůstev, Kr.:* Vůrhu problema za prirodata na prestůpnostta v socialističeskoto obštestvo (Zum Problem der Natur der Kriminalität in sozialistischer Gesellschaft), in: Pravna misůl 1967, Heft 5, S. 60—69.

[27] *Naumov,* Georgi: Socialna sůštnost i sistema na pričinite na prestůpnostta pri socializma (Das soziale Wesen und das System der Ursachen der Kriminalität im Sozialismus), in: Pravna misůl 1970, Heft 5, S. 71—83.

[28] *Krůstev* (Anm. 26), S. 69.

III. Der gesellschaftspolitische Auftrag

Der Gesetzgeber hat die Aufgabe des Strafgesetzbuches in Art. 1 bezeichnet. Sowohl die Strafe als auch die anderen im Strafgesetzbuch vorgesehenen Maßnahmen verfolgen „das Grundziel, durch staatliche und gesellschaftliche Einwirkung, durch Erziehung den Straftäter zu ehrlicher, gesellschaftlich nützlicher Arbeit zu befähigen. Niemand ist geborener Verbrecher, und es gibt keinen Verbrecher, der nicht gebessert und als vollwertiger Bürger in die Gesellschaft wiedereingegliedert werden könnte“, führte die Justizministerin bei der Vorlage des StGB-Entwurfs in der Nationalversammlung aus[29]. Die Anwendung des Strafrechts müsse darüber hinaus in einem System von verschiedenen anderen sozialistischen Maßnahmen erfolgen, denn „das Strafrecht ist zwar ein wichtiges, jedoch nicht das entscheidende Instrument im Kampfe um die Eindämmung und Liquidierung der Kriminalität in der sozialistischen Gesellschaft“[30].

IV. Verfassungsrechtliche Verankerung der Grundsätze der Strafrechtspflege

Die Verfassung von 1971 hat im wesentlichen die strafrechtlichen Grundgarantien der vorangegangenen Verfassung von 1947 (Art. 82) übernommen und sie erweitert.

Art. 136 (1) Die Straftaten und die Strafen werden nur durch Gesetz bestimmt.

(2) Ein Gesetz, das die Strafbarkeit einer Handlung bestimmt oder die Strafverantwortlichkeit erhöht, hat keine rückwirkende Kraft.

(3) Die Strafen sind persönlich und den Straftaten entsprechend.

(4) Die Strafen für Straftaten können nur von den vorgesehenen Gerichten verhängt werden.

Art. 137 (1) Im Verfahren von Gerichtssachen wird die Erforschung der objektiven Wahrheit sichergestellt.

(2) Die Verhandlung der Sachen vor allen Gerichten ist öffentlich, es sei denn, daß das Gesetz anderes bestimmt.

Art. 138 (1) Bei der Verwirklichung der Rechtsprechung steht den Bürgern das Recht auf Verteidigung zu.

(2) Der Beschuldigte hat das Recht auf Verteidigung.

---

[29] Reč (Anm. 22), S. 6.

[30] *Nenov*, Ivan: Růkovodni idei i principi na novija Nakazatelen kodeks (Leitende Ideen und Prinzipien des neuen StGB), in: Socialističesko pravo 1969, Heft 8, S. 5.

V. Quellen des Strafrechts und Auslegung

1. Quellen

Die Neukodifikation des bulgarischen Strafrechts im StGB von 1968 ist grundsätzlich ein diese Materie umfassend regelndes Gesetzeswerk.

Im Allgemeinen Teil sind im wesentlichen die Vorschriften des vorangegangenen StGB in einer erweiterten und dogmatisch umgegliederten Fassung übernommen worden. Auf die einzelnen Neuregelungen bzw. Änderungen wird in der Folge noch einzugehen sein.

Strafrechtliche Sondergesetze sind aufgehoben (Art. 420). In Art. 94 wird bestimmt, daß die Vorschriften des Allgemeinen Teils des StGB auch für strafrechtliche Normen außerhalb des StGB anzuwenden sind, wiewohl — bis auf einige wenige Ausnahmen (siehe Anhang S. 171) — die bisher in anderen Gesetzen befindlichen Strafnormen in den Besonderen Teil des StGB selbst aufgenommen (z. B. Jagd-, Fischerei- und Forstdelikte) und durch Schlußbestimmungen mehrere entsprechende Gesetze geändert wurden (siehe unten S. 167 — Änderungen in anderen Gesetzen)[31].

Erhebliche Neuerungen sind auch im Besonderen Teil festzustellen. Nach wie vor stehen die politischen Verbrechen an der ersten Stelle der Schutzwürdigkeit, weil sie die Grundlagen der staatlichen und gesellschaftlichen Ordnung betreffen (Kapitel I: Straftaten gegen die Republik)[32]. Dieses Kapitel hat keine substantiellen Neuerungen erfahren, und zwar sowohl im Hinblick auf die weitgefaßten Tatbestandsbeschreibungen als auch auf die relative Schärfe der angedrohten Strafen[33]. Dagegen wird dem Schutz der Bürgerrechte im Vergleich zum StGB von 1951 eine erhöhte Bedeutung beigemessen. In den Kapiteln II bis IV sind die Straftaten gegen die Person, gegen Bürgerrechte sowie gegen Ehe, Familie und Jugend in neuen oder in vielfach neuformulierten Tatbestandsbeschreibungen enthalten. Die Zweiteilung der Eigentumsdelikte in solche gegen persönliches Eigentum der Bürger und gesellschaftliches Eigentum ist geblieben (Kapitel V und VII). Neu hinzugekommen sind Straftaten gegen den Frieden und die Menschlichkeit[34].

---

[31] Vergl. *Nenov* (Anm. 30), S. 4.

[32] Reč (Anm. 22), S. 11.

[33] Neues Strafgesetzbuch in Bulgarien, in: Zeitschrift der Internationalen Juristen-Kommission 1969, Heft 2, S. 7—11.

[34] *Nenov*, Ivan: Le droit pénal bulgare et l'humanisme socialiste, in: Études en l'honneur de Jean Graven, Genf 1969, S. 117—133.

2. Auslegung

Gemäß Art. 93 Ziffer 8 der Verfassung ist der Staatsrat befugt, die Gesetze und Normativerlässe *allgemeinverbindlich* auszulegen. Ferner sieht das Gesetz über die Gerichtsverfassung[35] von 1952 zwei Fälle für die Auslegungskompetenz des Obersten Gerichts vor.

a) Gemäß Art. 18 ist das Plenum ermächtigt, „allgemeine Weisungen" als Anleitung für die Gerichte in Fragen der Gerichtspraxis zu beschließen. Diese sind für Gerichte, jedoch nicht für andere Behörden verbindlich. Der Generalstaatsanwalt bzw. der Justizminister kann gegen die Beschlüsse des Plenums den Staatsrat anrufen[36]. Das Plenum besteht aus allen Richtern des Obersten Gerichts. Die Teilnahme des Generalstaatsanwalts an den Sitzungen des Plenums ist zwingend. An ihnen nimmt auch der Minister der Justiz oder sein Stellvertreter teil. Die „allgemeinen Weisungen" des Plenums sind recht häufig und von großer Bedeutung für die Rechtspflege.

b) Die „Allgemeine Sitzung" der Strafabteilung des Obersten Gerichts erteilt gemäß Art. 17 „Stellungnahmen zu Fragen, bei denen Zweifel aufkommen oder die von Gerichten uneinheitlich entschieden werden". Diese Stellungnahmen dienen den Gerichten als nicht verbindliche Anleitung. Kommt ein Gericht zu einer abweichenden Auslegung, so ist die Frage dem Plenum vorzulegen[37].

Einem Bericht des Stellvertretenden Vorsitzenden des Obersten Gerichts zufolge legt das Plenum für seine Auslegungstätigkeit den genauen Inhalt des Gesetzes zugrunde, den es von der Position der sozialistischen Rechtswissenschaft und kommunistischen Weltanschauung ausgehend erforsche. In einer solchen Auslegung könne sich die soziale Wirksamkeit der ausgelegten Normen kundtun, ohne dabei zur Rechtsschöpfung zu gelangen. Nur eine Deutung, die sich nicht darauf beschränke, den logischen Inhalt des Gesetzes rein formal zu erläutern, sondern den wesentlichen Inhalt des vom Gesetzgeber ausgedrückten Willens aufdecke, erbringe eine sinngemäße Auslegung streitiger, von den Gerichten uneinheitlich angewendeter Normen[38].

---

[35] I. d. F. des Änderungsgesetzes vom 3. Februar 1960 (Izvestija Nr. 11 vom 5. Februar 1960).

[36] *Nenov* (Anm. 25 a), S. 107.

[37] *Nenov* (Anm. 25 a), S. 107.

[38] *Marinov,* Marin: Plenum na Vůrchovnija sůd po vůprosite na recidivnata prestůpnost (Plenum des Obersten Gerichts über die Rückfallkriminalität), in: Socialističesko pravo 1970, Heft 8, S. 6—7.

VI. Geltungsbereich des bulgarischen Strafrechts

1. Zeitliche Geltung

Das Strafgesetzbuch ist am 1. Mai 1968 in Kraft getreten (Art. 420). Im Einklang mit dem verfassungsmäßigen Verbot rückwirkender Gesetze bestimmt Art. 2 StGB, daß auf jede Straftat das zu ihrer Begehungszeit geltende Gesetz, bei zeitlicher Nachfolge von verschiedenen Gesetzen aber das für den Täter günstigste zur Anwendung kommt. Gleiches gilt für die Übertretungen (Art. 3 des ÜbertretungsG).

Ergibt sich, daß zwar die Tatbestandsnorm des Besonderen Teils des einen Gesetzes, hingegen aber der Allgemeine Teil des anderen Gesetzes für den Täter günstiger ist, so steht der Anwendbarkeit der einschlägigen Vorschriften beider Gesetze nichts entgegen[39].

2. Internationales Strafrecht

Für strafrechtliche Sachverhalte mit internationalem Einschlag sind im StGB 1968 verschiedene Anknüpfungspunkte für die Begründung der bulgarischen Strafgewalt vorgesehen. Neben den herkömmlichen Grundsätzen (Territorialitäts-, Personalitäts-, Schutz- und Weltrechtsprinzip) ist hierin ein weiterer Grundsatz der „proletarischen Solidarität" vorgesehen.

a) Territorialitätsprinzip. Alle auf dem „Gebiet der Volksrepublik Bulgarien" begangenen Straftaten unterliegen der bulgarischen Strafgewalt (Art. 3) und zwar unabhängig davon, ob der Täter bulgarischer Staatsangehöriger oder Ausländer ist[40]. Der Begriff des Staatsgebietes ist im StGB von 1968 nicht näher bezeichnet, wie es auch in der gleichlautenden Bestimmung des Art. 65 Abs. 1 des StGB von 1951 der Fall gewesen ist. Auf die Anmerkung 1 zu Art. 2 unten S. 56 über das „erweiterte Staatsgebiet" (territoire flottant) wird verwiesen. Ausgehend von dem Anspruch des bulgarischen Staates auf Strafhoheit für Straftaten auf Schiffen unter bulgarischer Flagge auf hoher See und auf Schiffen in bulgarischen Häfen bestimmt Art. 90 des Dekretes über die Seehandelsschiffahrt vom 27. Juni 1970[41] über die Ermächtigungen des Schiffskapitäns im Falle einer Straftat:

> „(1) Wird während der Fahrt des Schiffes eine Straftat gemäß dem Strafgesetzbuch der Volksrepublik Bulgarien begangen, so übt der Kapitän des Schiffes die Obliegenheiten eines Ermittlungsorgans aus, wobei er sich nach der Strafprozeßordnung und nach der vom General-

---

[39] *Vasilev*, Nikifor: Obratna sila na novija zakon (Rückwirkende Kraft des neuen Gesetzes), in: Socialističesko pravo 1969, Heft 3, S. 14—23.

[40] Beschluß des Obersten Gerichts Nr. 113 vom 17. Februar 1970, in: Socialističesko pravo 1971, Heft 6, S. 87—88.

[41] Dŭržaven Vestnik (Staatsanzeiger) Nr. 55 vom 14. Juli 1970.

staatsanwalt der Volksrepublik Bulgarien und des Ministers für Verkehr erlassenen Instruktion über die Durchführung der Ermittlungen auf Seeschiffen richtet.

(2) Der Kapitän ist berechtigt, eine Person, die im Verdacht steht, eine Straftat begangen zu haben, bis zur Übergabe an die zuständigen Behörden im ersten bulgarischen Hafen, den das Schiff anläuft, festzuhalten.

(3) Wird auf einem Schiff während des Aufenthalts in einem bulgarischen Hafen eine Straftat begangen, ist der Kapitän verpflichtet, die Person, welche die Straftat begangen hat, den zuständigen örtlichen Organen zu übergeben".

Nimmt der Kapitän eine solche Festnahme vor, so ist die Anwendung des Art. 142 Abs. 2 StGB (rechtswidrige Freiheitsberaubung) ausgeschlossen, wenn er vorher sorgfältig geprüft hat, ob diese Maßnahme unerläßlich ist und ob das erwünschte Ergebnis nicht durch ein leichteres Mittel erreicht werden kann[42].

Im Hinblick auf die Strafhoheit im Luftraum ist das Gesetz über die Zivilluftfahrt vom 23. November 1972[43] einschlägig, dessen Art. 2 Abs. 1 lautet:

„Die Volksrepublik Bulgarien hat die volle und ausschließliche Souveränität über den Luftraum über ihrem Territorium, einschließlich desjenigen oberhalb ihrer Binnengewässer und ihres Küstenmeeres".

Diese Bestimmung deckt sich mit Art. 1 des Chicagoer Abkommens über die Zivilluftfahrt vom 4. Dezember 1944, dem Bulgarien 1967 beigetreten ist. Am 14. Oktober 1971 ist auch die Haager Konvention zur Bekämpfung der gesetzwidrigen Inbesitznahme von Luftfahrzeugen vom 16. Dezember 1970 gegenüber Bulgarien in Kraft getreten[44].

In der bulgarischen Strafrechtsprechung ist es unstreitig, daß bulgarische Schiffe und Flugzeuge als ein Teil des Territoriums Bulgariens zu behandeln sind[45].

---

[42] Vergl. *Lazarov*, Ivan: Njakoi funkcii na kapitana na bûlgarskija tûrgovski korab ot nakazatelen i nakazatelnoprocesualen charakter (Einige Funktionen strafrechtlichen und strafprozeßrechtlichen Charakters, die dem Kapitän eines bulgarischen Handelsschiffes obliegen), in: Pravna misûl 1968, H. 5, S. 18—30.

[43] Dûržaven Vestnik (Staatsanzeiger) Nr. 94 vom 1. Dezember 1972.

[44] Dûržaven Vestnik (Staatsanzeiger) Nr. 12 vom 11. Februar 1972.

[45] Über diese Frage hatten die Gerichte bei der Verhandlung von Fluchtdelikten (Art. 101, 279—281) zu befinden. Vergl. *Angelov, M. Il.*: Njakoi vûprosi, vûznikali pri priloženieto na zakona po otnošenie na bjagstvata prez granica (Einige Fragen, die bei der Anwendung des Gesetzes in bezug auf die Flucht über die Grenze entstanden sind), in: Socialističesko pravo 1970, Heft 1, S. 37—42.

Das Übertretungsgesetz sieht hingegen in Art. 4 ausdrücklich vor, daß sich die bulgarische Strafgewalt auch auf an Bord bulgarischer Schiffe und Luftfahrzeuge begangene Übertretungen erstreckt. Eine dem Art. 3 Abs. III des deutschen StGB vergleichbare Vorschrift über den Tatort ist im bulgarischen StGB nicht enthalten. Im Schrifttum wird ausgeführt, daß für die Begründung der bulgarischen Strafgewalt bei Distanzdelikten ausreichend sei, „wenn auch nur ein Element (sei es die kriminelle Handlung, sei es der kriminelle Erfolg) auf bulgarischem Territorium verwirklicht wurde“[46].

b) Personalitätsprinzip. Der bulgarischen Strafgewalt unterliegen alle von bulgarischen Staatsangehörigen im In- oder Ausland begangenen Straftaten (Art. 4 Abs. 1). Wie das StGB von 1951[47] verlangt auch das geltende Strafrecht nicht die Strafbarkeit der Handlung nach dem Recht des Begehungsortes. Es wird ferner kein Unterschied im Hinblick darauf gemacht, ob der Täter vor oder nach der Straftat die bulgarische Staatsangehörigkeit erworben hat.

c) Schutzprinzip. Die bulgarische Strafgewalt erstreckt sich gemäß Art. 5 auch auf von Ausländern im Ausland begangenen Straftaten „allgemeinen Charakters“ (Offizialdelikte), die die Interessen Bulgariens oder eines bulgarischen Bürgers verletzen (Staats- und Individualschutzprinzip)[48].

Der in Art. 67 Abs. 2 StGB von 1951 enthaltene Grundsatz der stellvertretenden Rechtspflege ist in das geltende StGB nicht übernommen worden.

d) Weltstrafrechtsprinzip. Wie bereits im früheren Recht sind auch im geltenden StGB die herkömmlichen Delikte des Weltstrafrechts unter Sanktion gestellt, zumal Bulgarien den meisten internationalen Konventionen auf diesem Gebiet beigetreten ist (s. Anm. 4 zu Art. 6 Abs. 2).

---

[46] *Nenov* (Anm. 25 a), S. 125.

[47] Vergl. *Nenov* (Anm. 25 a), S. 126.

[48] Hierzu hat das Oberste Gericht entschieden, daß auch ein Ausländer der bulgarischen Strafgewalt unterliegt, der den von seinem Heimatstaat ordnungsgemäß erteilten Paß fälscht, indem er an Stelle seines Namens den Namen eines anderen einträgt, um mit dem dergestalt gefälschten Paß in Bulgarien einzureisen. Diese Handlung erfüllt den Tatbestand des Art. 308 StGB (Urkundenfälschung) und ist somit eine Straftat allgemeinen Charakters, zum anderen verletzt sie die Interessen der Volksrepublik Bulgarien, namentlich ihr souveränes Recht, nur diejenigen ins Land einreisen zu lassen, denen sie hierzu die Genehmigung erteilt hat, und nicht jedermann, dem es beliebt (Beschluß Nr. 26 vom 13. Januar 1971, in: Socialističesko pravo 1971, Heft 9, S. 88).

Darüber hinaus ist dieser Grundsatz auch auf von Ausländern begangene Straftaten gegen den Frieden und die Menschlichkeit, die die Interessen eines anderen Staates oder fremder Staatsangehöriger verletzen (Art. 6 Abs. 1) ausgedehnt. Die Tatbestände und Strafandrohungen sind im Besonderen Teil, Kapitel XIV (Art. 407—419), festgelegt. Sie sind größtenteils von dem nunmehr aufgehobenen Gesetz über den Schutz des Friedens von 1950 (Art. 420) übernommen worden und verjähren nicht[49] (Art. 79 Abs. 2). Es handele sich hierbei um bulgarisches innerstaatliches Recht, das mit dem Völkerrecht im Einklang stehe, wird hierzu im Schrifttum ausgeführt. Im übrigen könnte durch inländische Gesetzgebung, Rechtspflege oder Rechtslehre die Straffreiheit für völkerrechtliche Kriegsverbrechen infolge Verjährung überhaupt nicht begründet werden, weil dieses Rechtsinstitut dem Völkerrecht fremd sei und die Rechtsinstitute des innerstaatlichen Rechts nicht ohne weiteres oder mechanisch auf das Völkerrecht übertragbar seien. Dies treffe für Kriegsverbrechen und Straftaten gegen die Menschlichkeit zu, die „durch internationale Akte festgelegt“ seien, wodurch „ihre besondere internationale Gesellschaftsgefährlichkeit anerkannt“ sei[50].

e) Prinzip der proletarischen Solidarität. Fremde Staaten und ihre Interessen werden meist vom inländischen Strafrecht gar nicht geschützt[51]. In den ost- und südosteuropäischen Staaten mit sozialistischer politischer und Rechtsordnung ist hingegen ein solcher Schutz

[49] Die Justizministerin hat bei der Vorlage des StGB-Entwurfes in der Volksversammlung hierzu erklärt: „Auf diese Weise sollen die hitlerfaschistischen Verbrecher, die während des Zweiten Weltkrieges schreckliche Verbrechen begangen haben, und neue derartige Verbrechen nicht der gerechten Strafe in unserem Land entgehen“ (Reč [Anm. 19], S. 6). — Siehe hierzu auch das Dekret Nr. 208 vom 22. März 1965 über die Unanwendbarkeit der Verjährung auf Straftaten gegen den Frieden und die Menschlichkeit sowie auf Kriegsverbrechen (Důržaven Vestnik [Staatsanzeiger] Nr. 23 vom 23. März 1965), deutsche Übersetzung in WGO-Monatshefte für osteuropäisches Recht 1965, S. 86.

[50] *Petrov,* Petůr: Problemata za davnostta na voennite prestůplenija po meždunarodnom pravu (Das Problem der Verjährung der Kriegsverbrechen im Völkerrecht), in: Pravna misůl 1972, Heft 2, S. 63—65. *Petrov* fährt fort: „Die Grundsätze des Nürnberger Prozesses, bestätigt durch die Resolutionen Nr. 3 (1) und Nr. 97 (1) vom 11. Dezember 1946 der Generalversammlung der Vereinten Nationen, die in die Konvention über die Unanwendbarkeit der Verjährungsfrist auf Kriegsverbrechen und Straftaten gegen die Menschlichkeit vom 26. November 1968 aufgenommen wurden, schließen die Verjährung als ein Institut des Völkerrechts aus“. — Bulgarien ist der besagten Konvention nicht beigetreten. Vergl. unten Anm. 131.

[51] *Jescheck, H.-H.:* Lehrbuch des Strafrechts. Allgemeiner Teil, Berlin 1969, S. 120.

die Regel. Lediglich in den Strafgesetzbüchern Jugoslawiens und Polens sind keine derartigen Schutzvorschriften zu finden. Nach bulgarischem Strafrecht (Art. 98 StGB 1951, Art. 113 StGB 1968) werden die Staatsverbrechen gemäß Kapitel I des Besonderen Teils (Straftaten gegen die Volksrepublik), die gegen „einen anderen Staat der Werktätigen" oder eine verbündete Streitmacht gerichtet sind, wie solche gegen Bulgarien gerichtete Handlungen bestraft. Gleiches gilt neuerdings (Art. 217 StGB) auch für Straftaten gegen staatliches oder gesellschaftliches Eigentum.

Das Oberste Gericht hat in einer Entscheidung, die einen konkreten Fall betraf, erkannt, daß Art. 113 StGB im Zusammenhang mit den Vorschriften über die räumliche Geltung des bulgarischen Strafgesetzbuches zu verstehen ist und demnach das bulgarische Strafrecht nur dann zur Anwendung kommt, wenn der Täter die strafbaren Tätigkeiten auf bulgarischem Territorium entfaltet hat[52].

f) Völkerrechtliche Immunität. Von der bulgarischen Strafgerichtsbarkeit sind Ausländer ausgenommen, die diplomatische Immunität besitzen und zwar sowohl im Hinblick auf Straftaten (Art. 3 Abs. 2) als auch auf Übertretungen (Art. 5 ÜbertretungsG). Diese Bestimmung entspricht dem Art. 31 des Wiener Übereinkommens über diplomatische Beziehungen vom 18. April 1961, dem Bulgarien 1968 beigetreten ist. Im bulgarischen Schrifttum wird einhellig die Ansicht vertreten, daß die diplomatische Immunität die bulgarische Strafgewalt nicht ausschließe, sondern einen Hinderungsgrund für die Strafverfolgung gegenüber Personen darstelle, die auf bulgarischem Territorium eine Straftat begangen haben, soweit sie die Immunität und solange sie diese besitzen[53].

g) Ausländische Strafurteile. Ein ausländisches Strafurteil für Handlungen, die der bulgarischen Strafhoheit unterliegen, ist kein Hindernis für eine erneute Strafverfolgung in Bulgarien. Es hat somit keine negative Rechtskraft der *res judicata,* und ein erneutes Strafverfahren in Bulgarien verletzt nicht den Grundsatz *ne bis in idem.* Art. 8 bestimmt dennoch, daß ausländische Urteile für Straftaten, die der bulgarischen Strafgewalt unterliegen, dann berücksichtigt werden, wenn dies in für Bulgarien geltenden internationalen Abkommen vorgesehen ist. Eine teilweise Berücksichtigung ist jedoch bisher nur in den Rechtshilfeverträgen Bulgariens mit den an-

---

[52] Das Oberste Gericht führt hierzu u. a. aus: Der Angeklagte ist beschuldigt, auf dem Territorium des Staates P. Angaben gesammelt zu haben, die für diesen Staatsgeheimnisse darstellen. Deswegen kommt das Strafgesetz des Staates P. zur Anwendung und der Angeklagte müßte vor dem Gericht dieses Staates, nicht aber vor einem bulgarischen Gericht zur Verantwortung gezogen werden (Quellenangabe oben Anm. 40).

[53] *Nenov* (Anm. 25 a), S. 125.

deren sozialistischen Staaten vorgesehen, namentlich die Anerkennung und Vollstreckung der Strafurteile hinsichtlich des Spruches über vermögensrechtliche Ansprüche (Ersatz des durch die Straftat erlittenen Schadens) und über Verfahrenskosten[54].

h) Anrechnung der im Ausland verbüßten Strafen und der Untersuchungshaft. Die Härten der Nichtanerkennung ausländischer Strafsprüche werden teilweise gemildert durch die Anrechnung der im Ausland verbüßten Strafen. Für Straftaten gemäß Art. 4 werden bulgarischen Bürgern und für Straftaten gemäß Art. 5 werden Ausländern die im Ausland verbrachte Untersuchungshaft und die dort verbüßte Strafe angerechnet bzw. berücksichtigt (Art. 7). Dies gilt jedoch nicht für die von Ausländern begangenen Auslandsstraftaten gemäß Art. 6 (gegen Frieden und Menschlichkeit und Weltstrafrechtsdelikte).

i) Auslieferung. Bulgarische Bürger werden nicht ausgeliefert (Art. 4 Abs. 2), ebenso Ausländer, die in Bulgarien aufgrund des Art. 65 der Verfassung *Asylrecht* genießen. Art. 65 der Verfassung lautet:

> „Die Volksrepublik Bulgarien gewährt das Asylrecht denjenigen Ausländern, die wegen ihres Eintretens für die Interessen der Werktätigen, ihrer Teilnahme am Befreiungskampf, ihrer fortschrittlichen politischen, wissenschaftlichen oder künstlerischen Tätigkeit, ihres Kampfes gegen die Rassendiskriminierung oder für den Schutz des Friedens verfolgt werden".

Ein Ausländer, der sich in Bulgarien aufhält, kann ferner nicht ausgeliefert werden wegen einer Auslandsstraftat allgemeinen Charakters, die die Interessen Bulgariens oder eines bulgarischen Bürgers verletzt (Art. 5), oder wenn es sich um eine Straftat gegen den Frieden und die Menschlichkeit handelt (Art. 6)[55].NähereVorschriften über die Auslieferung sind in den Rechtshilfeverträgen (siehe oben Anm. 53) festgelegt. Gegenüber den Staaten, mit denen keine diesbezüglichen Verträge bestehen, gilt die bulgarische StPO (Art. 348—355)[56].

---

[54] Zweiseitige Abkommen über die Rechtshilfe in Zivil-, Familien- und Strafsachen sowie Auslieferung wurden abgeschlossen mit der Tschechoslowakei (13. April 1954), Jugoslawien (23. März 1956), der UdSSR (12. Dezember 1957), der DDR (27. Januar 1958), Rumänien (3. Dezember 1958), Polen (4. Dezember 1961), Ungarn (16. Mai 1966) [Quellenangaben in WGO-Monatshefte für osteuropäisches Recht 1967, S. 74—75] und der Mongolischen Volksrepublik (27. November 1968) (Důržaven Vestnik [Staatsanzeiger] Nr. 88 vom 14. November 1969).

[55] *Vojvodov,* Ivan: Aktualni problemi na ekstradicija (Aktuelle Auslieferungsprobleme), in: Socialističesko pravo 1969, Heft 9, S. 11—17.

[56] Siehe hierzu *Lipowschek:* Auslieferung und Rechtshilfe in Strafsachen in Ost- und Südosteuropa, in: WGO-Monatshefte für osteuropäisches Recht 1967, S. 22—76.

3. Indemnität für Parlamentarier

Gemäß Art. 88 und 89 der Verfassung dürfen die Volksvertreter weder festgenommen werden noch darf gegen sie ein Strafverfahren eingeleitet werden, außer bei schweren Straftaten mit Zustimmung der Volksversammlung bzw. des Staatsrates, wenn die Volksversammlung nicht tagt. Wird jedoch ein Volksvertreter bei der Begehung einer schweren strafbaren Handlung auf frischer Tat ergriffen, so ist die Volksversammlung bzw. der Staatsrat von der Festnahme zu benachrichtigen. Die Volksvertreter sind für ihre Äußerungen und Abstimmungen in der Volksversammlung weder strafrechtlich noch disziplinarisch verantwortlich.

VII. Wesenszüge des materiellen Strafrechts

1. Tatstrafrecht

Das bulgarische Strafrecht ist ein Tatstrafrecht. Die einzige Grundlage der strafrechtlichen Verantwortlichkeit ist eine als Straftat qualifizierte Handlung, die von einer natürlichen Person begangen ist[57]. Daher regelt das StGB von 1968 in getrennten Kapiteln den Begriff der Straftat (Kap. II) und die strafrechtliche Verantwortlichkeit von Personen (Kap. III). Der Gesetzgeber hat sich hierbei die herrschende dogmatische Konzeption in der Rechtswissenschaft zu eigen gemacht, derzufolge „die Subjekte der Straftat außerhalb der allgemeinen Lehre von der Straftat stehen“[58].

2. Die Straftat

Das StGB übernimmt vom StGB 1951 den Begriff der „materiellen Straftat“ (siehe oben S. 5). In Art. 9 sind die beiden Hauptbegehungsarten des einheitlichen Begriffes der Straftat (Tun und Unterlassen) bezeichnet. Die herkömmliche Unterteilung der Straftaten, die in einigen neueren sozialistischen Strafgesetzbüchern erhalten geblieben ist (DDR: Verbrechen, Vergehen und Verfehlungen; Polen: Verbrechen und Vergehen), ist dem bulgarischen Nachkriegsstrafrecht fremd.

Nach der bulgarischen Strafrechtsdogmatik gliedert sich die Straftat in a) objektive Seite (Handlung, gesellschaftliche Gefährlichkeit und Strafbarkeit) und b) subjektive Seite (Schuld, der der Vorsatz[59] und die Fahrlässigkeit zugeordnet werden).

---

[57] *Bajčev*, Ivan: Nakazatelnootgovorna lica (Strafrechtlich verantwortliche Personen), in: Socialističesko pravo 1970, Heft 5, S. 20.

[58] *Nenov*, Ivan: Prestůplenie i sůstav na prestůplenieto (Die Straftat und der Straftatbestand), in: Izvestija na Pravnija institut pri BAN, Sofia 1955, S. 176.

[59] Die Zuordnung des Vorsatzes zum subjektiven Tatbestand wird abgelehnt. Es könne keine zweierlei „Schuld“ geben, einmal als „subjektives

a) Die objektive Seite. Der Begriff der sozialistischen Gesetzlichkeit geht von der Gesellschaftsgefährlichkeit aus, denn nur eine Handlung, die einen gewissen Grad der gesellschaftlichen Gefährlichkeit darstellt, wird vom Gesetz zur Straftat erklärt, und zwar dann, wenn die betroffene gesellschaftliche Beziehung mit leichteren Mitteln nicht wirksam geschützt werden kann. Objekt der Straftat ist somit nicht die durch diese verletzte Strafnorm, sondern die betroffene sozialistische Beziehung der Basis und des Überbaus selbst. Im StGB 1951 waren nur die Staats-, Gesellschaft- und Rechtsordnung ausdrücklich unter strafrechtlichen Schutz gestellt (Art. 3); das Verzeichnis der schutzwürdigen Objekte ist nunmehr in Art. 10 erheblich erweitert — insbesondere auf die Person und Rechte der Bürger und andere von der Rechtsordnung geschützte Interessen. Die Aufzählung ist somit nicht abschließend, und sie erfährt ihre Konkretisierung durch die entsprechenden Tatbestände des Besonderen Teils. Die Rechtswidrigkeit ist das rechtliche (in diesem Sinne das „formelle") Element des allgemeinen Begriffs der Straftat, der von der Gesellschaftsgefährlichkeit als der bestimmenden „materiellen" (außerjuristischen) Eigenschaft bedingt ist[60].

Der untrennbare Zusammenhang zwischen der gesellschaftlichen Beziehung, der Strafnorm und der Straftat bestimmt auch die Bedeutung des geschützten Objektes beim Verständnis der Strafnormen selbst und der darin vorgesehenen Straftatbestände. Das Objekt der Straftat ist in einschlägigen Strafnormen oft nicht erwähnt bzw. im Tatbestand nicht ausdrücklich ausgewiesen, dennoch bildet es immer die Grundlage für die Auslegung der betreffenden Norm.

Vom „Objekt" der Straftat d. h. der strafrechtlich geschützten gesellschaftlichen Beziehung ist der „Gegenstand" der Straftat zu unterscheiden. „Gegenstand" der Straftat ist dasjenige Element der gesellschaftlichen Beziehung, auf das eine konkrete Handlung einwirkt und dadurch die gesellschaftliche Beziehung selbst betroffen wird. Solche „Gegenstände" der Straftat können Personen, materielle Voraussetzungen und materiellen Sachen selbst, auf die die kriminelle Tätigkeit einwirkt (Mensch, Gesundheit, bewegliche Sachen, Waren und dergl.), sein. Im Schrifttum wird zugegeben, daß in der sozialistischen Strafrechtswissenschaft der Begriff des „Gegenstands" der Straftat nicht ausreichend geklärt sei. Einige meinen sogar, er sei überflüssig[61]; er wird aber auch in der Rechtsprechung verwendet (siehe unten S. 29 f.).

Element der Straftat" und ein zweites Mal als „allgemeine Grundlage der strafrechtlichen Verantwortlichkeit" (*Nenov* [Anm. 25 a], S. 314).

[60] *Nenov* (Anm. 25 a), S. 215.

[61] Vergl. *Nenov* (Anm. 25 a), S. 205—207.

b) Die subjektive Seite (Schuld). Die persönliche Verantwortlichkeit des Menschen setzt seine persönliche Willensfreiheit voraus. Während in der Ausbeuter-Klassengesellschaft auch die Kriminalität ein zwangsläufiges Produkt des Klassenantagonismus sei, verhalte sich die Sache im Sozialismus anders; der Mensch handele hier bewußt. Die Kenntnis der Gesetzmäßigkeiten der Natur und der Gesellschaft ermöglichen ihm, die Folgen seiner Handlungen vorauszusehen und die Notwendigkeiten der gesellschaftlichen Gesetzmäßigkeiten zu erkennen. Der Mensch sei somit frei, sich gesellschaftskonform oder gesellschaftswidrig zu verhalten[62].

Im Hinblick auf die Schuld gibt das bulgarische StGB keine eigene Definition, sondern folgt dem sowjetischen Beispiel[63], indem es den Vorsatz und die Fahrlässigkeit als zwei Arten der Schuld nennt und jede getrennt bezeichnet (Art. 11)[64]. Im Schrifttum sind mehrere Begriffsbestimmungen der Schuld versucht worden. Nach der herrschenden Lehre besteht die Schuld „in der konkreten, sich im Vorsatz oder der Fahrlässigkeit offenbarenden psychischen Beziehung des Täters zu der von ihm begangenen, vom sozialistischen Recht getadelten gesellschaftsgefährlichen Handlung und ihren gesellschaftsgefährlichen Folgen"[65]. Der Begriff der Schuld wird somit grundsätzlich nur auf das Erkennen bzw. Erkennenmüssen oder -können der Gesellschaftsgefährlichkeit der Tat bzw. der Tatfolgen abgestellt. Im Schrifttum wird diese Konzeption kritisiert. Die Gesellschaftsgefährlichkeit bilde zwar den materiellen Inhalt der Straftat, allein wegen des Bewußtseins der Gesellschaftswidrigkeit beim Täter sei jedoch eine Handlung noch nicht eine Straftat, sie müsse auch das Bewußtsein der Rechtswidrigkeit, der Strafbarkeit einschließen, zumal der Täter nur für eine *strafbare* gesellschaftsgefährliche Handlung verantwortlich gemacht werden könne[66].

Gerügt wird u. a., daß der Gesetzgeber keine Regelung der Abstufungen der Fahrlässigkeit *(culpa lata, culpa levis* und *culpa levissima)* getroffen hat. Sie seien nicht nur im Zivil-, sondern auch im Strafrecht von Bedeutung, insbesondere bei der Berufsfahrlässigkeit[67].

---

[62] *Mančev,* Nikola: Vinata v nakazatelnoto pravo (Die Schuld im Strafrecht). Sofia 1969, S. 154.

[63] Die sowjetische Schuldkonzeption wird auch von *Maurach* als „besonders rückständig" bezeichnet (Das neue StGB der DDR, in: NJW 1968, S. 915).

[64] Vergl. Art. 8 und 9 „Grundsätze der Strafgesetzgebung der UdSSR und der Unionsrepubliken" mit Einführung und Erläuterungen von Friedrich-Christian *Schroeder,* Herrenalb/Schwarzwald 1960, S. 39.

[65] *Nenov* (Anm. 25 a), S. 313.

[66] Vergl. *Mančev,* a. a. O. (Anm. 62), S. 248—250.

[67] *Mančev,* a. a. O. (Anm. 62), S. 251.

c) Irrtum. Wie im StGB 1951 ist auch im geltenden StGB nur der Tatbestandsirrtum geregelt (Art. 14). Auch diese Regelung wird dahingehend moniert, daß der Irrtum des Täters über die Rechtswidrigkeit seiner Handlung zwangsläufig jede vorsätzliche Schuld ausschließe. Der Irrtum über die Rechtswidrigkeit könne aber auch jede fahrlässige Schuld ausschließen, wenn der Täter nicht imstande gewesen sei, die Rechtswidrigkeit seiner Handlung zu erkennen. Denn nur im bourgeoisen Recht könne die Vermutung „jedermann kennt die Gesetze" gelten, aber selbst dort beginne man Zweifel über die Richtigkeit des Satzes *nemo legem ignorare censetur* zu hegen, insbesondere in Deutschland. Eine solche Vermutung könne im sozialistischen Recht erst recht keinen Platz haben. Sie widerspreche dem Grundsatz des Art. 8 der bulgarischen StPO, daß der Angeklagte bis zum Beweis des Gegenteils unschuldig sei[68].

Im geltenden Recht hat jedoch diese Ansicht keine Stütze, und zwar weder in der Regelung der Schuld noch in der des Irrtums. Nach der herrschenden Lehre ist der Rechtsirrtum unbeachtlich, denn die „subjektive Beurteilung kann die objektive Lage nicht verändern — dies ist die klare und folgerichtige Position des sozialistischen Rechts, von dem verschiedene reaktionäre subjektivistische bourgeoise Theorien weit entfernt blieben"[69].

d) Befehlsverweigerung. Diese Irrtumskonzeption setzt auch der Verweigerung eines gesetzwidrigen Dienstbefehls enge Grenzen. Der Empfänger eines solchen ordnungsgemäß erteilten Befehls darf nur dann diesen nicht ausführen, wenn von ihm offenkundig eine Straftat gefordert wird (Art. 16). Hat der Betroffene nur Zweifel darüber, muß der Befehl ausgeführt werden, weil dies im Interesse der Disziplin und Einheitlichkeit der Ausübung staatlicher Tätigkeit liegt. Die Offenkundigkeit der Rechtswidrigkeit beurteilt sich individuell nach den Eigenschaften des Betroffenen. Diese Vorschrift gilt insbesondere für Militärpersonen, da bei ihnen „der Grad der Dienstpflicht besonders hoch einzustufen ist"[70].

---

[68] *Mančev*, a. a. O. (Anm. 62), S. 118—120.

[69] *Nenov* (Anm. 25 a), S. 344. — Die Motive zum StGB 1951 sind nicht so kategorisch. Darin heißt es, die Frage des Rechtsirrtums sei nicht geregelt, und dies sei auch überflüssig. „Die Lösung dieser Frage hängt davon ab, ob dem Täter bewußt gewesen ist, daß die Handlung, die er begeht, als gesellschaftsgefährlich unter Strafe gestellt ist oder ob ihm dies nicht bewußt gewesen ist. Im übrigen ist es für einen Schuldspruch nicht erforderlich, daß der Täter den Inhalt eines konkreten Gesetzeswortlautes kannte, der eine Strafe für die begangene Handlung vorsieht" (siehe oben Anm. 6).

[70] *Nenov* (Anm. 25 a), S. 348.

e) Vorbereitung und Versuch. Vorbereitungshandlungen (Schaffen von Bedingungen für die Begehung einer Straftat — Art. 17) sind nur dann strafbar, wenn dies ausdrücklich im Besonderen Teil vorgesehen ist (Staatsverbrechen — Art. 110; Diebstahl — Art. 195 und Art. 152; Raub — Art. 200 und 257; Falschmünzerei — Art. 246; gemeingefährliche Straftaten — Art. 330; Fluchtdelikte — Art. 279 und 386; Aggressionskrieg — Art. 409; Genocid — Art. 417).

Der Versuch wird hingegen stets wie die vollendete Tat bestraft, jedoch nur beim Direktvorsatz. Art. 18 Abs. 1 macht nämlich die Strafbarkeit vom Eintritt der „vom Täter *gewollten* gesellschaftsgefährlichen Folgen" abhängig. Die frühere Rechtsprechung hat dagegen die Strafbarkeit auch beim Vorliegen von Eventualvorsatz bejaht[71].

f) Täterschaft und Teilnahme. Art. 20 enthält die Definitionen des Täters, des Anstifters und des Gehilfen. Der Anstifter wird nur dafür bestraft, wozu er den Täter angestiftet hat, der Gehilfe für die dem Täter geleistete Hilfe, wobei der Charakter und der Grad ihrer Beteiligung zu berücksichtigen sind (Art. 21); somit werden objektive und subjektive Kriterien zusammengefaßt. Gemäß Art. 58 ist der Gehilfe milder zu bestrafen, wenn sein Tatbeitrag zur Handlung des Haupttäters gering ist. Ist hingegen die Handlung des Haupttäters selbst geringfügig, so ist das Verfahren gegen alle wegen geringfügiger Gesellschaftsgefährlichkeit gemäß Art. 9 Abs. 2 einzustellen. Die Grundsätze der Akzessorietät und der Individualisierung kommen insbesondere in Abs. 4 des Art. 21 zum Ausdruck; es sind darin besondere Umstände angegeben, die Strafausschließungs-, Milderungs- oder Schärfungsgründe bilden[72]. Sie gelten nur für den Teilnehmer, bei dem sie vorliegen, nicht aber für die übrigen. Abweichend davon bestimmt aber Abs. 3, daß in den Fällen, in denen das Gesetz wegen einer bestimmten persönlichen Eigenschaft eine Handlung zur Straftat erhebt, auch die Teilnehmer für diese verantwortlich sind, bei

---

[71] *Mančev* (Anm. 62), S. 130; *Nenov*, Ivan: Osnovni položenija na proekta za nov Nakazatelen kodeks (Grundlegende Bestimmungen des Entwurfs eines neuen StGB), in: Socialističesko pravo 1967, Heft 3, S. 37.

[72] Solche besonderen persönlichen Umstände sind u. a. Rücktritt bei der Vorbereitung oder Rücktritt vom Versuch gemäß Art. 18 Abs. 3, Rücktritt des Anstifters oder des Gehilfen gemäß Art. 22, Konkurrenzen, wenn sie nur bei einem der Teilnehmer vorliegen (Art. 23 Abs. 1), Anrechnung der Untersuchungshaft (Art. 59), Nichterhebung der Privatklage oder ihre Rücknahme durch das Opfer bei bestimmten Straftaten, Eheschließung bei Straftaten gemäß Art. 149 und 151, Begnadigung gemäß Art. 74 StGB, Eigenschaft eines Asylanten gemäß Art. 65 und Parlamentarierindemnität gemäß Art. 88 der Verfassung.

denen die betreffende Eigenschaft nicht vorliegt. Diese Inkonsequenz ist im Schrifttum auf Kritik gestoßen[73].

Im Allgemeinen Teil ist keine Bestimmung über die *Mittäterschaft* enthalten. Sie ist aber im Besonderen Teil bei einigen Tatbeständen vorgesehen, die gemeinschaftlich oder nur so begangen werden können, wie Teilnahme an einer Organisation zur Begehung von Staats- oder Rassenverbrechen (Art. 109 Abs. 2, Art. 162 Abs. 3), Zugehörigkeit zu einer Rotte (Art. 163) usw. Rechtsprechung und Rechtswissenschaft haben einige allgemeine Grundsätze für die Mittäterschaft herausgebildet. Jeder der Mittäter ist Täter, d. h. beteiligt an der Ausführung der Straftat. Dabei kann jeder der Mittäter entweder ähnliche Tätigkeiten vollbringen, oder ihre Rollen können verteilt sein. Bei zusammengesetzten Delikten kann der einzelne Täter die eine oder andere der Straftaten verwirklichen, die im zusammengesetzten Delikt einbegriffen sind. Verlangt der Tatbestand besondere persönliche Eigenschaften, so ist Mittäter nur derjenige der an der Tat Beteiligten, bei dem sie vorliegen. Der konkrete kausale Tatbeitrag des einzelnen Mittäters ist hierbei grundsätzlich nicht maßgeblich, es kommt auf den gemeinschaftlich bewirkten Erfolg an.

Auf der subjektiven Seite ist gemeinschaftlicher Vorsatz erforderlich, der jedoch auch ohne vorherige oder ausdrückliche Verabredung vorliegen kann. Sind tatbestandsmäßig weitere subjektive Elemente vorgesehen (Ziel, Motiv), so ist jedoch eine vorhergehende Verabredung erforderlich.

Mittelbare Täterschaft ist Alleintäterschaft. Wer durch Einwirkung auf einen Schuldunfähigen oder durch Täuschung jemanden zur Begehung einer Straftat veranlaßt, haftet auch für eine durch sein Werkzeug bewirkte schwerere Straftat als die vom mittelbaren Täter veranlaßte, wenn sein Vorsatz auch den schwereren Erfolg umfaßte[74].

g) Mehrheit von Straftaten. Der Begriff der Straftatenmehrheit ist im StGB erheblich erweitert. Neben der herkömmlichen Ideal- und Realkonkurrenz (Art. 23), die im Hinblick auf das Strafmaß nunmehr gleich zu behandeln sind[75], werden dem Begriff der Straftatenmehr-

[73] *Simeonov,* Christo: Nakazůemost na sůučastnicite sůglasno čl. 21 NK (Strafbarkeit der Teilnehmer gemäß Art. 21 StGB), in: Socialističesko pravo 1971, Heft 11, S. 52—56.

[74] *Simeonov* (Anm. 73), S. 53.

[75] Die frühere Regelung, die nur bei der Realkonkurrenz die Erhöhung des Strafmaßes bis zur Hälfte im Rahmen der gesetzlichen Höchstgrenze der betreffenden Straftat vorsah, ist nunmehr auch auf die Idealkonkurrenz erstreckt worden. Hierbei sei die Überlegung maßgeblich gewesen, daß bei der Realkonkurrenz der Täter zwar durch mehrere Handlungen begangene mehrere Straftaten seine erhöhte Gesellschaftsgefährlichkeit

heit auch weitere strafrechtliche Hypothesen zugeordnet, die durch komplexe kriminelle Tätigkeiten desselben Täters verwirklicht werden können, weshalb ihre Unterwerfung unter eine besondere einheitliche Handhabe zweckmäßig erscheint. Dies sind die Handlungskomplexe der Gewohnheits- und Rückfallkriminalität. Maßgebliche Grundlage für die strafrechtliche Verantwortlichkeit bleibt hierbei das kriminelle Handeln eines Täters; die Differenzierung und Spezifizierung der Verantwortlichkeit hat sich demgemäß nach den Besonderheiten der begangenen Straftaten zu richten, jedoch sind auch die wesentlichen Eigenschaften des Täters zu berücksichtigen[76]. Dementsprechend werden in Art. 26 die Legaldefinition der *fortgesetzten Straftat* und in Art. 28 bis 30 des *Rückfalls* in seinen verschiedenen Varianten gegeben. Wiewohl die beiden Neuregelungen ausführlich und umfangmäßig lang sind — im Gegensatz zu den ansonsten knappen und präzisen Formulierungen des Allgemeinen Teils — ist bald nach dem Inkrafttreten des StGB von 1968 das Oberste Gericht mit diesbezüglichen Auslegungsfragen befaßt worden.

aa) Fortgesetzte Straftat. Zwei oder mehrere Handlungen, die jede für sich eine oder verschiedene Tatbestandsalternativen derselben Straftat verwirklichen, werden unter den übrigen Voraussetzungen des Art. 26 (kurze Zeit, gleiche Umstände und gleichartige Schuld) nicht als selbständige Straftaten, sondern als fortgesetzte Straftat gewertet. Bestandteile einer fortgesetzten Straftat können auch einzelne Handlungen sein, die allein für sich genommen unbedeutend gemäß Art. 9 Abs. 2 wären. Eine fortgesetzte Straftat kann auch *nur* aus Handlungen bestehen, die für sich allein unbedeutend wären, jedoch als Gesamtheit genommen nicht mehr unbedeutend sind. Es ist nicht erforderlich, daß mit jeder einzelnen Handlung eine gesellschaftliche Beziehung verletzt wird, an der dieselbe natürliche oder juristische Person beteiligt ist. So liegt eine fortgesetzte Straftat auch dann vor, wenn verletzt wurden: a) gesellschaftliches Eigentum des Staates, der Genossenschaften oder gesellschaftlichen Organisationen; b) Eigentum verschiedener Bürger.

Keine fortgesetzte Straftat sind aber Diebstähle von gesellschaftlichem und privatem Eigentum, weil es sich hierbei um verschiedene

---

an den Tag lege, jedoch auch bei der Idealkonkurrenz das Vorliegen mehrerer Straftaten, darunter auch schwerer, das ihrer erhöhten Gesellschaftsgefährlichkeit entsprechend erhöhte Strafmaß rechtfertige (*Nenov,* Ivan: Vůprosi na „množestvoto na prestůplenia" v proekta za nov Nakazatelen kodeks [Fragen der „Mehrheit von Straftaten" im Entwurf eines neuen StGB], in: Pravna misůl 1967, Heft 1, S. 53—63).

[76] *Nenov* (Anm. 75), S. 55.

Straftaten handelt[77]. Fortgesetzte Straftat liegt auch dann vor, wenn der Täter einen Teil der Handlungen allein, die übrigen aber unter Teilnahme Dritter verwirklicht hat oder wenn er einige von ihnen ausgeführt hat, andere aber im Versuchsstadium geblieben sind[78]. Fortgesetzte Straftat ist auch dann gegeben, wenn der Täter einen Teil der Handlungen in einer Eigenschaft, die übrigen aber in einer anderen Eigenschaft verübt hat oder wenn er sie in einem, aber auch in einem anderen Unternehmen, einer anderen Einrichtung oder gesellschaftlichen Organisation begangen hat, soweit der Täter hierbei trotz des Wechsels seiner Eigenschaft die gleiche dauernde Beziehung zum Gegenstand oder Objekt der Straftat bewahrte.

„Systematische" Begehung ist tatbestandsmäßig nicht notwendig. Eine solche liegt dann vor, wenn zumindest drei Handlungen begangen wurden, die miteinander in einem Verhältnis von Beständigkeit und Dauerhaftigkeit stehen. Sie brauchen nicht unter denselben Umständen begangen zu werden, und die Folgehandlungen brauchen nicht Fortsetzung der vorangegangenen zu sein. Eine fortgesetzte Straftat kann aber auch durch nur eine, auf bestimmte Zeit ununterbrochen dauernde Handlung verwirklicht werden.

Als Straftaten gegen die Person gemäß Abs. 5 des Art. 26 sind nur die im Kapitel II des Besonderen Teils vorgesehenen Tatbestände zu verstehen.

Im Hinblick auf die subjektive Seite ist die „Gleichartigkeit der Schuld" dahingehend zu verstehen, daß die gleichartige Hauptschuldform erforderlich ist, d. h. Vorsatz oder Fahrlässigkeit, jedoch nicht nur der Direkt- oder nur der Eventualvorsatz bzw. nur die bewußte oder nur die unbewußte Fahrlässigkeit. Nicht erforderlich ist ein vorgefaßter, auf ein Gesamtziel gerichteter, alle Einzelhandlungen umfassender Gesamtentschluß. Die Entschlüsse zu einzelnen Handlungen können auch getrennt gefaßt werden[79].

Besteht zwischen den einzelnen Handlungen der erforderliche objektive und subjektive Zusammenhang nicht, so sind sie nach den

---

[77] Vergl. *Bajčev*, Ilija: Njakoi vůprosi na prodůlžavanoto prestůplenie (Einige Probleme der fortgesetzten Straftat), in: Socialističesko pravo 1971, Heft 3, S. 29—40.

[78] Entscheidung des Obersten Gerichts vom 27. Dezember 1971 Nr. 627/71, in: Socialističesko pravo 1972, Heft 4, S. 89.

[79] Obwohl im StGB 1951 keine Regelung für fortgesetzte Straftaten bestand, wurde diese von der Rechtsprechung herausgebildet, jedoch nur für vorsätzliche Handlungen (vorgefaßter Gesamtvorsatz). — Siehe *Bajčev* (Anm. 77), S. 36.

Regeln für die Realkonkurrenz zu beurteilen. Der Grundsatz *ne bis in idem* (Art. 4 StPO) gilt auch für fortgesetzte Straftaten[80].

bb) Rückfall. Die Rückfallkriminalität bereitet der bulgarischen Strafrechtspflege schwere Sorgen. Einem Bericht des Präsidenten des Obersten Gerichts vor dem Plenum zufolge, das sich auf seiner Tagung vom 24. bis 27. April 1970 mit diesem Problemkomplex befaßte, stellen die Rückfalltaten den höchsten Grad der Gesellschaftsgefährlichkeit dar. Oft seien diese zahlreich begangenen Schwerstverbrechen von Dreistheit, Zynismus und schweren Folgen gekennzeichnet. Die verhängten Strafen erreichen in vielen Fällen den Strafzweck nicht, weil die Täter sich nur schwer umerziehen lassen. Der Anteil der Rückfalltaten an der Gesamtkriminalität gehe nicht zurück. 1969 betrug er 24,9 %[81].

Unter dem Sammelbegriff Rückfall sind im Sinne der Art. 28—30 StGB 1968 zu verstehen:

— **Wiederholungstat** (spezieller Rückfall), d. h. zweite Begehung derselben, im Besonderen Teil ausdrücklich als Wiederholungstat qualifizierten Handlung nach der Verurteilung für die vorangegangene. Diese Qualifizierung ist in 13 Fällen vorgesehen. Hierzu führt das Plenum aus, die Wiederholungstat verletze dieselbe gesellschaftliche Beziehung und sie werde deshalb als strafschärfend qualifiziert. Gleiche Straftaten seien solche, die denselben oder verschiedene Tatbestände derselben Straftat verwirklichen, einschließlich der qualifizierten und der privilegierten. Bei Diebstahl oder Unterschlagung gemäß Art. 195 Abs. 1, Ziff. 7; Art. 210

---

[80] Auslegungsbeschluß der Allgemeinen Sitzung der Strafabteilung des Obersten Gerichts vom 15. Februar 1971 Nr. 3, in: Socialističesko pravo 1971, Heft 12, S. 80—87.

[81] *Marinov* (Anm. 38). Die Gesamtkriminalitätskurve zeigt nach Angaben des bulgarischen Generalstaatsanwalts eher eine fallende Tendenz. Unter Zugrundelegung der Indexzahl 100 Verurteilte je 100 000 Einwohner im Jahre 1956 fiel dieser Index auf 67 im Jahre 1966 (*Gel'fer, M.*: Osnovnye čerty novogo Ugolovnogo kodeksa Narodnoj Respubliki Bolgarii [Grundzüge des neuen StGB Bulgariens], in: Socialističeskaja zakonnost' 1968, Heft 9, S. 54. Materielle statistische Angaben über die Gesamtkriminalität sind nicht zugänglich. Im Schrifttum wird der Umstand kritisiert, daß die Kriminalitätsstatistiken bei verschiedenen Stellen geführt werden. Ergebnisse über Teilgebiete werden getrennt in Fachpublikationen für den Dienstgebrauch (z. B. Gefängniswesen) veröffentlicht. Eine Koordinierung des Kriminalitätsstatistikwesens wird verlangt (vergl. *Butanska,* Paraskeva: Za edinia nakazatelnopravna sůdebnostatističeska otčetnost [Für ein einheitliches strafrechtliches Gerichtsstatistikwesen], in: Socialističesko pravo 1968, Heft 1, S. 22—26.

Ziff. 4; Art. 252 und 254 liege der Spezialrückfall nur dann vor, wenn *beide* Handlungen nicht unbedeutend sind.

— **Gefährlicher Rückfall**, der in drei Fallgruppen unterteilt ist. Es handelt sich hierbei um von einem Täter innerhalb einer verhältnismäßig kurzen Zeitspanne zwei- oder mehrmals begangene „schwere Straftaten" (gemäß Art. 93 Ziff. 7) oder um mehrmals begangene andere, als gefährlicher Rückfall qualifizierte Straftaten, für die zumindest eine Verurteilung ergangen ist. Die „Zeitspanne" wird nach den Umständen des konkreten Sachverhalts beurteilt. Im Besonderen Teil ist in 11 Fällen die tatbeständsmäßige Qualifizierung gefährlichen Rückfalls vorgesehen.

Die Regeln für Wiederholungstat und gefährlichen Rückfall kommen nach der Auslegung des Art. 30 durch das Plenum nicht zur Anwendung, wenn seit der Verbüßung der früheren Strafe bzw. der früheren Strafen im Falle des Art. 29 Lit. b fünf Jahre vergangen sind, oder bei bedingter Verurteilung (auch bei solcher Zweitverurteilung) und bei bedingter Entlassung.

Auf das besondere Strafmaß für Rückfalltaten wird noch im Zusammenhang mit den Strafen (siehe unten S. 37) einzugehen sein.

3. Zurechnungsfähigkeit

Die altersmäßige Unterteilung in Minderjährige (bis zum vollendeten 14. Lebensjahr), Nichtvolljährige (vom vollendeten 14. bis zum 18. Lebensjahr) und Volljährige (nach Vollendung des 18. Lebensjahres) ist aus dem früheren Recht übernommen worden.

a) Volljährige sind strafrechtlich voll verantwortlich, wenn sie die strafbare Handlung im Zustand der Zurechnungsfähigkeit begangen haben (Art. 31 Abs. 1). Bei Volljährigen wird die Zurechnungsfähigkeit als Normalzustand angesehen, d. h. sie wird vermutet. Das StGB regelt auch nicht die Zurechnungsfähigkeit, diese ergibt sich vielmehr als Umkehrschluß aus festgestellter Unzurechnungsfähigkeit. Für Unzurechnungsfähigkeit legt das StGB medizinische und rechtliche Kriterien zugrunde. Medizinische Kriterien sind geistige Zurückgebliebenheit, dauerhafte oder zeitweilige Bewußtseinsstörung. Rechtliche Kriterien stützen sich auf ein intellektuelles Element (Erfassen des Wesens und der Bedeutung der Handlung) und auf ein Willenselement (Beherrschung des eigenen Verhaltens). Zur Begründung der Unzurechnungsfähigkeit ist das Fehlen nur eines der rechtlichen Elemente ausreichend; für die Zurechnungsfähigkeit müssen beide vorliegen[82].

Wie das frühere StGB hat auch der Allgemeine Teil des StGB keine Vorschrift über verminderte Zurechnungsfähigkeit. In der Recht-

[82] *Bajčev*, Ilija: Nakazatelnootgovorni lica (Strafrechtlich verantwortliche Personen), in: Socialističesko pravo 1970, Heft 5, S. 19—27.

sprechung wurde sie bisher schon als schuldmildernder Umstand bei der Individualisierung des Strafmaßes berücksichtigt (z. B. bei im Rausch begangenem Diebstahl). Einige Tatbestände des Besonderen Teils sehen ausdrücklich niedrigere Strafmaße für im Zustand starker Erregung begangene Handlungen vor (Tötung Art. 118, Körperverletzung Art. 132).

Ebenso besteht keine Vorschrift über *actio libera in causa*. Bei einigen Tatbeständen ist der Zustand der Trunkenheit zum Zeitpunkt ihrer Begehung als strafschärfender Umstand vorgesehen (Tötung Art. 123 Abs. 3, Körperverletzung Art. 134 Abs. 3, Verkehrsdelikte Art. 342—343 Abs. 2)[83].

b) Nichtvolljährige sind bedingt strafrechtlich verantwortlich (Art. 31 Abs. 2). Im Gegensatz zu den Volljährigen, bei denen die Zurechnungsfähigkeit in der Regel vermutet wird, bedarf es bei Nichtvolljährigen stets einer entsprechenden Feststellung.

Art. 212 der bulgarischen Strafprozeßordnung bestimmt:

„Bei einem Angeklagten, der zur Zeit der Begehung der Handlung das 18. Lebensjahr nicht vollendet hat, ist das Gericht verpflichtet, im Urteil festzustellen, ob er das Wesen und die Bedeutung seiner Handlung begriffen hat und sein Verhalten beherrschen konnte".

Nach der Rechtsprechung muß das Gericht vor Urteilsfällung die Zurechnungsfähigkeit eines nichtvolljährigen Angeklagten feststellen und dies sowohl im Tenor als auch in der Begründung zum Ausdruck bringen[84].

Im Schrifttum wird das Fehlen einer altersmäßigen Differenzierung der strafrechtlichen Verantwortlichkeit beklagt, nämlich im Hinblick auf die Altersgruppe der 14- bis 16jährigen und der älteren nichtvolljährigen Täter bis zum vollendeten 18. Lebensjahr, zumal die Letztgenannten erfahrungsgemäß eine erhöhte Gesellschafts-

---

[83] Der Trunkenheitszustand im Sinne des StGB liegt bei Verkehrsdelikten dann vor, wenn beim Kraftfahrzeugführer 0,5 ‰ Blutalkohol festgestellt sind. Für administrative Maßnahmen gemäß Reglement über den Straßenverkehr vom 7. Juli 1964 ist hingegen der Nachweis ausreichend, daß der Kraftfahrzeugführer vor oder während der Fahrt „Alkohol zu sich genommen hat". Gemäß Art. 72 des Reglements ist die Führung eines Kraftfahrzeuges „auch im Zustand leichtesten Rausches" verboten. Vergl. *Petkov*, Ivan: Kům vůprosa za ustanavjavane na sůstojanieto „upotrebil alkochol" u vodačite na prevozni sredstva (Zur Frage der „Einnahme von Alkohol" durch Kraftfahrzeugführer), in: Pravna misůl 1970, Heft 2, S. 87—89 (siehe unten S. 42).

[84] *Bajčev*, Ilija: Osobeni pravila za opredeljane na nakazanijata na nepůlnoletnite (Besondere Regeln für die Strafzumessung gegenüber Nichtvolljährigen), in: Socialističesko pravo 1970, Heft 7, S. 9—15.

gefährlichkeit aufweisen. Die 14- bis 16jährigen Täter sollten nur für schwere Straftaten und bei festgestellter Beharrlichkeit gesellschaftswidrigen Verhaltens strafrechtlich zur Verantwortung gezogen werden[85].

c) **Minderjährige** sind strafrechtlich nicht verantwortlich (Art. 32). Begeht ein Minderjähriger eine gesellschaftsgefährliche Handlung, können ihm gegenüber Erziehungsmaßnahmen gemäß Jugendgesetz angeordnet werden (siehe oben S. 8).

Über die altersmäßige Struktur der Kriminalitätsfrequenz gibt die folgende Übersicht für das Jahr 1967 ein ungefähres Bild. Die Zahlen in der zweiten Zeile sind Koeffizienten, die die jeweilige Zahl der Verurteilten auf 100 000 Einwohner anzeigen.

Altersgruppe:	14—17	18—29	30—39	40—49	50—59	60—69	über 70
Verurteilte:	374,61	733,48	577,22	381,26	206,28	89,38	33,19

Die Angaben für die Zeitspanne 1963—1966 weisen nur unwesentliche Abweichungen auf. Hervorstechend ist die etwa gleiche Verbrechensfrequenz bei den Altersgruppen der 14- bis 17jährigen und der 40- bis 49jährigen[86].

4. Strafen

a) Grundsätze

Die Grundsätze des Strafens und der Strafzumessung sind in Art. 35, 36 und 54 bis 59 niedergelegt. Es sind persönliche Verantwortlichkeit, Individualisierung der Strafen, sozialistische Gesetzlichkeit und sozialistische Humanität.

Der Grundsatz der persönlichen Verantwortlichkeit bedeutet, daß nur eine Person, die eine Straftat begangen hat, für diese verantwortlich ist.

Der Grundsatz der Individualisierung hingegen bedeutet, daß die Strafart und ihre Zumessung der Gesellschaftsgefährlichkeit der Straftat und des Täters entsprechen sollen[87].

Der Grundsatz der sozialistischen Gesetzlichkeit besagt, daß nur für eine gesellschaftlich gefährliche Handlung, die vom Gesetz für strafbar erklärt ist, eine Strafe verhängt wird, und zwar nur vom zuständigen Gericht.

[85] *Stankov*, Bojan: Nepůlnoletni — vůzrastovi osobenosti i prestůpnost (Nichtvolljährige — altersmäßige Besonderheiten und Kriminalität), in: Pravna misůl 1969, Heft 6, S. 38—49.

[86] Die Übersicht bei *Stankov*, a. a. O. (Anm. 85), S. 45.

[87] *Bajčev*, Ilija: Nakazanie. Vidove nakazania (Die Strafe. Strafarten), in: Socialističesko pravo 1970, Heft 12, S. 14—20.

Der sozialistische Humanismus schließlich verlangt, daß weder die Strafart noch ihre Vollstreckung die Zufügung von Leiden oder Mißachtung der Menschenwürde des Verurteilten zum Zweck haben darf. Der Zweck der Strafe ist nämlich die Besserung, Umerziehung und soziale Wiedereingliederung des Täters einerseits und der Schutz der Gesellschaft (Spezial- und Generalprävention) andererseits. Hierbei ist im Vergleich zum StGB von 1951 eine Verschiebung der Akzente erfolgt, indem die Besserung und Umerziehung des Straftäters in Art. 36 StGB 1968 in den Vordergrund gerückt ist.

Das StGB von 1968 geht wie sein Vorgänger von einem einheitlichen Strafbegriff aus. Es kennt die Zweiteilung weder in Strafen und Maßregeln noch in Haupt- und Neben- bzw. Zusatzstrafen. Aus dem Zweck einiger Strafarten geht jedoch hervor, daß sie selbständig oder mit anderen Strafen zusammen auferlegt werden können.

b) Der Strafenkatalog

In Art. 37 sind die Strafarten aufgezählt:

1. Todesstrafe, 2. Freiheitsentziehung, 3. Besserungsarbeit ohne Freiheitsentziehung, 4. Geldstrafe, 5. Einziehung des verfügbaren Vermögens, 6. Aberkennung eines staatlichen oder gesellschaftlichen Amtes, 7. Aberkennung des Rechtes auf Ausübung eines Berufes oder einer Tätigkeit, 8. Aberkennung des Wohnsitzrechtes in einer bestimmten Ortschaft, 9. Aberkennung von Orden und Auszeichnungen, 10. Aberkennung eines militärischen Ranges, 11. gesellschaftlicher Tadel.

Komplementär mit Freiheitsentziehung können Zwangsaufenthalt, Aberkennung des Wohnsitzrechts, Geldstrafe, Aberkennung des Rechts auf Ausübung eines Berufes oder einer Tätigkeit, von Orden oder Auszeichnungen verhängt werden. Die Strafe der Einziehung des Vermögens ist im Besonderen Teil immer nur mit einer anderen Strafart angedroht. Die Aberkennung eines militärischen Rangs sowie von Orden und Auszeichnungen ist nur bei schweren Straftaten (die gemäß Art. 93 Ziff. 7 mit Freiheitsentziehung über fünf Jahre bedroht sind) vorgesehen.

Das StGB von 1951 wies zwar nur sieben Strafarten auf, dennoch ist im geltenden Recht nur eine Strafart neu eingeführt worden, nämlich der Zwangsaufenthalt. Die zahlenmäßige Erhöhung der Strafarten ist dadurch zustandegekommen, daß die generische Strafart „Aberkennung der Rechte“ abgeschafft und nunmehr durch Aberkennung bestimmter Rechte ersetzt worden ist. Weggefallen sind die Strafen der Aberkennung der Elternrechte, des Wahlrechts und des Ruhegehaltsrechts, die laut Ausführungen der Justizministerin „dem Charakter und Zielen des sozialistischen Strafrechts nicht entsprechen". Sie fügte aber hinzu, daß die Fragen der Entziehung oder Beschränkung dieser Rechte durch die einschlägigen Normativakte zu regeln sei[88]. Im Schrifttum wird dem entgegengehalten, daß diese Neuregelung eigentlich ein Rückschritt sei, denn das Gericht entscheide durch Urteil über diese Fragen richtiger als die Verwaltung durch administrative Maßnahmen[89].

c) Die Todesstrafe

Die Androhung dieser außerordentlichen Strafe ist erheblich eingeschränkt worden. War sie im StGB von 1951 in 50 Fällen vorgesehen, ist sie im geltenden Recht nur noch in 29 Fällen angedroht. Darunter in acht Fällen für Straftaten gegen die Volksrepublik, acht für Militär- und Kriegsstraftaten, sechs für Straftaten gegen Frieden und Menschlichkeit, sechs für schwere Tötungs- und Raubdelikte, schwere Verkehrsunfälle, Wasservergiftung und Seuchenverbreitung[90]. Sie ist in der Regel alternativ mit der Freiheitsentziehung, lediglich in zwei Fällen (Art. 397 Abs. 2 und Art. 400) ist sie als einzige Strafe vorgesehen. Aber auch in diesen Fällen kann sie schon beim Vorliegen gewöhnlicher Milderungsumstände in Freiheitsstrafe verwandelt werden[91]. Sie ist nur dann zu verhängen, wenn der Strafzweck mit einer leichteren Strafe nicht erreicht werden kann (Art. 36 Abs. 1). Entfallen ist die Androhung der Todesstrafe bei Wirtschaftsdelikten und allen fahrlässig begangenen Straftaten. Sie darf nicht gegenüber Personen, die bei der Begehung der Straftat nicht das 20. (in Kriegszeiten das 18.) Lebensjahr vollendet haben, sowie gegenüber Schwangeren verhängt werden. Alle Todesurteile sind dem Staatsrat vorzulegen, auch wenn kein Gnadengesuch eingebracht wurde, und können erst nach seiner Stellungnahme im Hinblick auf eine eventuelle Umwandlung in Freiheitsstrafe vollstreckt werden. Die Todesstrafe wird durch Erschießen vollstreckt (Art. 131 StrVollstrG). An Schwangeren wird sie nicht vollstreckt (Art. 129).

d) Freiheitsentziehung (Art. 39—42)

aa) Strafrahmen und Zumessung. Die Freiheitsentziehung ist die „Grundstrafart" des Strafenkatalogs. Sie ist in 90 Prozent der Tatbestände vorgesehen[92]. Die gesetzliche Mindestgrenze ist von einem

---

[88] Reč (Anm. 22), S. 8.
[89] *Bajčev* (Anm. 87), S. 16.
[90] *Bajčev*, a. a. O. (Anm. 88), S. 17.
[91] *Nenov*, Ivan: Razvitie na sistemata na nakazanijata po bǔlgarskoto socialističesko pravo (Entwicklung des Strafsystems des bulgarischen sozialistischen Rechts), in: Godišnik na Sofijskija universitet — Juridičeski fakultet 1969, Jg. LX, Bd. I, S. 316.
[92] *Nenov*, a. a. O. (Anm. 91), S. 314.

Tag auf einen Monat heraufgesetzt. Die Erfahrung habe gelehrt, daß die Kurzstrafen für die Erreichung des Strafzweckes ungeeignet seien, während die von 20 auf 15 Jahre herabgesetzte Strafdauer hierfür ausreiche, erläuterte die Justizministerin diese Änderung. Die 20jährige Strafdauer bleibt noch als besonderer Strafrahmen in einigen Fällen bestehen, und zwar bei Umwandlung der Todesstrafe in Freiheitsstrafe, bei ihrer Verhängung als Alternative zur Todesstrafe (bei vorbedachtem Vorsatz und besonders schwerer Unterschlagung im Amt) sowie bei der Bildung einer Gesamtstrafe bei „Mehrheit von Straftaten" gemäß Art. 27 StGB (Rückfall)[93].

Das Plenum des Obersten Gerichts hat den Art. 27 dahingehend ausgelegt, daß bei der Bildung einer Gesamtstrafe gemäß Abs. 2 auch das im Allgemeinen Teil festgesetzte Höchstmaß der gleichartigen Strafen der Freiheitsentziehung, Besserungsarbeit, des Zwangsaufenthalts und der Aberkennung gleicher Rechte überschritten werden darf; somit kann das Gericht bei der Freiheitsentziehung auch über 20 Jahre hinausgehen (Art. 39 Abs. 3), wenn die Strafe aus zweitem Urteil über fünf Jahre beträgt oder wenn sie für gefährlichen Rückfall verhängt wird. Das Plenum argumentiert hierbei, daß der Gesetzgeber nur in Abs. 1 des Artikels 27 die Beschränkung auf das gesetzliche Höchstmaß, nicht aber in Abs. 2 desselben vorgeschrieben habe. Eine diesbezügliche einschränkende Auslegung der Allgemeinen Sitzung der Strafabteilung des Obersten Gerichts von 1969 ist aufgehoben. Die ausweitende Auslegung des Plenums hat im Schrifttum eine geteilte Aufnahme gefunden[94].

bb) Vollzug. Die grundlegende Vollzugsart der Freiheitsentziehung bestimmt das Gericht im Urteil und nicht mehr die Strafvollzugsverwaltung, wie dies früher der Fall gewesen ist.

Nähere Bestimmungen über den Freiheitsstrafvollzug sind im StrVollstrG niedergelegt. Dieses Gesetz sieht eine differenzierte Unterbringung der Verurteilten in entsprechenden Vollzugseinrichtungen nach Geschlecht, Alter, begangener Straftat, früheren Strafen und Grad der Gesellschaftsgefährlichkeit der Tat und des Täters vor

---

[93] Reč, a. a. O. (Anm. 19), S. 7.

[94] Zustimmend: *Petrova*, Sijka: Otnosno priloženieto na Nakazatelnija kodeks po njakoi vůprosi na recidiva (Zur Anwendung des StGB in bezug auf einige Rückfallprobleme), in: Socialističesko pravo 1970, Heft 9, S. 27—34. — Ablehnend: *Bojadžiev*, Petko: Beležki kům postanovlenie No. 2/ 1970 g. na Plenuma na Vůrchovnija sůd otnosno na priloženieto na čl. 27 NK (Bemerkungen zum Beschluß Nr. 2/1970 des Plenums des Obersten Gerichts in bezug auf die Anwendung des Art. 27 StGB), in: Pravna misůl 1971, Heft 2, S. 58—62. Dieser Autor führt u. a. aus, der obige Beschluß widerspreche den Grundsätzen der Verfassung.

(Art. 42 Lit. a). Es sind vier Vollzugsstufen vorgesehen: 1. leichtes, 2. allgemeines, 3. strenges und 4. verschärft strenges Regime.

Art. 45. Leichtes Regime wird angeordnet bei Erstverurteilten:

a) bis zu fünf Jahren Freiheitsentziehung wegen fahrlässiger Straftaten, ausgenommen im Trunkenheitszustand begangene oder berufsfahrlässige Straftaten;

b) bis zu einem Jahr Freiheitsentziehung wegen vorsätzlicher Straftaten, ausgenommen Straftaten gegen die Volksrepublik, Raub, Diebstahl, Betrug, Chuliganismus und Straftaten gemäß Art. 279 bis 281 und Art. 282 bis 386[95].

Art. 46. Allgemeines Regime wird angeordnet für

a) wegen fahrlässiger Straftaten Verurteilte mit Ausnahme derjenigen gemäß Art. 45 Lit. a;

b) wegen vorsätzlicher Straftaten bis zu fünf Jahren Freiheitsentziehung Erstverurteilte, ausgenommen die Fälle gemäß Art. 45 Lit. b.

Art. 47. (1) Strenges Regime wird angeordnet für

a) wegen vorsätzlicher Straftaten zu mehr als fünf Jahren Freiheitsentziehung Erstverurteilte;

b) Rückfällige[96], die keine große Gesellschaftsgefährlichkeit aufweisen.

(2) Strenges Regime kann auch für wegen mehrerer gleichartiger vorsätzlicher Straftaten zu Freiheitsentziehung Verurteilte angeordnet werden, bei denen gemäß Art. 23 bis 25 StGB eine Gesamtstrafe gebildet ist.

Art. 48. Verschärft strenges Regime wird angeordnet für

a) Rückfällige, die eine große Gesellschaftsgefährlichkeit aufweisen;

b) wegen Gefängnisflucht Verurteilte, die eine große Gesellschaftsgefährlichkeit aufweisen;

c) zu mehr als 15 Jahren Freiheitsentziehung Verurteilte, wenn die Freiheitsentziehung als Alternative zur Todesstrafe oder infolge Umwandlung dieser verhängt wurde".

Verschärftes Regime wird für verurteilte Frauen nicht angeordnet (Art. 49).

Volljährige Strafgefangene verbüßen ihre Freiheitsstrafe in Gefängnissen oder Arbeitsbesserungs-Gemeinschaftswohnheimen. Für Rückfällige werden besondere Anstalten obiger Art oder Abteilungen eingerichtet, ebenso für junge volljährige Strafgefangene gemäß Art. 159 StrVollstrG (vom 18. bis 25. Lebensjahr). Isolierte Abteilungen in den Strafanstalten werden für an geistiger Bewußtseinsstörung leidende Strafgefangene eingerichtet. Das Gericht kann die

---

[95] Republikflucht und Umgehung des Militärdienstes.

[96] „Rückfällige" im Sinne des StrVollstrG sind zwei oder mehrmals Verurteilte, bei denen keine Gesamtstrafenbildung gemäß Art. 23 bis 25 StGB (Konkurrenzen) erfolgte.

Versetzung in das nächste mildere oder in ein strengeres Vollzugsregime anordnen, wenn die im Gesetz vorgesehenen Bedingungen hierfür vorliegen.

Seit 1966 haben Strafgefangene Anspruch auf allgemeine Invaliditätsrente bei Arbeitsunfall oder Berufskrankheit[97]. Die während des Freiheitsstrafvollzugs erbrachten Arbeitszeiten sind nicht altersrentenfähig. Für arbeitstätige Strafgefangene werden auch keine Sozialversicherungsbeträge entrichtet[98].

e) Strafarten ohne Freiheitsentziehung

Der Anwendungsbereich der Strafen ohne Freiheitsentziehung ist erheblich erweitert. Diese sollen grundsätzlich auch an Stelle der Freiheitsentziehung immer dann verhängt werden, wenn die Absonderung des Täters von der Gesellschaft für die Erreichung des Strafzweckes nicht erforderlich oder unzweckmäßig erscheint.

In 60 Fällen von leichten Straftaten bzw. Tatbestandsalternativen sind nur Strafarten ohne Freiheitsentziehung, entweder selbständig oder als einzige Strafe oder mehrere von ihnen alternativ vorgesehen. Sie machen etwa 10 Prozent aller Strafandrohungen aus. In etwa 160 Fällen sind Strafen ohne Freiheitsentziehung alternativ zur Freiheitsstrafe vorgesehen, davon Besserungsarbeit in 116 Fällen und Geldstrafe in 50 Fällen. Im Wege der außerordentlichen Strafmilderung kann in den Fällen, in denen im Besonderen Teil keine spezielle untere Strafgrenze vorgesehen ist, die als einzig angedrohte Freiheitsstrafe in Besserungsarbeit ohne Freiheitsentziehung oder Geldstrafe umgewandelt werden (Art. 55 Abs. 1 Ziff. 2 Lit. b StGB)[99].

---

[97] Gemäß VO Nr. 229 des Ministerrats vom 7. Dezember 1966 zur Regelung einiger Grundfragen des Gefängniswesens, auszugsweise in: Dŭržaven Vestnik (Staatsanzeiger) Nr. 101 vom 27. Dezember 1966.

[98] Diese Frage ist vor der Verabschiedung des StGB und des StrVollstrG erörtert worden, zumal einige sozialistische Länder (ČSSR und Jugoslawien) die Anrechnungsfähigkeit der Beschäftigungszeiten im Strafvollzug eingeführt haben. In Bulgarien ist man doch zum Ergebnis gekommen, daß die Anrechnungsfähigkeit solcher Beschäftigungszeiten den Erfordernissen der Kriminalitätsbekämpfung und der Erreichung des Strafzweckes zuwiderlaufen würde, insbesondere im Hinblick auf Rückfällige. Dadurch würde man „Schwerstverbrechern, die die meiste Zeit ihres Lebens in Gefängnissen verbringen, auch noch eine Rente zusichern, obwohl sie in den Zeiten, in denen sie sich in Freiheit befanden, nicht oder nicht regelmäßig gearbeitet haben“. *Ljutov,* Kostadin: Osnovni vŭprosi na nakazanieto lišavane ot svoboda (Grundfragen der Freiheitsentziehungsstrafe), Sofia 1967, S. 152—153.

[99] *Nenov* (Anm. 91), S. 311. Den Strafen ohne Freiheitsentziehung wird in sozialistischen Ländern wachsende Bedeutung zugemessen. Dies zeigte sich an dem 1967 in Varna abgehaltenen internationalen Symposium, das

Die Besserungsarbeit ohne Freiheitsentziehung ist mit einigen Neuerungen ausgestattet worden. Das Strafminimum ist von einem Tag auf drei Monate, die Höhe des Lohnabzuges von 1 Prozent auf 10 bis 25 Prozent heraufgesetzt worden. Die Strafe wird auf dem bisherigen Arbeitsplatz verbüßt. Verurteilten, die zuvor nicht beschäftigt waren, wird im Bereich ihres Wohnsitzes eine geeignete Beschäftigung zugewiesen. Die Verurteilung wird dem gesamten Kollektiv in geeigneter Weise kundgemacht. Durch diese Maßnahme soll die erzieherische Wirkung des gesamten Kollektivs auf den Verurteilten verstärkt und ihm seine Schuld bewußt gemacht werden[100]. Die solchermaßen Verurteilten unterliegen im allgemeinen der Arbeits- und Sozialgesetzgebung mit der Ausnahme, daß sie keinen Anspruch auf den bezahlten jährlichen Urlaub haben und die Strafdauer auf die altersrentenfähige Beschäftigungszeit nicht angerechnet wird. Die letztgenannte Maßnahme soll auf die Rechtsbrecher nachhaltig abschreckend wirken, weil sie bei Straffälligkeiten im Alter mit einer verminderten Rente zu rechnen haben.

Diese Strafart hat sich nach bisherigen Erfahrungen im allgemeinen zwar als zweckmäßig erwiesen, volle Wirksamkeit konnte sie jedoch bisher wegen ernsthafter Mängel bei ihrer Vollstreckung nicht erreichen. Die Vollstreckung wurde nicht selten bis zu sieben Monate verzögert oder sie blieb überhaupt aus. Der Vermerk, daß die Strafdauer nicht auf die altersrentenfähige Zeit anzurechnen ist, wurde oft unterlassen. Vorher nicht arbeitstätige Verurteilte wurden nicht Betrieben mit erziehungsfähigen, „gesunden und festgefügten Arbeitskollektiven" zugewiesen sondern solchen, bei denen gerade Arbeitskräfte fehlten. Um diese Mängel zu beheben, sieht das StrVollstrG vor, daß Betriebe, in denen vorher nicht arbeitstätige Verurteilte ihre Strafe der Besserungsarbeit verbüßen sollen, jedes Jahr vom Vorsitzenden des Kreisgerichts bestimmt werden. Die Leiter der Betriebe haben dafür zu sorgen, daß der Vollzug der Strafe drei Tage nach dem Zugang des rechtskräftigen Urteils beginnt. Als Beginn der Strafvollziehung gilt der Tag des ersten Lohnabzuges. Die Strafdauer ist im Arbeitsbuch und anderen amtlichen Dokumenten als nicht altersrentenfähige Zeit zu bezeichnen, jedoch ohne Erwähnung des Strafurteils[101].

---

sich vornehmlich mit diesen Strafarten befaßte und an dem Vertreter aller europäischen sozialistischen Staaten und der Mongolischen Volksrepublik teilgenommen haben. Vergl. Symposium international sur des problèmes du droit socialiste, Varna, 2-7 octobre 1967, Sofia 1968, 217 S. (Maschschr. verv.).

[100] *Bajčev* (Anm. 87), S. 18.

[101] Vergl. *Savovski, F.*: Po vŭprosa za efektivnostta na nakazanieto „popravitelen trud bez lišavane ot svoboda" (Zur Frage der Wirksamkeit der

Zwangsaufenthalt. Diese durch das StGB von 1968 neu eingeführte, dem sowjetischen Modell nachgebildete Strafart wurde in der bulgarischen Rechtsordnung als administrative Maßnahme schon vorher angewandt. Ihre Aufnahme in den kriminellen Strafenkatalog wird im Schrifttum als eine Verbesserung der Rechtssicherheit bezeichnet, zumal dadurch die diesbezügliche Tätigkeit der Verwaltung gerichtlicher Prüfung unterworfen wird[102].

Diese Strafart kann sowohl — alternativ — als selbständige Strafe (Art. 144 Abs. 3, Art. 183 Abs. 1 und 4, Art. 328 Abs. 1, Art. 329 Abs. 1) wie auch als Zusatzstrafe gegenüber gefährlichen Rückfalltätern (Art. 116 Ziff. 11, Art. 131 Abs. 2, Art. 196, Art. 199 Abs. 1 Ziff. 4, Art. 256, 263 und 325 Abs. 3) verhängt werden. Im letztgenannten Fall schließt sie sich der verbüßten Freiheitsstrafe als „kontrollierte Freiheit" an. Sie kann je nach den Anordnungen des Gerichts am bisherigen Wohnort des Verurteilten (bei Schwangeren oder Müttern mit minderjährigen Kindern nur an diesem) oder an einem anderen Ort vollzogen werden, damit der Verurteilte von der ihm schädlichen Umgebung ausgesondert wird. Durch Beschränkung der Freizügigkeit und geeignete Arbeit in einem gesunden Milieu soll er umerzogen und sozial wieder eingegliedert werden.

Strafe „Besserungsarbeit ohne Freiheitsentziehung"), in: Socialističesko pravo 1969, Heft 9, S. 18—24.

[102] *Bajčev* (Anm. 87), S. 19. — Unabhängig davon bleibt Art. 14 des Dekrets über die Volksmiliz vom 12. März 1955 (Izvestija Nr. 25 vom 29. März 1955) i. d. F. des Änderungsgesetzes vom 10. Januar 1959 (Izvestija Nr. 5 vom 16. Januar 1959) folgenden Wortlauts weiterhin in Kraft:

„(1) In besonders wichtigen Fällen kann der Minister des Inneren mit schriftlicher Zustimmung des Generalstaatsanwalts der Republik gegenüber wegen Straftaten gegen die Volksrepublik Verurteilten sowie gegen Personen, die wegen ihres antinationalen Aufführens eine Gefahr für die gesellschaftliche Ordnung darstellen können, ferner gegenüber wegen Straftaten gegen gesellschaftliches oder privates Eigentum, Sittlichkeitsdelikten, Urkunden- oder Geldfälschung, Gewalttätigkeit gegen Organe der Macht sowie Chuliganismus verurteilten Rückfälligen, ferner gegenüber Personen ohne ständigen Wohnsitz, die einen Landstreicherlebenswandel führen oder der Bettelei nachgehen und sich weigern, eine gesellschaftlich nützliche Arbeit zu verrichten, folgende Maßnahmen anordnen:

a) Zwangsfestsetzung eines anderen Wohnortes — für eine bestimmte Zeit oder für ständig;

b) Verbot des Verlassens des Wohnortes bis zu sechs Monate; gegenüber Personen ohne ständigen Wohnsitz, die einen Landstreicherlebenswandel führen oder der Bettelei nachgehen, für eine bestimmte Zeit, die für ihre dauernde Seßhaftmachung notwendig ist". — Im Auslegungsbeschluß Nr. 40 vom 5. Oktober 1970 hat die Strafabteilung des Obersten Gerichts erkannt, daß die Verletzungen der obigen Auflagen unter Lit. a und b die Sanktion gemäß Art. 272 StGB nach sich ziehen, in: Socialističesko pravo 1971, Heft 3, S. 91.

Diesen Zweck verfolgt im wesentlichen auch die Strafe der **Aberkennung des Rechts auf den Wohnsitz** in einer bestimmten Ortschaft. Nach früherem Recht konnte dieses Verbot nur im Hinblick auf die Hauptstadt Sofia und Bezirksstädte verhängt werden, nach geltendem Recht besteht diese Beschränkung nicht.

Beide Strafmaßnahmen werden durch Organe für Inneres vollzogen. Mit ihrer Genehmigung darf der Verurteilte während des Strafvollzuges bis zu 20 Tagen jährlich den Zwangsaufenthaltsort verlassen bzw. den ihm verbotenen Wohnort besuchen (Art. 149 StrVollstrG).

Die Verhängung der Strafe der **Aberkennung des Rechts auf Bekleidung eines** staatlichen oder gesellschaftlichen **Amtes** bzw. Ausübung eines Berufes oder einer Tätigkeit (Art. 37 Abs. 1 Ziff. 6 und 7) ist an die Voraussetzung gebunden, daß ihre weitere Ausübung mit der begangenen Straftat nicht vereinbar ist (Art. 50 Abs. 1). Unter anderem sieht das Gesetz die Aberkennung des Rechts auf Ausübung des *Kraftfahrerberufes* vor. Diese Strafe ist in der Praxis ziemlich häufig. Hierbei kann der Zeit der Entziehung des Führerscheins durch die Verwaltungsbehörde auf die Strafdauer nicht angerechnet werden, weil es sich um eine Verwaltungsmaßnahme handelt und eine dem Art. 59 über die Anrechnung der Untersuchungshaft vergleichbare Vorschrift fehlt[103].

Eine Strafe des *Fahrverbots* kennt das bulgarische Strafrecht nicht (siehe oben Anm. 83).

f) Vermögensstrafen

Die Anwendung der Strafe der **Vermögenseinziehung** ist im Vergleich zu Art. 25 StGB von 1951 nunmehr erheblich eingeschränkt. Sie kann nur in den im Besonderen Teil vorgesehenen Fällen bei Straftaten gegen die Republik (Kap. I), Fluchtdelikte (Art. 279—281), schweren Wirtschaftsdelikten sowie Straftaten gegen gesellschaftliches und persönliches Eigentum verhängt werden. In bezug auf das einziehungsfähige Vermögen hat sich der Gesetzgeber die frühere einschränkende Rechtsprechung zu eigen gemacht (siehe Anm. 8 zu Art. 44). Im Hinblick auf eheliches Gemeinschaftsgut wird die Ansicht vertreten, daß — soweit die Befreiungen des Art. 45 nicht eingreifen — die diesem zugeordneten Gegenstände, welche dem Schuldigen gehören, der Einziehung unterliegen[104].

Die Geldstrafe kann selbständig, alternativ oder kumulativ verhängt werden. Nach dem früheren Recht hatte das Gericht diese Strafe nach dem Vermögensstand des Betroffenen zu bemessen. Nunmehr sind auch der Familienstand, die Einkünfte und der Schuldgrad

[103] Entscheidung des Obersten Gerichts Nr. 157 vom 15. Februar 1969 (Sůdebna praktika) 1969, S. 25.

[104] *Bajčev* (Anm. 87), S. 19.

des Betroffenen zu berücksichtigen (Art. 47 Abs. 1). Die Geldstrafe kann auch künftiges Vermögen des Verurteilten erfassen, bei Nichteintreibbarkeit kann sie nicht mit einer anderen Strafart ersetzt werden[105].

g) Gesellschaftlicher Tadel (Art. 37 Ziff. 11 StGB) ist die leichteste Strafart. Über ihren Charakter gehen die Meinungen auseinander. Nach einigen Autoren stehe sie an der Grenze zwischen kriminellen Strafen und Maßnahmen der gesellschaftlichen Einwirkung, so daß sie ihrem Wesen nach den Letztgenannten zuzuordnen sei. Sie kann nämlich auch von Kameradengerichten verhängt werden (Art. 11 Abs. 1 Ziff. 4 des KameradengerichtsG, s. unten S. 191). Nach der herrschenden Meinung ist sie jedoch immer dann, wenn sie vom Gericht verhängt wurde, als echte kriminelle Strafe anzusehen. Im Unterschied zum sowjetischen Recht, das diese nur als Hauptstrafe kennt, kann sie in Bulgarien als Hauptstrafe selbständig (jedoch nur gem. Art. 259 und 289) oder als Neben- bzw. Zusatzstrafe verhängt werden. Hinsichtlich der Vollstreckung dieser Strafart begnügt sich das StrVollstrG, die Vorschrift des Art. 52 StGB zu wiederholen. Auch die Vorschrift des Art. 271 StPO bestimmt lediglich, daß „die Strafe des gesellschaftlichen Tadels durch Kundmachung des Urteils in der Gewerkschaftsorganisation, am Arbeitsplatz oder Wohnsitz des Verurteilten oder in einer anderen, vom Gericht bestimmten Weise vollstreckt wird".

Das Fehlen präziser Vollstreckungsvorschriften hat in der bisherigen Praxis die repressive Wirkung dieser Strafart erheblich beeinträchtigt. Es sei öfters zu Verzögerungen der Vollstreckung gekommen, oder sie wurde als eine unwichtige Formalität erledigt. Vielfach sei die Vollstreckung überhaupt unterblieben. Die Möglichkeit der Kundmachung in der Presse werde in der Praxis nicht genutzt. Sie sei in manchen Fällen auch bedenklich, weil der Sinn dieser Strafe darin liege, das unmittelbare Lebensmilieu des Verurteilten anzusprechen, nicht aber eine breitere Öffentlichkeit, die den Verurteilten überhaupt nicht kenne, und deshalb die Strafe ihren Zweck in jeder Hinsicht verfehlen würde. Die Kundmachung in örtlichen Rundfunksendungen erbringe oft nicht die erhoffte Wirkung, weil sie z. B. in ländlichen Gebieten zu einer Zeit erfolgt, in der sich fast die gesamte Bevölkerung außer Hause bei der Arbeit befinde. Auch bei Kundmachungen durch betriebliche Rundfunkanlagen werde nicht immer gehörig darauf geachtet, daß der gesellschaftliche Tadel allen Kollektivangehörigen zur Kenntnis gebracht werde[106].

---

105 *Nenov* (Anm. 91), S. 314.

106 *Lulev*, Michail: Izpůlnenie na nakazanieto obštestveno poricanie (Vollstreckung der Strafe des gesellschaftlichen Tadels), in: Socialističesko pravo 1972, Heft 2, S. 42—47.

5. Bedingte Verurteilung

Die bereits im bisherigen Recht vorgesehene bedingte Aussetzung der Strafe zur Bewährung (Art. 48 StGB 1951) hat erfahrungsgemäß im allgemeinen gute Ergebnisse gebracht. Nach einer vom Justizministerium durchgeführten Untersuchung über eine längere Zeitspanne haben im Schnitt nur 11,52 Prozent der bedingt Verurteilten während der Bewährungsfrist eine neue vorsätzliche Straftat begangen. Da der Vollzug kurzer Freiheitsstrafen wenig befriedigende Ergebnisse gebracht habe, biete sich daher die bedingte Verurteilung auch weiterhin als ein geeignetes strafpolitisches Mittel im Hinblick auf allgemeine und spezielle Prävention an[107]. Im StGB von 1968 ist der Bewährungsfrist-Rahmen von früher drei bis sechs Jahre auf zwei bis fünf Jahre herabgesetzt worden. Freiheitsstrafen bis zu drei Jahren und andere leichtere Strafarten (Besserungsarbeit ohne Freiheitsentziehung, Zwangsaufenthalt, Aberkennung von Rechten gemäß Art. 37 Ziff. 6 bis 10, Einziehung des Vermögens, Geldstrafe) können zur Bewährung ausgesetzt werden, und zwar auch dann, wenn zwei oder mehrere solcher Strafen verhängt sind. Im letztgenannten Fall kann das Gericht die eine oder andere von ihnen aussetzen bzw. vollstrecken lassen.

Nach dem früheren Recht hatte jede vom Täter während der Bewährungsfrist — gleichwohl ob vorsätzlich oder fahrlässig — begangene Straftat die Vollstreckung der Strafe für die vorangegangene Tat zwangsläufig zur Folge. Nach Art. 68 StGB von 1968 entscheidet das Gericht bei einer fahrlässig begangenen zweiten Tat darüber, ob die Strafe für die vorangegangene Handlung voll, teilweise oder überhaupt nicht vollstreckt wird. Hierbei wird sich das Gericht danach richten, ob im Hinblick auf die Beweggründe und andere Umstände Gemeinsamkeiten zwischen den beiden Handlungen bestehen oder nicht.

Neu sind die Bestimmungen über die *Mitwirkung der Gesellschaft* bei der Umerziehung und Besserung des Täters während der Bewährungsfrist (Art. 67). Die Gesamtleitung obliegt hierbei dem Volksgericht des Wohnsitzes des bedingt Verurteilten. Mit der erzieherischen Betreuung des bedingt Verurteilten kann das Gericht auch eine gesellschaftliche Organisation, sein Arbeitskollektiv oder eine bestimmte Person beauftragen. Das StGB macht dem bedingt Verurteilten keine besonderen Verhaltensauflagen für die Dauer der Bewäh-

---

[107] *Marinov, M.:* Uslovnoe osuždenie po bolgarskomu socialističeskomu ugolovnomu pravu (Bedingte Verurteilung nach bulgarischem sozialistischem Recht), in: Sovetskoe gosudarstvo i pravo 1968, Heft 5, S. 107—111.

rungsfrist; es wird von ihm erwartet, daß er sich wie ein redlicher Bürger verhält[108].

Hat der bedingt Verurteilte während der Bewährungsfrist keine neue vorsätzliche, mit Freiheitsentziehung bedrohte Straftat allgemeinen Charakters begangen, gilt er gemäß Art. 86 Abs. 1 Ziff. 1 StGB als rehabilitiert. Dennoch wird die Verurteilung in seine Personalpapiere und andere amtliche Urkunden eingetragen[109].

Diese Maßnahme wird damit gerechtfertigt, daß die Strafaussetzung bei Begehung einer neuen Straftat die wiederholte Gewährung dieser Rechtswohltat nicht von vornherein ausschließe. Diesem Umstand müsse bei der Evidenzführung Rechnung getragen werden, damit die Persönlichkeit des Täters richtig beurteilt werden könne[110]. Die bulgarischen Gerichte gewähren etwa bei 38 Prozent aller Verurteilungen die Strafaussetzung[111].

6. Absehen von der Verurteilung

Im Kapitel VIII des Allgemeinen Teils sind zwei kriminalpolitische Maßnahmen bei Erststraftaten geregelt. Nach der Intention des Gesetzgebers sind sie ein Mittel zur Ersetzung der staatlichen Gewaltanwendung bei Tätern von leichten Straftaten durch Maßnahmen der gesellschaftlichen Einwirkung zum Zweck ihrer Umerziehung durch die Gesellschaft selbst[112].

a) Gesellschaftliche Bürgschaft

Gemäß Art. 75 kann das Gericht, nachdem es festgestellt hat, daß der angeklagte Täter die ihm zur Last gelegte Straftat schuldhaft begangen hat, im Urteil[113] vom Ausspruch einer Strafe absehen und den Schuldigen einer gesellschaftlichen Organisation oder seinem Arbeitskollektiv übergeben, wenn die Organisation, der er angehört, oder sein Arbeitskollektiv beim Gericht den Antrag auf Übernahme der gesellschaftlichen Bürgschaft gestellt hat. Das Gericht kann dem

---

108 *Bajčev*, Ilija: Uslovno osŭždane po novija Nakazatelen kodeks (Bedingte Verurteilung nach dem neuen StGB), in: Socialističesko pravo 1968, Heft 10, S. 26—35.

109 *Simeonov*, Chr.: Obščestvennoe poručitelstvo (Gesellschaftliche Bürgschaft), in: Sovetskoe gosudarstvo i pravo 1969, Heft 9, S. 105—109.

110 *Marinov*, in: Symposium (Anm. 99), S. 43.

111 *Nenov* (Anm. 34), S. 131.

112 *Reč* (Anm. 22) S. 8.

113 *Nenov*, Ivan: Ideite na Velikata oktomvrijska socialističeska revoljucija i njakoi problemi na usŭvŭršenstvovane bŭlgarskoto socialističesko nakazatelno pravo (Ideen der Großen sozialistischen Oktoberrevolution und einige Probleme der Vervollkommnung des bulgarischen sozialistischen Strafrechts), in: Godišnik na Sofijskija universitet — Juridičeski fakultet, Sofia 1968, S. 224.

Antrag, der aufgrund eines Beschlusses der Vollversammlung der betreffenden Organisation bzw. des Arbeitskollektivs zu stellen ist, dann stattgeben, wenn für die begangene Handlung Freiheitsentziehung bis zu einem Jahr angedroht ist, die Tat keine bedeutenden Folgen hat, der Täter sie bereut und den angerichteten Schaden wieder gutgemacht hat. Das Gericht hat den Antrag abzuweisen, wenn es feststellt, daß dieser auf Betreiben des Betriebsleiters oder anderer mit der Verwaltung befaßter Personen aus ihren besonderen Interessen gestellt wurde[114].

Der Täter wird für die Frist eines Jahres der Organisation bzw. dem Arbeitskollektiv zur Umerziehung und Besserung übergeben. Rechtfertigt er durch disziplinloses oder sonstiges pflichtwidriges Verhalten das in ihn gesetzte Vertrauen nicht, so kann die bürgende Organisation bzw. das Kollektiv während der Bürgschaftsfrist beim Gericht den Antrag auf Wiederaufnahme der Strafverfolgung stellen. Das Gericht prüft den Antrag auf Vorliegen von Umständen gemäß Art. 76 Abs. 1 StGB und kann die Wiederaufnahme des Strafverfahrens anordnen. Die Wiederaufnahme ist dagegen zwingend, wenn der zur Bürgschaft Übergebene während der Bürgschaftsfrist eine neue, mit Freiheitsentziehung bedrohte Straftat begangen hat.

Durch die gesellschaftliche Bürgschaft soll der strafpolitische Zweck mittels kameradschaftlicher Überzeugung bewirkt werden. Der bürgenden Organisation bzw. dem Kollektiv stehen allerdings auch die in der Arbeitsgesetzgebung vorgesehenen Disziplinar- und andere Maßnahmen im Bedarfsfall zur Verfügung.

Verstreicht die Bürgschaftsfrist ohne Wiederaufnahme der Strafverfolgung, so gilt, daß der Täter die Handlung nicht begangen hat. Die Übergabe in gesellschaftliche Bürgschaft wird auch nicht in die Personalpapiere des Betroffenen eingetragen, es sei denn zu Kontrollzwecken, wenn er vom bürgenden Arbeitskollektiv während der Bürgschaftsfrist in ein anderes Arbeitskollektiv versetzt wird[115].

---

[114] *Simeonov* (Anm. 109), S. 107. — Das Oberste Gericht hat den Antrag zugunsten eines gemäß Art. 301 (Bestechung) Verurteilten mit der Begründung abgewiesen, der Antrag sei von der Betriebsleitung ohne Beschluß der Vollversammlung des Arbeitskollektivs gestellt worden. Dieser Beschluß sei unumgänglich, weil die demokratischen Prinzipien zu wahren seien und der Zweck dieser Maßnahme darin liege, sowohl auf den Schuldigen als auch auf seine Umgebung erzieherisch zu wirken. Die Bürgschaft komme aber auch deshalb nicht in Frage, weil der Schuldige zwar zu einem Jahr verurteilt wurde, jedoch für die begangene Handlung Freiheitsentziehung von drei bis fünfzehn Jahren angedroht sei. (Entscheidung vom 15. Oktober 1970 Nr. 534/70, in: Socialističesko pravo 1971, Heft 5, S. 83).

[115] *Simeonov* (Anm. 109), S. 109.

b) Übergabe an das Kameradengericht

Die bereits 1961 eingeführte alternative Zuständigkeit der Kameradengerichte für bestimmte „leichteste" Fälle von Straftaten ist nunmehr durch die Übernahme der einschlägigen Vorschriften des Gesetzes über die Kameradengerichte (Punkt 7 Ziff. 9—11) in das StGB von 1968 (Art. 77 Abs. 1 Lit. a—d) einerseits auch strafrechtlich institutionalisiert worden; andererseits ist dadurch auch das Verhältnis zwischen der Zuständigkeit der ordentlichen Volksgerichte und der Kameradengerichte deutlicher gemacht worden. Die Zuerkennung der Zuständigkeit zur Verhandlung der in Art. 77 Abs. 1 Lit. a—d angeführten Straftaten, soweit die darin bezeichneten besonderen Tatbestandsmerkmale vorliegen, hat in der Literatur zu Kontroversen geführt, ob diese noch als Straftaten anzusehen oder ob sie zu bloßen nichtkriminellen gesellschaftswidrigen Erscheinungen herabqualifiziert worden seien, die den Regeln des sozialistischen Gemeinschaftslebens und der kommunistischen Moral widersprechen.

Bei Straftatbeständen, die den Kameradengerichten zur Verhandlung übergeben werden können, handelt es sich im wesentlichen um Spielarten von tatbestandsmäßigen Handlungen, die wegen ihrer geringfügigen Gesellschaftsgefährlichkeit an der Grenze zwischen Straftaten (Art. 9 Abs. 2 StGB) und gesellschaftswidrigen Erscheinungen liegen. Eine ähnliche Regelung ist auch für unbedeutende Fälle von administrativen Übertretungen in Punkt 7 Ziff. 7 des Gesetzes über Kameradengerichte getroffen. Die nichtkriminellen gesellschaftswidrigen Erscheinungen, für die nur das Kameradengericht zuständig ist, sind im Punkt 7 Ziff. 1 bis 6 und 8 dieses Gesetzes aufgezählt.

Der von einer durch das Kameradengericht verhängten Maßnahme der gesellschaftlichen Einwirkung Betroffene gilt als unbestraft. Wiederholte Begehung einer in Art. 77 Abs. 1 StGB vorgesehenen Handlungen zieht allerdings die ordentliche Strafverfolgung nach sich[116].

7. Medizinische Zwangsbehandlung

Die dürftige Vorschrift des Art. 32 StGB von 1951, derzufolge das Gericht die Zwangsheilbehandlung eines Angeklagten, der geistig zurückgeblieben ist oder an Bewußtseinsstörungen leidet, oder seine Unterbringung in einer Heilanstalt anordnen kann, ist im geltenden StGB durch ausführlichere Bestimmungen der Art. 89 bis 92 ersetzt

---

[116] *Bajčev*, Ilija: Osvoboždane ot nakazatelna otgovornost s nalaganie na merki na obštestveno vůzdejstvie ot drugarskija sůd (Absehen von der strafrechtlichen Verantwortlichkeit mit Verhängung von Maßnahmen der gesellschaftlichen Einwirkung durch das Kameradengericht), in: Pravna misůl 1968, Heft 5, S. 63—70. — Siehe oben S. 10 und unten S. 187.

worden, die weitere Sicherheiten für den Betroffenen schaffen. Vor allem ist eine solche Zwangsbehandlung nur anzuordnen, wenn das Gericht festgestellt hat, daß der Täter eine gesellschaftsgefährliche Handlung begangen hat, und zwar dann, wenn er a) die Handlung im Zustand der Unzurechnungsfähigkeit wegen Geisteskrankheit begangen hat oder nach der Tat in diesen Zustand geraten ist, b) an Alkoholismus oder an einer anderen Rauschgiftsucht leidet. Bei Alkoholismus muß es sich um ein Leiden handeln, nur Trunkenheitszustand bzw. mäßiges oder unmäßiges Konsumieren von Alkoholika ist hierfür nicht ausreichend[117]. Unbeschadet davon bleibt gemäß Art. 124 Abs. 2 der geltenden StPO eine weitere Möglichkeit der Einweisung von Geisteskranken in eine Heilanstalt bestehen:

„(2) Auf Antrag des Kreisstaatsanwalts kann das Kreisgericht aufgrund einer Untersuchung und Expertise in öffentlicher Sitzung die Unterbringung einer Person, die Straftaten von bedeutender Gesellschaftsgefährlichkeit begehen kann oder die eine Gefahr für die Angehörigen oder die Umgebung darstellt, in einer Anstalt zur Zwangsbehandlung anordnen".

Diese Vorschrift ist im Schrifttum umstritten[118].

8. Jugendstrafrecht

Den besonderen Regeln für die strafrechtliche Verantwortlichkeit der Nichtvolljährigen (Art. 31 Abs. 2, siehe auch oben S. 33 f.) hat der Gesetzgeber auch entsprechende besondere Vorschriften für die Bestrafung der nichtvolljährigen zurechnungsfähigen Straftäter erlassen, insbesondere für die Strafzumessung und für die Verhängung von Erziehungsmaßnahmen (Art. 60 bis 65 StGB).

Zwar gilt auch für nichtvolljährige Straftäter der allgemeine Grundsatz, daß die Strafe der begangenen gesellschaftsgefährlichen Handlung zu entsprechen hat (Art. 35 Abs. 3 — Tatstrafrecht), es

---

[117] *Kolarova-Paneva, D.—Panev, B.:* Lečenie na narkomanite, alkoholici pri iztůrpjavane na nakazanieto — priložno pole i neobchodimo procesualno dopůlvane na čl. 92 ot NK (Heilbehandlung von Rauschgiftsüchtigen und Alkoholikern während der Strafverbüßung — Anwendungsbereich und notwendige prozessuale Ergänzung des Art. 92 StGB), in: Socialističesko pravo 1968, Heft 6, S. 38—45.

[118] *Nenov* (Anm. 22), S. 178 bemängelt das Fehlen der Voraussetzung einer begangenen gesellschaftsgefährlichen Handlung und bezeichnet diese Vorschrift als „unzureichend und lückenhaft". Von anderer Seite wird vorgetragen, daß das obige Verfahren immerhin einige Tage dauert, in denen der Geisteskranke sich oder andere gefährdet. (*Dončev, P. — Stankušev, T. — Peneva, M.:* Vůrchu neotložnoto prinuditelno nastanjavane za lečenie na psihično bolni [Über Zwangsunterbringung zur Heilbehandlung einiger Geisteskranker in dringenden Fällen], in: Pravna misůl 1968, Heft 6, S. 47—51).

treten jedoch bei jugendlichen Straftätern die Besonderheiten ihrer Persönlichkeit in den Vordergrund, insbesondere das noch nicht ausgereifte gesellschaftliche Bewußtsein, noch nicht gefestigte moralische Anschauungen und Gewohnheiten, Charakter und Weltanschauung, denen bei der Beurteilung der begangenen Tat Rechnung zu tragen ist[119]. Demgemäß ist der Strafzweck bei nichtvolljährigen Tätern „vor allem" ihre Umerziehung und Ausbildung für gesellschaftlich nützliche Arbeit (Art. 60 StGB). Erst an zweiter Stelle sind die Belange der Abschreckung — und zwar nur der Spezialprävention — zu berücksichtigen, während die Generalprävention außer Betracht zu bleiben hat[120].

Die besagten besonderen Umstände führen vor allem zur Beschränkung der auf Nichtvolljährige anzuwendenden Strafarten (Art. 62), zur milderen Strafzumessung und gegebenenfalls sogar zum Absehen von der Strafe, die durch im StGB selbst oder im Minderjährigengesetz vorgesehene Erziehungsmaßnahmen ersetzt wird (Art. 63—65).

Auch gegenüber Nichtvolljährigen kann die Strafe zur Bewährung ausgesetzt werden, und zwar bei einem auf ein bis drei Jahre verkürzten Bewährungsfristrahmen (Art. 69 Abs. 1 StGB). Das Gericht kann im Falle, daß der Nichtvolljährige während der Bewährungsfrist eine neue Straftat begeht, auch bei einer vorsätzlichen Handlung von der Verbüßung der ausgesetzten Strafe absehen (Art. 69). Das Gericht kann einen nichtvolljährigen Verurteilten vorzeitig aus dem Strafvollzug entlassen (Art. 71 StGB). Die Entlassung ist bedingungslos. In beiden Fällen wird der Nichtvolljährige von der örtlichen Minderjährigenkommission erzieherisch betreut.

Über die Struktur der Jugendkriminalität in Bulgarien sind keine statistischen Angaben zugänglich. Dem Schrifttum ist zu entnehmen, daß Eigentumsdelikte (sowohl gegen gesellschaftliches als auch gegen persönliches Vermögen), darunter insbesondere die Entwendung von Motorrädern und anderen Fahrzeugen, Lebensmitteln und geistigen Getränken im Vordergrund stehen, gefolgt von Straftaten gegen die Person, wie Tötung, Körperverletzung und Sittlichkeitsdelikte[121].

---

119 *Bajčev* (Anm. 84), S. 9.

120 *Michajlov, D. H.:* Osobeni pravila za nakazanie na nepŭlnoletnite v novija Nakazatelen kodeks (Besondere Regeln zur Bestrafung der Nichtvolljährigen im neuen StGB), in: Socialističesko pravo 1968, Heft 9, S. 11—22.

121 *Stankov* (Anm. 86). Dieser Autor bemerkt dazu, daß eine der Ursachen für Sittlichkeitsdelikte im gesellschaftlichen Verbot von Geschlechtsbeziehungen zwischen Jugendlichen bestimmten Alters zu suchen sei. Hingegen hätten anthropologische Untersuchungen eine frühere ge-

Der Strafvollzug. Für nichtvolljährige Gefangene gelten die allgemeinen Vorschriften mit einigen Sonderbestimmungen, die in den Art. 111—127 StrVollstrG enthalten sind.

Gemäß Art. 40 StGB verbüßen Nichtvolljährige ihre Strafen in einem Besserungsheim. Nähere Bestimmungen über den Strafvollzug im Besserungsheim sind im Minderjährigengesetz festgelegt (Art. 34 bis 40). Dieses ist in Sofia und reicht für die Bedürfnisse des ganzen Landes aus, zumal die Jugendkriminalität nach Angaben aus bulgarischen Quellen keine besorgniserregenden Ausmaße annimmt[122].

Im Besserungsheim bestehen nur zwei Vollzugsregime, das allgemeine und das strenge. Nichtvolljährige Verurteilte werden grundsätzlich in das allgemeine Regime eingewiesen. Als Ausnahme können Verurteilte, die im Heim bereits gewesen sind oder zu Freiheitsstrafen über fünf Jahren verurteilt sind, in das strenge Regime eingewiesen werden. Aus dem allgemeinen in das strenge Regime können Verurteilte versetzt werden, die eine Flucht oder einen Fluchtversuch oder eine andere vorsätzliche Straftat begangen haben sowie solche, die groberweise oder systematisch die Heimordnung verletzen, sich der Arbeit entziehen oder absichtlich einen schädlichen Einfluß auf andere ausüben.

Das Bestehen von nur zwei Arten von Vollzugsregimen wird im Schrifttum beanstandet, weil darin jüngere Verurteilte vom 14. bis zum 16. Lebensjahr mit den älteren (bis zum vollendeten 18. Lebensjahr), die eine größere Gesellschaftsgefährlichkeit aufweisen, zusammengelegt werden und erfahrungsgemäß die älteren Verurteilten auf die jüngeren einen schädlichen Einfluß ausüben. Deshalb wird vorgeschlagen, für die Altersgruppe von 14 bis 16 Jahren ein besonderes, erleichtertes Vollzugsregime einzurichten[123].

9. Gnade, Rehabilitierung, Amnestie

a) Gnade

Durch den Gnadenerweis kann eine verhängte Strafe ganz oder teilweise erlassen bzw. die Todesstrafe in Freiheitsstrafe umgewandelt werden (Art. 74 StGB). Nach der Rechtsprechung werden hierbei

---

schlechtliche Reife in unserer Zeit festgestellt. Er wolle zwar dem „Anarchismus“ nicht das Wort reden, jedoch scheine ihm, daß es bei diesem Problem eher auf eine richtige geschlechtliche Erziehung und eine maximale Beschränkung von provozierenden äußeren Faktoren ankomme.

[122] Vergl. *Nenov* (Anm. 34), S. 132. Im Jahre 1966 betrug z. B. der Anteil der Rückfälligen an der Gesamtzahl der verurteilten Nichtvolljährigen 8 Prozent, die der Volljährigen vom vollendeten 18. bis 25. Lebensjahr hingegen etwa 45 Prozent (*Chinova*, in: Symposium [Anm. 99], S. 166).

[123] *Stankov* (Anm. 85), S. 49.

die Persönlichkeit des Täters und der Charakter der begangenen Handlung berücksichtigt. Die Gnade kann ggf. für eine oder mehrere Strafen, die für einzelne Straftaten verhängt wurden, gewährt werden, für andere aber versagt werden, unabhängig davon, daß sie dieselbe Person begangen hatte. Die Gnade löscht nicht die Verurteilung aus. Eine im Gnadenweg erlassene Strafe gilt im Falle einer nachfolgenden Verurteilung nicht als „verbüßte Strafe" und ist bei der Gesamtstrafbildung gemäß Art. 25 Abs. 2 StGB nicht anrechnungsfähig[124].

b) Rehabilitierung

Sie erfolgt dann, wenn der Verurteilte innerhalb der gesetzlichen Fristen gemäß Art. 86 bzw. 87 StGB keine neue Straftat begangen hat und die übrigen darin gestellten Bedingungen erfüllt sind. Die Rehabilitierung tritt kraft Gesetzes gemäß Art. 86 StGB ein, oder sie wird durch Beschluß des Gerichts gemäß Art. 87 gewährt, das das erstinstanzliche Urteil gefällt hat. Der Beschluß ergeht nach Verhandlung des Antrags des Verurteilten in öffentlicher Sitzung und ist beschwerdefähig (Art. 346 StPO).

Der Rehabilitierte gilt zwar als *unbestraft* (Art. 85 StGB), jedoch bleiben gewisse strafrechtliche und außerstrafrechtliche „sekundäre Folgen" wirksam[125]. Eine solche strafrechtliche Folge ist die Qualifizierung als gefährlicher Rückfälliger unter den Bedingungen des Art. 30 StGB.

c) Amnestie

Das Rechtsinstitut der Amnestie ist vom StGB von 1951 in einer präzisierten Form übernommen worden. Die Amnestie löscht den kriminellen Charakter der Handlung selbst (Art. 83). Die Wirksamkeit der Amnestie hat — je nach den Fällen — verschiedene Intensität. Ihre volle Wirkung entfaltet sie dann, wenn die Strafverfolgung überhaupt nicht eingeleitet wurde. Nach dem Ergehen der Amnestie darf das Strafverfahren wegen einer amnestierten Handlung nicht eingeleitet werden, ein schwebendes Verfahren wird eingestellt. Ein bereits ergangenes rechtskräftiges, jedoch noch nicht vollstrecktes Urteil wird nicht vollstreckt. Hat der Verurteilte einen Teil der Strafe verbüßt, wird der weitere Vollzug abgebrochen. Auch wenn die Strafe bereits vollstreckt bzw. ganz verbüßt ist, löscht die Amnestie die Verurteilung. Der Amnestierte gilt als unbestraft. Die Amnestie löscht aber auch die ergänzenden (außerhalb der Strafe stehenden)

---

[124] Entscheidung des Obersten Gerichts Nr. 195 vom 21. Mai 1970, in: Socialističesko pravo 1971, Heft 6, S. 83.

[125] *Nenov* (Anm. 25 a), S. 507—508.

rechtlichen und gesellschaftlichen Folgen der Verurteilung[126]. Sie wird in der Regel im Zusammenhang mit Ereignissen des gesellschaftspolitischen Lebens gewährt, die eine „rückwirkende gesellschaftliche und rechtliche Umqualifizierung von Handlungen bedingen, welche zur Zeit ihrer Begehung als Straftaten behandelt wurden“[127]. Nach der Übernahme der politischen Macht durch die Vaterländische Front im September 1944 wurden bestimmte, vorher begangene Straftaten amnestiert bzw. Strafen erlassen[128]. In der Folgezeit sind mehrere Amnestien ergangen, hauptsächlich für politische, Wirtschafts- und Militärstraftaten sowie für Fluchtdelikte.

Im Jahre 1964 wurde ein umfassendes Amnestiegesetz erlassen[129]. Unter diese Amnestie fielen politische Straftaten, die nach dem 1. Januar 1941[130] begangen wurden, sowie Straftaten gegen die Volksrepublik und die volksdemokratische Macht, die von den ehemaligen Oppositionellen verübt wurden, ferner Straftaten gegen den genossenschaftlichen Aufbau auf dem Lande einschließlich Verstöße gegen die Produktionsablieferungspflicht, die Versorgungs- und Preisordnung, zivile Mobilmachung, Stabilität des Arbeitskräftebestandes in den Betrieben, einige Militärstraftaten u. dgl. Ausgenommen hiervon waren die schwersten Straftaten wie Hochverrat, Landesverrat, Spionage, Diversion, Tötung, Raub, Aneignung im großen Umfang, Notzucht, frecher Chuliganismus. In den Genuß der Amnestie kamen auch die aufgrund der Gesetzesverordnung vom 6. Oktober 1944 durch das Volksgericht Verurteilten, soweit sie nicht mit dem Tode oder lebenslänglichem Kerker bestraft wurden. Ausgeschlossen von der Amnestie waren auch die Kriegsverbrecher[131].

---

126 *Nenov*, Ivan: Zakonût za amnistijata ot 8 septembri 1964 g. (Amnestiegesetz vom 8. September 1964), in: Pravna misûl 1965, Heft 2, S. 3—21.

127 *Nenov* (Anm. 25 a), S. 506.

128 Über Einschränkungen siehe oben Anm. 8.

129 Dûržaven Vestnik (Staatsanzeiger) Nr. 71 vom 8. September 1964. Ebenda auch der Motivenbericht.

130 Entscheidung des Obersten Gerichts vom 22. Dezember 1964 Nr. 1248/64, in: Socialističesko pravo 1965, Heft 2, S. 95). Das Gericht führt u. a. aus, daß die vor dem 1. Januar 1941 begangenen Handlungen auch dann nicht unter diese Amnestie fallen, wenn sie aus politischen Motiven begangen wurden. In diesem Fall handelte es sich um Tötung eines Kämpfers gegen den Monarcho-Faschismus im Jahre 1931. Es sei offensichtlich, daß sich die Amnestie auf solche Fälle nicht beziehe. — Siehe oben Anm. 8.

131 Der damalige Justizminister erläuterte die Gesetzesvorlage dahingehend, daß die Amnestie sich nur auf Straftaten des bulgarischen innerstaatlichen Rechts und nicht auf völkerrechtliche Verbrechen beziehe. Deshalb erfasse sie nicht die schweren Straftaten gegen den Frieden und die Menschlichkeit und Kriegsverbrechen. Das Gesetz stehe im Einklang mit dem Statut des Internationalen Kriegsverbrechergerichts von Nürnberg

Wie bei den vorangegangenen Amnestien fielen unter das Amnestiegesetz von 1964 auch Fluchtdelikte, jedoch nur wenn der Flüchtige nach Bulgarien vorher oder binnen eines Jahres nach dem Inkrafttreten dieses Gesetzes zurückkehrte (Art. 1 letzter Abs.). Den Amnestierten wurden die Ruhegehaltsrechte, die sie vor der Verurteilung besaßen, auf Antrag wiederhergestellt.

In diesem Amnestiegesetz ist zwar der Kreis der Straftaten bzw. der verhängten Strafen (Art. 1—6) bezeichnet, jedoch stellt es seinem Wesen nach eine umfassende politische Erledigung der strafrechtlichen Begleiterscheinungen der Kriegs- und Nachkriegszeit dar. Als Anlaß dazu wurde das 20jährige Bestehen der Volksrepublik gewählt. Im Motivenbericht führte der damalige Vorsitzende des Ministerrats *T. Živkov* u. a. aus, daß die sozialistische Gesellschaftsordnung nunmehr in Bulgarien endgültig und unwiderruflich gesiegt habe. Die vor allem in der ersten Epoche des Aufbaus der sozialistischen Gesellschaftsordnung zahlreichen Straftaten gegen die Volksmacht, gesellschaftliche Ordnung und wirtschaftliche Maßnahmen des Staates als Folgeerscheinungen der finsteren faschistischen Vergangenheit seien weitgehend abgeurteilt und die entsprechenden Gesetze mittlerweile längst aufgehoben worden. Die Verurteilten hätten ihre Strafen verbüßt, die Irrtümlichkeit ihrer politischen Ansichten eingesehen und beteiligten sich nunmehr an dem Ausbau der sozialistischen Gesellschaft.

Hamburg, im Juli 1972 Anton *Lipowschek*

(Reč na ministŭra na pravosŭdieto Petŭr Tančev po zakonoproekta za amnistija [Rede des Justizministers Peter *Tančev* zum Entwurf eines Amnestiegesetzes], in: Socialističesko pravo 1964, Heft 8, S. 5—11). Vergl. oben Anm. 4 und 50.

DEKRET Nr. 220*

Das Präsidium der Nationalversammlung beschließt auf Grund der Art. 24 und 35 Ziff. 3 der Verfassung der Volksrepublik Bulgarien:

Im Staatsanzeiger ist das Strafgesetzbuch zu veröffentlichen, das von der fünften Nationalversammlung während ihrer sechsten Session in der vierten Sitzung am 15. März 1968 angenommen wurde, welches lautet:

STRAFGESETZBUCH

Allgemeiner Teil

ERSTES KAPITEL

Aufgabe und Geltungsbereich des Strafgesetzbuchs

ABSCHNITT I.

Aufgabe des Strafgesetzbuchs

Art. 1. (1) Das Strafgesetzbuch hat die Aufgabe, die Gesellschafts- und Staatsordnung der Volksrepublik Bulgarien, die Person und die Rechte der Bürger, das sozialistische Wirtschaftssystem, das sozialistische Eigentum und die gesamte im Land errichtete sozialistische Rechtsordnung vor kriminellen Angriffen zu schützen, sowie die Bürger zur Einhaltung der Regeln des sozialistischen Zusammenlebens zu erziehen.

(2) Zur Erfüllung dieser Aufgabe bestimmt das Strafgesetzbuch, welche gesellschaftsgefährlichen Handlungen Straftaten sind und welche Strafen für sie verhängt werden, sowie die Fälle, in denen an Stelle einer Strafe Maßnahmen der gesellschaftlichen Einwirkung und Erziehung verhängt werden können.

---

* Veröffentlicht in Dûržaven Vestnik (Staatsanzeiger) Nr. 26 vom 2. April 1968; Berichtigung Nr. 29 vom 12. April 1968.

ABSCHNITT II.

Geltungsbereich des Strafgesetzbuchs

Art. 2. (1) Auf jede Straftat wird das Gesetz angewendet, das zur Zeit ihrer Begehung gegolten hat.

(2) Sind vor Rechtskraft des Urteils verschiedene Gesetze nacheinander ergangen, so findet das für den Täter günstigste Gesetz Anwendung.

Art. 3. (1) Das Strafgesetzbuch findet auf alle Straftaten Anwendung, die auf dem Gebiet der Volksrepublik Bulgarien begangen werden[1].

(2) Die Frage der Verantwortlichkeit von Ausländern, die hinsichtlich der Strafgerichtsbarkeit der Volksrepublik Bulgarien Immunität besitzen, bestimmt sich nach den von ihr anerkannten Normen des Völkerrechts.

Art. 4. (1) Das Strafgesetzbuch wird auf bulgarische Bürger[2] auch wegen Straftaten, die sie im Ausland begangen haben, angewendet.

(2) Ein bulgarischer Bürger wird einem fremden Staat nicht zur Strafverfolgung oder zur Strafverbüßung ausgeliefert.

Art. 5. Das Strafgesetzbuch findet auch auf Ausländer Anwendung, die im Ausland eine Straftat allgemeinen Charakters[3] begangen ha-

---

[1] Inhaltsgleich mit dem Art. 65 Abs. 1 StGB von 1951. Diese Bestimmung verweist auf das bulgarische Staats- und auf das Völkerrecht. Demnach schließt das „bulgarische Staatsterritorium“ ein: a) die Landfläche innerhalb der international anerkannten Grenzen der Volksrepublik Bulgarien, einschließlich des Untergrundes in diesen Grenzen, b) die innerhalb derselben gelegenen Gewässer (Binnengewässer), Grenzmeere, -flüsse und -seen gem. Abkommen über das Küstenmeer und die Anschlußzone (s. unten Art. 240 samt Anmerkung, c) den Kontinentalschelf (Abk. v. 29. April 1958, dem Bulgarien beigetreten ist), d) den Luftraum über dem Landesterritorium, e) Schiffe auf Hohem Meer unter bulgarischer Nationalflagge und Staatsschiffe: *I. Nenov*, Nakazatelno pravo. Obšta čast (Strafrecht Allg. Teil), Sofia 1963, S. 124. — S. unten Art. 240, 352.

[2] Gesetz über die bulgarische Staatsangehörigkeit v. 7. Oktober 1968 (Dǔržaven Vestnik [Staatsanzeiger] Nr. 79 v. 11. Oktober 1968); deutsche Übersetzung in WGO — Monatshefte für osteuropäisches Recht 1968, S. 298. — Ordnung des Justizministers als Beilage zum Abschnitt III des Gesetzes über die bulgarische Staatsangehörigkeit (Dǔržaven Vestnik Nr. 72 v. 16. September 1969); deutsche Übersetzung in WGO 1970, S. 55.

[3] Das StGB geht von einem materiellrechtlich einheitlichen Begriff der Straftat aus. Es ist ihm deshalb sowohl die Unterteilung in Verbrechen, Vergehen und Übertretungen als auch in gemeine und politische Delikte fremd. Die im StGB vorkommende Unterscheidung zwischen „Straftaten

ben, wenn durch diese die Interessen der Volksrepublik Bulgarien oder von bulgarischen Bürgern verletzt werden.

Art. 6. (1) Das Strafgesetzbuch findet auch auf Ausländer Anwendung, die im Ausland Straftaten gegen den Frieden und die Menschlichkeit begangen haben, durch welche die Interessen eines anderen Staates oder von ausländischen Bürgern verletzt werden.

(2) Das Strafgesetzbuch findet auch auf andere Straftaten Anwendung, die von einem Ausländer im Ausland begangen worden sind, wenn dies in einem internationalen Abkommen vorgesehen ist, an dem die Volksrepublik Bulgarien beteiligt ist[4].

Art. 7. In den Fällen der Art. 4 und 5 werden die Untersuchungshaft und die im Ausland verbüßte Strafe angerechnet. Falls beide Strafen verschiedenartig sind, wird die im Ausland verbüßte Strafe bei der Strafzumessung vom Gericht berücksichtigt.

Art. 8. Das Urteil eines ausländischen Gerichts für eine Straftat, auf die das bulgarische Strafgesetzbuch Anwendung findet, wird in den Fällen berücksichtigt, die in internationalen Abkommen vorgesehen sind, an denen die Volksrepublik Bulgarien beteiligt ist.

ZWEITES KAPITEL

Die Straftat

ABSCHNITT I.

Allgemeine Bestimmungen

Art. 9. (1) Straftat ist die gesellschaftsgefährliche Handlung (Tun oder Unterlassen), die schuldhaft begangen und vom Gesetz für strafbar erklärt ist.

---

allgemeinen Charakters“ und „Straftaten privaten Charakters“ hat auch prozessuale Bedeutung (Art. 7—10 Strafprozeßordnung). „Straftaten allgemeinen Charakters“ werden vom Staatsanwalt von Amts wegen verfolgt. Diese Wendung, die bereits im StGB von 1951 vorkommt, wurde im Schrifttum als „nicht besonders präzise“ gerügt: *I. Nenov,* Nakazatelno pravo. Obšta čast (Strafrecht Allg. Teil), Sofia 1963, S. 269. — S. auch Anm. zu Art. 84.

[4] Bulgarien ist u. a. an folgenden multilateralen Abkommen von weltstrafrechtlicher Bedeutung beteiligt:

1. Abkommen über Verwaltungsmaßregeln zum Schutze gegen den Mädchenhandel v. 18. Mai 1904; Übereinkunft über die Bekämpfung des Mädchenhandels v. 4. Mai 1910; Übereinkunft über die Unterdrückung des Frauen- und Kinderhandels v. 30. September 1921; Abkommen über

(2) Keine Straftat ist eine Handlung, die zwar formal die Merkmale einer im Gesetz vorgesehenen Straftat verwirklicht, wegen ihrer Geringfügigkeit aber nicht gesellschaftsgefährlich ist oder deren Gesellschaftsgefährlichkeit offensichtlich unbedeutend ist.

Art. 10. Gesellschaftsgefährlich ist eine Handlung, welche die Gesellschafts- oder Staatsordnung der Volksrepublik, die Persönlichkeit, die politischen Rechte, die Arbeits- und Vermögensrechte und die anderen Rechte der Bürger, das sozialistische Wirtschaftssystem, das sozialistische Eigentum oder andere Interessen, die von der errichteten sozialistischen Rechtsordnung geschützt sind, schädigt oder bedroht.

Art. 11. (1) Eine gesellschaftsgefährliche Handlung ist schuldhaft begangen, wenn sie vorsätzlich oder fahrlässig ist.

(2) Eine Handlung ist vorsätzlich, wenn der Täter ihren gesellschaftsgefährlichen Charakter erkannt hat, ihre gesellschaftsgefährlichen Folgen vorausgesehen und den Eintritt dieser Folgen gewollt oder zugelassen hat.

(3) Eine Handlung ist fahrlässig, wenn der Täter den Eintritt der gesellschaftsgefährlichen Folgen nicht vorausgesehen hat, obwohl er sie hätte voraussehen müssen und können, oder wenn er den Eintritt dieser Folgen vorausgesehen hat, aber sie abzuwenden gedachte.

(4) Fahrlässige Handlungen werden nur in den vom Gesetz vorgesehenen Fällen bestraft.

(5) Wenn das Gesetz eine Handlung wegen des Eintritts zusätzlicher gesellschaftsgefährlicher Folgen als schwerere Straftat qualifiziert und Vorsatz hinsichtlich dieser Folgen nicht gefordert wird, so ist der Täter für die schwerere Straftat verantwortlich, wenn er hinsichtlich ihrer Folgen fahrlässig gehandelt hat.

Art. 12. (1) Eine Handlung ist nicht gesellschaftsgefährlich, wenn sie in Notwehr begangen wird, d. h. zur Abwehr eines unmittelbaren rechtswidrigen Angriffs auf staatliche oder gesellschaftliche Interes-

---

die Bekämpfung des Handels mit volljährigen Frauen v. 11. Oktober 1933; Abkommen der Vereinten Nationen zur Unterdrückung des Menschenhandels und der Ausbeutung der Prostitution v. 21. März 1950;
2. Abkommen zur Unterdrückung unzüchtiger Veröffentlichungen v. 4. Mai 1910;
3. Übereinkommen über die Sklaverei v. 25. September 1926 samt Ergänzungsabkommen v. 7. September 1958;
4. Abkommen über die Bekämpfung der Falschmünzen v. 20. April 1929;
5. Abkommen über den Kraftfahrzeugverkehr v. 24. April 1926;
6. Opiumabkommen v. 23. Januar 1912;
7. Konvention über das Hohe Meer v. 29. April 1958. — S. Anm. zu Kap. XIV, Abschnitt II und III.

sen, die Persönlichkeit oder die Rechte des Abwehrenden oder eines anderen durch Schadenszufügung beim Angreifer im Rahmen der notwendigen Grenzen.

(2) Eine Überschreitung der Grenzen der Notwehr liegt vor, wenn die Verteidigung dem Charakter und der Gefährlichkeit des Angriffs offenkundig nicht entspricht.

(3) Eine Handlung ist nicht strafbar, wenn sie aus Furcht oder Verwirrung in Überschreitung der Grenzen der Notwehr begangen wird.

Art. 13. (1) Eine Handlung ist nicht gesellschaftsgefährlich, wenn sie von jemand im Notstand begangen wird, d. h. zur Rettung staatlicher oder gesellschaftlicher Interessen sowie eigener oder fremder Persönlichkeits- oder Vermögensgüter aus einer unmittelbaren Gefahr, welche der Täter auf andere Weise nicht abwenden kann, wenn der durch die Handlung verursachte Schaden geringer ist, als der abgewendete.

(2) Notstand liegt nicht vor, wenn schon das Zurückweichen vor einer Gefahr eine Straftat darstellt[5].

Art. 14. (1) Die Unkenntnis von Tatumständen, die zum Straftatbestand gehören, schließt den Vorsatz bezüglich dieser Straftat aus.

(2) Diese Vorschrift bezieht sich auch auf fahrlässige Handlungen, wenn die Unkenntnis der Tatumstände nicht selbst auf Fahrlässigkeit beruht.

Art. 15. Eine Handlung ist nicht schuldhaft begangen, wenn der Täter den Eintritt gesellschaftsgefährlicher Folgen nicht voraussehen mußte und konnte (zufällige Handlung).

Art. 16. Eine Handlung ist nicht schuldhaft begangen, wenn sie in Ausführung eines rechtswidrigen Dienstbefehls verwirklicht wird, der ordnungsgemäß erteilt ist, wenn dieser vom Täter nicht offenkundig eine Straftat fordert.

ABSCHNITT II.

Vorbereitung und Versuch

Art. 17. (1) Vorbereitung ist das Herrichten von Mitteln, das Auffinden von Teilnehmern und überhaupt das Schaffen von Bedingungen für die Begehung der beabsichtigten Straftat ehe ihre Ausführung begonnen hat.

---

[5] Betrifft pflichtwidriges Verhalten von Personen, die im Zusammenhang mit ihrem Dienst oder Beruf bestimmte Gefahren auf sich zu nehmen haben, wie Militärpersonen, einige Amtspersonen u. dgl., die ver-

(2) Die Vorbereitung wird nur in den vom Gesetz vorgesehenen Fällen bestraft.

(3) Der Täter wird nicht bestraft, wenn er aus eigenem Entschluß von der Begehung der Straftat Abstand nimmt.

Art. 18. (1) Versuch ist die begonnene Ausführung einer vorsätzlichen Straftat, bei der die Ausführungshandlung nicht vollendet wird oder, obgleich sie vollendet wird, die im Gesetz vorgesehenen und vom Täter gewollten gesellschaftsgefährlichen Folgen dieser Straftat nicht eingetreten sind.

(2) Beim Versuch wird der Täter mit der Strafe bestraft, die für die vollendete Straftat vorgesehen ist, wobei der Grad der Verwirklichung des Beabsichtigten und die Gründe, aus denen die Straftat unvollendet geblieben ist, Berücksichtigung finden.

(3) Beim Versuch wird der Täter nicht bestraft, wenn er aus eigenem Entschluß:

a) von der Vollendung der Straftat Abstand genommen hat oder

b) den Eintritt der Folgen der Straftat verhindert hat.

Art. 19. Enthält in den Fällen der Art. 17 Abs. III und 18 Abs. III die Handlung, die eine Vorbereitung oder einen Versuch darstellt, die Merkmale einer anderen Straftat, so ist der Täter für diese Straftat verantwortlich.

ABSCHNITT III.

Teilnahme

Art. 20. (1) Teilnehmer an einer vorsätzlichen Straftat sind die Täter, die Anstifter und die Gehilfen.

(2) Täter ist, wer an der Ausführung der Straftat selbst teilnimmt.

(3) Anstifter ist, wer vorsätzlich einen anderen zur Begehung der Straftat bestimmt hat.

(4) Gehilfe ist, wer vorsätzlich die Begehung der Straftat durch Ratschläge, Hinweise, Versprechen nach der Tat Hilfe zu leisten, Beseitigen von Hindernissen, Verschaffen von Mitteln oder auf andere Weise erleichtert hat.

Art. 21. (1) Alle Teilnehmer werden mit der für die begangene Straftat vorgesehenen Strafe bestraft, wobei der Charakter und der Grad ihrer Beteiligung Berücksichtigung finden.

(2) Anstifter und Gehilfen sind nur für das verantwortlich, wozu sie vorsätzlich den Täter angestiftet oder ihm Hilfe geleistet haben.

---

pflichtet sind, im Falle einer Seuche oder eines öffentlichen Notstandes Hilfe zu leisten: *I. Nenov*, Nakazatelno pravo. Obšta čast (Strafrecht, Allg. Teil), Sofia 1963, S. 314. — Vgl. *M. A. Krasnopolina*, Osnovnye voprosy ugolovnogo prava Narodnoj Respubliki Bolgarii (Grundprobleme des Strafrechts der Volksrepublik Bulgarien), Moskau 1960, S. 71. — Siehe Art. 275.

(3) Wenn das Gesetz wegen einer bestimmten persönlichen Eigenschaft oder Beziehung des Täters eine begangene Handlung zur Straftat erhebt, so sind für diese Straftat auch die Anstifter oder Gehilfen verantwortlich, bei denen diese Umstände nicht vorliegen.

(4) Besondere Umstände, auf Grund deren das Gesetz für einen von den Teilnehmern die Strafe ausschließt, mildert oder erhöht, finden keine Berücksichtigung bei den anderen Teilnehmern, bezüglich deren diese Umstände nicht vorliegen.

Art. 22. (1) Anstifter und Gehilfen werden nicht bestraft, wenn sie aus eigenem Entschluß von der weiteren Teilnahme Abstand nehmen und die Begehung der Tat verhindern oder den Eintritt der Folgen der Straftat abwenden.

(2) In diesen Fällen findet Art. 19 sinngemäß Anwendung.

ABSCHNITT IV.

Mehrheit von Straftaten

Art. 23. (1) Werden durch eine Handlung mehrere Straftaten begangen oder hat eine Person mehrere einzelne Straftaten begangen, bevor ein Urteil für eine von ihnen rechtskräftig geworden ist, so bemißt das Gericht die Strafe für jede einzelne Straftat und verhängt sodann die schwerste von diesen Strafen.

(2) Die erkannten Strafen auf Zwangsaufenthalt, gesellschaftlichen Tadel oder Aberkennung von Rechten gemäß Art. 37 Ziff. 6—9 werden zusammen mit der zugemessenen schwersten Strafe verhängt. Wird die Aberkennung gleicher Rechte ausgesprochen, so kommt die von längster Dauer zur Anwendung. Diese Bestimmung findet auch hinsichtlich des Zwangsaufenthaltes Anwendung.

(3) Sind die Strafen verschiedenartig und ist eine von ihnen eine Geldstrafe oder die Vermögenseinziehung, so kann das Gericht diese ganz oder teilweise mit der schwersten Strafe zusammen verhängen.

Art. 24. Sind die verhängten Strafen gleichartig, so kann das Gericht die zugemessene schwerste Gesamtstrafe um höchstens die Hälfte erhöhen, jedoch darf die so erhöhte Strafe weder die Summe der einzelnen Strafen noch das für die entsprechende Strafart vorgesehene Höchstmaß überschreiten.

Art. 25. (1) Die Vorschriften der Art. 23 und 24 finden auch Anwendung, wenn gegen eine Person einzelne Urteile ergangen sind.

(2) Ist in diesen Fällen die Strafe aus einem dieser Urteile ganz oder teilweise verbüßt, so wird sie angerechnet, wenn sie von derselben Art ist, wie die für die Verbüßung zugemessene Gesamtstrafe.

(3) Eine verbüßte Besserungsarbeitsstrafe wird auf Freiheitsentziehung angerechnet und umgekehrt, wobei drei Tage Besserungsarbeit für einen Tag Freiheitsentziehung gerechnet werden.

Art. 26. (1) Die Vorschriften der Art. 23—25 finden in den Fällen einer fortgesetzten Straftat keine Anwendung, d. h. wenn zwei oder mehrere Handlungen, die jede für sich einen oder verschiedene Tatbestände einer und derselben Straftat verwirklichen, innerhalb eines kurzen Zeitraums unter gleichen Tatumständen und bei gleichartiger Schuld begangen werden, wobei die Folgehandlungen von der objektiven und subjektiven Seite als die Fortsetzung der vorangegangenen erscheinen.

(2) Bei der fortgesetzten Straftat wird der Täter entsprechend den von ihr umfaßten, in ihrer Gesamtheit genommenen Handlungen und dem von ihnen herbeigeführten rechtswidrigen Gesamtresultat bestraft.

(3) Verwirklichen die einzelnen Handlungen verschiedene Tatbestände, so wird die fortgesetzte Straftat nach dem schwersten von ihnen bestraft, wobei die Bedeutung der unter den qualifizierenden Umständen begangenen Handlungen und die Bedeutung der qualifizierenden Umstände selbst für die gesamte kriminelle Tätigkeit Berücksichtigung finden.

(4) Haben die qualifizierenden Umstände keinen bedeutenden Einfluß auf die Schwere der gesamten kriminellen Tätigkeit, so findet auf diese der leichtere Tatbestand Anwendung, wobei die qualifizierenden Umstände bei der Bestimmung der Strafe Berücksichtigung finden.

(5) Die Vorschriften dieses Artikels finden keine Anwendung auf Straftaten gegen die Persönlichkeit von verschiedenen Bürgern.

Art. 27. (1) Begeht eine Person eine Straftat, nachdem sie wegen einer anderen Straftat rechtskräftig verurteilt worden ist, aber ehe die Verbüßung aus diesem Urteil abgeschlossen ist, so fügt das Gericht die Strafe aus dem zweiten Urteil der nichtverbüßten Strafe ganz oder teilweise hinzu. Sind die Strafen von ein und derselben Art, so darf in diesem Fall die Gesamtstrafe die Grenzen der entsprechenden Strafart, die im Allgemeinen Teil dieses Gesetzbuchs vorgesehen sind — bei Freiheitsentziehung aber zwanzig Jahre — nicht übersteigen.

(2) Die Strafe aus dem zweiten Urteil wird ganz hinzugefügt, wenn sie Freiheitsentziehung über fünf Jahre beträgt oder wenn sie für eine Straftat verhängt ist, die einen gefährlichen Rückfall darstellt.

(3) Hat die Person die Straftat nach Verbüßung der Strafe aus dem vorangegangenen Urteil begangen, so wird die für diese Straftat verhängte Strafe ganz verbüßt.

Art. 28. (1) Die im Besonderen Teil dieses Gesetzbuchs für die wiederholte Begehung einer Straftat vorgesehene Strafe wird verhängt, wenn der Täter die Straftat begangen hat, nachdem er rechtskräftig für eine andere solche Straftat verurteilt worden ist.

(2) Diese Vorschrift findet auch Anwendung, wenn es sich um gleichartige Straftaten gegen das gesellschaftliche und persönliche Eigentum handelt.

Art. 29. (1) Die im Besonderen Teil dieses Gesetzbuchs für Straftaten, die einen gefährlichen Rückfall darstellen, vorgesehenen schwereren Strafen werden verhängt, wenn der Täter:

a) die Straftat begeht, nachdem er für eine solche Straftat oder eine andere schwere vorsätzliche Straftat verurteilt worden ist;

b) die Straftat begeht, nachdem er zwei oder mehrere Male zu Freiheitsentziehung für vorsätzliche Straftaten allgemeinen Charakters[6] verurteilt worden ist, oder

c) systematisch Straftaten der entsprechenden Art begeht, nachdem er schon mit Freiheitsentziehung für eine solche oder eine ähnliche Straftat verurteilt worden ist.

(2) Bei der Anwendung der Vorschriften des vorstehenden Absatzes finden Straftaten keine Berücksichtigung, die vom Täter als Nichtvolljährigem begangen wurden.

Art. 30. Die Regeln der Art. 28 und 29 finden keine Anwendung, wenn seit der Verbüßung der Strafe aus dem früheren Urteil fünf Jahre verflossen sind. Ihre Anwendung wird durch die Rehabilitierung in dieser Zeitspanne nicht ausgeschlossen.

DRITTES KAPITEL

Die strafrechtlich verantwortliche Person

Art. 31. (1) Strafrechtlich verantwortlich ist die volljährige Person, d. h. die das 18. Lebensjahr vollendet hat, die im Zustand der Zurechnungsfähigkeit eine Straftat begeht.

(2) Eine nichtvolljährige Person, d. h. die das 14. Lebensjahr, nicht aber das 18. Jahr vollendet hat, ist strafrechtlich verantwortlich, wenn sie das Wesen und die Bedeutung der Handlung erfassen und ihr Verhalten beherrschen konnte.

(3) Nichtvolljährige, denen die Handlung nicht zur Schuld zugerechnet werden kann, werden durch Gerichtsentscheidung in einer

[6] Vgl. Fußnote 3.

Arbeitserziehungsschule oder einer anderen geeigneten Anstalt untergebracht, wenn dies die Umstände des Falles erfordern.

(4) Auf die strafrechtliche Verantwortlichkeit Nichtvolljähriger finden die besonderen Vorschriften Anwendung, die in diesem Gesetzbuch vorgesehen sind.

Art. 32. (1) Ein Minderjähriger, der das 14. Lebensjahr nicht vollendet hat, ist strafrechtlich nicht verantwortlich.

(2) Auf Minderjährige, die gesellschaftsgefährliche Handlungen begangen haben, können entsprechende erzieherische Maßnahmen angewandt werden.

Art. 33. (1) Strafrechtlich nicht verantwortlich ist eine Person, die im Zustand der Unzurechnungsfähigkeit handelt, d. h. wenn sie wegen zurückgebliebener geistiger Entwicklung oder dauerhafter oder zeitweiliger Bewußtseinsstörung unfähig war, das Wesen oder die Bedeutung des Begangenen zu erfassen oder ihr Verhalten zu beherrschen.

(2) Keine Strafe wird verhängt gegen eine Person, die eine Straftat begangen hat, wenn sie vor Urteilsfällung in eine Bewußtseinsstörung verfällt, infolge deren sie unfähig ist, das Wesen und die Bedeutung ihres Verhaltens zu erfassen oder es zu beherrschen. Eine solche Person unterliegt der Strafe, wenn sie genesen ist.

Art. 34. Auf die im vorstehenden Artikel bezeichneten Personen können in den in diesem Gesetzbuch vorgesehenen Fällen entsprechende medizinische Zwangsmaßnahmen angewandt werden.

VIERTES KAPITEL

Die Strafe

ABSCHNITT I.

Allgemeine Bestimmungen

Art. 35. (1) Die strafrechtliche Verantwortlichkeit ist persönlich.

(2) Eine Strafe kann nur gegen eine Person verhängt werden, die eine im Gesetz vorgesehene Straftat begangen hat.

(3) Die Strafe entspricht der Straftat.

(4) Eine Strafe für eine Straftat kann nur von den vorgesehenen Gerichten verhängt werden.

Art. 36. (1) Die Strafe wird mit dem Zweck verhängt: 1. den Verurteilten zu bessern und zur Einhaltung der Gesetze und Regeln des sozialistischen Zusammenlebens zu erziehen; 2. vorbeugend auf ihn einzuwirken und ihm die Möglichkeit zu nehmen, weitere Straftaten zu begehen und 3. erzieherisch und vorbeugend auf die anderen Mitglieder der Gesellschaft einzuwirken.

(2) Die Strafe darf nicht die Zufügung von physischen Leiden oder die Erniedrigung der Menschenwürde zum Zweck haben.

Art. 37. (1) Strafen sind:

1. Freiheitsentziehung;
2. Besserungsarbeit ohne Freiheitsentziehung;
3. Einziehung des verfügbaren Vermögens;
4. Geldstrafe;
5. Zwangsaufenthalt ohne Freiheitsentziehung;
6. Aberkennung des Rechts, ein bestimmtes staatliches oder gesellschaftliches Amt zu bekleiden;
7. Aberkennung des Rechts, einen bestimmten Beruf oder eine bestimmte Tätigkeit auszuüben;
8. Aberkennung des Rechts auf Wohnsitz an einem bestimmten Wohnort;
9. Aberkennung des Rechts, Orden, Ehrenbezeichnungen und Auszeichnungen zu erhalten;
10. Aberkennung eines militärischen Ranges;
11. Gesellschaftlicher Tadel.

(2) Für die schwersten Straftaten, welche die Grundlagen der Volksrepublik bedrohen, sowie für andere besonders gefährliche vorsätzliche Straftaten wird als zeitweilige und außerordentliche Maßnahme die Todesstrafe vorgesehen, die durch Erschießen vollstreckt wird.

ABSCHNITT II.

Die Strafarten

Art. 38. (1) Die Todesstrafe, die im Besonderen Teil für eine bestimmte Form einer Straftat vorgesehen ist, wird nur verhängt, wenn die konkret begangene Straftat außerordentlich schwer ist und die in Art. 36 aufgeführten Zwecke durch eine leichtere Strafe nicht erreicht werden können.

(2) Die Todesstrafe darf nicht gegen eine Person verhängt werden, die zur Zeit der Begehung der Straftat das zwanzigste Jahr, bei Militärpersonen oder in Kriegszeiten jedoch das achtzehnte Jahr, nicht vollendet hat. Die Todesstrafe darf nicht gegen eine Frau verhängt werden, die sich zur Zeit der Begehung der Straftat oder zur

Zeit der Urteilsfällung im Zustand der Schwangerschaft befindet. An einer schwangeren Frau wird die Todesstrafe nicht vollstreckt, sie wird in Freiheitsentziehung von zwanzig Jahren umgewandelt.

(3) Die Todesstrafe wird nicht vollstreckt, solange sich das Präsidium der Nationalversammlung[6a] nicht zur Frage ihrer eventuellen Umwandlung geäußert hat.

(4) Mit der Todesstrafe können nur die Strafen der Vermögenseinziehung und die Aberkennung von Rechten nach Art. 37 Ziff. 6—10 verhängt werden.

Art. 39. (1) Die Freiheitsentziehung kann von einem Monat bis zu fünfzehn Jahren betragen.

(2) In den Fällen der Umwandlung der Todesstrafe sowie bei einer Mehrheit von Straftaten nach Art. 27 kann die Dauer der Freiheitsentziehung bis zu zwanzig Jahren betragen.

(3) Ausnahmsweise kann die Strafe der Freiheitsentziehung für die Dauer bis zu zwanzig Jahren für einige besonders schwere Straftaten als Alternative zur Todesstrafe verhängt werden, wenn dies im Besonderen Teil dieses Gesetzbuchs speziell vorgesehen ist, sowie für Straftaten, die mit einer vorsätzlichen Tötung im Zusammenhang stehen, und für besonders schwere Fälle von Unterschlagung im Amt.

Art. 40. (1) Die Freiheitsentziehung wird im Gefängnis oder in einem Arbeitsbesserungs-Gemeinschaftsheim verbüßt, bei Nichtvolljährigen in einem Besserungsheim.

(2) Militärangehörige und Angehörige des Arbeitsdienstes, die zu Freiheitsentziehung bis zu zwei Jahren verurteilt sind, können die Strafe an entsprechenden Besserungsorten verbüßen.

(3) Jugendlichen Volljährigen wird besondere Fürsorge geleistet.

(4) Verurteilten, die an schwerer Psychopathie oder an Bewußtseinsstörungen leiden, welche die Zurechnungsfähigkeit nicht ausschließen, wird entsprechende medizinische Fürsorge geleistet.

Art. 41. (1) Der Vollzug der Strafe der Freiheitsentziehung wird mittels geeigneter, entsprechend entlohnter, gesellschaftlich nützlicher Arbeit durchgeführt, welche die Umerziehung der Verurteilten sowie die Erlangung und Erhöhung ihrer Berufsausbildung zum Ziel hat.

(2) Daneben kommen andere Maßnahmen der Erziehung und Bildung zur Anwendung.

[6a] Jetzt der Staatsrat gem. Dekret über die Änderungen in einigen Gesetzen u. anderen Normativakten vom 18. August 1971 — Důržaven Vestnik (Staatsanzeiger) Nr. 68 vom 27. August 1971.

(3) Die geleistete Arbeit wird auf die Verkürzung der Strafdauer angerechnet, wobei zwei Arbeitstage für drei Tage Freiheitsentziehung gerechnet werden.

(4) Wenn eine Person, die wegen einer Straftat, die einen gefährlichen Rückfall darstellt, verurteilt wird, sich während des Vollzugs der Strafe der Freiheitsentziehung systematisch der gesellschaftlich nützlichen Arbeit entzieht oder im Verlauf von sechs Monaten zwei oder mehrere andere schwere Verletzungen der festgesetzten Ordnung begeht und damit zeigt, daß sie sich nicht bessert, kann das Gericht die in den letzten drei Jahren vor Begehung der letzten Verletzung angerechneten Arbeitstage ganz oder teilweise aufheben.

(5) Die Vorschrift des vorstehenden Absatzes findet auch auf eine Person Anwendung, gegen die eine Strafe der Freiheitsentziehung von zwanzig Jahren verhängt ist, wenn diese alternativ zur Todesstrafe vorgesehen ist oder eine solche Strafe ersetzt.

(6) Die Ordnung und die Art und Weise des Vollzugs der Strafe der Freiheitsentziehung, einschließlich der besonderen Fürsorge nach Art. 40 Abs. III, die Entlohnung der Arbeit der Verurteilten sowie die Arbeitseingliederung nach ihrer Entlassung werden durch Gesetz geregelt.

(7) Die grundlegende Vollzugsart der Strafe der Freiheitsentziehung wird durch das Urteil nach den Vorschriften dieses Gesetzbuchs und eines besonderen Gesetzes festgesetzt.

Art. 42. (1) In Kriegszeiten kann das Militärgericht den Vollzug der verhängten Strafe der Freiheitsentziehung bis zur Beendigung der Kriegshandlungen aussetzen und den Verurteilten in die aktive Armee einweisen. Die Aussetzung des Vollzugs kann widerrufen werden, wenn der Verurteilte eine neue Straftat begeht.

(2) Auf Antrag des Vorgesetzten kann das Gericht einem Verurteilten, der nach Abs. I in die aktive Armee eingewiesen wurde, die Verbüßung der verhängten Strafe ganz oder teilweise erlassen, wenn er sich als guter Verteidiger des Vaterlands erwiesen hat.

(3) Einem wegen Invalidität aus der aktiven Armee Entlassenen kann das Gericht auch ohne Antrag eines Vorgesetzten die Verbüßung der verhängten Strafe ganz oder teilweise erlassen.

Art. 43. (1) Die Besserungsarbeit ohne Freiheitsentziehung kann von drei Monaten bis zu einem Jahr betragen.

(2) Die Besserungsarbeitsstrafe wird am Arbeitsplatz des Verurteilten verbüßt; bei Personen, die nicht in einer Behörde, einem Unternehmen, einer Genossenschaft oder gesellschaftlichen Organisation arbeiten, wird sie durch eine andere geeignete Arbeit im Gebiet ihres Wohnsitzes verbüßt.

(3) Vom Lohn des Verurteilten wird entsprechend der Anordnung des Urteils 10 bis 25 % zugunsten des Staates einbehalten; die Zeit der Verbüßung der Strafe wird auf das Arbeitsalter[7] nicht angerechnet.

(4) Das Urteil, durch das eine Besserungsarbeitsstrafe verhängt wird, wird dem Arbeitskollektiv, zu dem der Verurteilte gehört, oder der entsprechenden gesellschaftlichen Organisation zur Kenntnis gebracht.

(5) Bei Arbeitsunfähigen und Personen, die nicht in eine Arbeit eingewiesen werden können, wird die Besserungsarbeitsstrafe vom Gericht in Geldstrafe bis zu zweihundert Lewa oder in gesellschaftlichen Tadel umgewandelt.

(6) Gegen Militärpersonen und Angehörige des Arbeitsdienstes, die ihre Dienstpflichtzeit ableisten, wird statt Besserungsarbeit Arrest bis zu einem Monat verhängt, der nach der entsprechenden Ordnung verbüßt wird.

(7) Weigert sich der zu Besserungsarbeit Verurteilte ohne triftigen Grund zu arbeiten, so wandelt das Gericht die Besserungsarbeit in Freiheitsentziehung um, wobei es für drei Tage Besserungsarbeit einen Tag Freiheitsentziehung anordnet. In diesen Fällen kann die Dauer der Freiheitsentziehung die Mindestgrenze des Art. 39 Abs. I unterschreiten.

Art. 44. (1) Die Vermögenseinziehung ist die zwangsweise und entschädigungslose Enteignung des dem Schuldigen gehörenden Vermögens oder eines Teiles davon, bestimmte Vermögensgüter des Schuldigen oder von Teilen dieser Vermögensgüter zugunsten des Staates.

(2) Die Vermögenseinziehung wird nur verhängt für Straftaten gegen die Volksrepublik, gegen die Ordnung der Grenzüberschreitung und für schwere Straftaten, welche die sozialistische Wirtschaft, das sozialistische Eigentum oder das persönliche Eigentum verletzen, in Fällen, die im Besonderen Teil dieses Gesetzbuchs vorgesehen sind.

Art. 45. (1) Die Vermögenseinziehung wird nicht angeordnet, wenn dem Schuldigen kein verfügbares Vermögen gehört, das Gegenstand dieser Strafe sein kann[8].

(2) Der Vermögenseinziehung unterliegen nicht die für den Verurteilten und seine Familie unentbehrlichen Gegenstände des per-

[7] d. h. die rentenwirksame Beschäftigungszeit.

[8] Das dem Schuldigen gehörende Vermögen muß vor der Anordnung der Einziehung durch das Gericht bzw. die Staatsanwaltschaft in concreto festgestellt werden und im Urteil bezeichnet werden, vgl. Beschluß des

sönlichen und häuslichen Bedarfs, die zur Ausübung seines Berufs notwendigen Gegenstände, die in einer vom Ministerrat angenommenen Liste aufgezeigt sind, sowie die Mittel zum Unterhalt seiner Familie für ein Jahr[9].

Art. 46. Bei der Vermögenseinziehung haftet der Staat bis zur Höhe des Wertes des eingezogenen Vermögens für die Wiedergutmachung der durch die Straftat zugefügten Schäden und danach auch für die Verbindlichkeiten der Verurteilten, die vor der Einleitung der Strafverfolgung entstanden sind, wenn sein verbleibendes verfügbares Vermögen zur Wiedergutmachung der Schäden und zur Bezahlung der Verbindlichkeiten nicht ausreicht.

Art. 47. (1) Die Geldstrafe richtet sich nach der Vermögenslage, dem Einkommen und den Familienverpflichtungen des Täters, wobei bei der Festsetzung ihrer Höhe auch die Vorschriften des fünften Kapitels Anwendung finden. Sie kann nicht weniger als zehn Lewa betragen.

(2) Die Geldstrafe wird von dem vom Verurteilten hinterlassenen Vermögen auch nach seinem Tode erhoben, wenn das Urteil vorher rechtskräftig geworden ist.

(3) Sachen, die der Vermögenseinziehung nicht unterliegen, dürfen zur Zwangsbeitreibung der Geldstrafe nicht verkauft werden.

Art. 48. (1) Der Zwangsaufenthalt bedeutet die Bindung des Verurteilten an seinen bisherigen Wohnsitz oder an eine andere bestimmte Ortschaft für eine Dauer von einem bis zu drei Jahren. In den vom Gesetz ausdrücklich vorgesehenen Fällen des gefährlichen Rückfalls kann die Dauer auch bis zu fünf Jahren betragen.

(2) Der Zwangsaufenthalt wird ohne Freiheitsentziehung verbüßt und mit geeigneter Arbeit verbunden. Findet der Verurteilte nicht selbst eine geeignete Arbeit, so weisen ihm die zuständigen Staatsorgane obligatorisch eine solche Arbeit zu.

(3) Der zu Zwangsaufenthalt Verurteilte darf das Gebiet seines Wohnsitzes nur mit Genehmigung des zuständigen Staatsanwalts oder eines anderen dazu ermächtigten Staatsorgans verlassen.

(4) Ist der Zwangsaufenthalt zusammen mit Freiheitsentziehung angeordnet, so beginnt seine Verbüßung nach der Entlassung vom Ort der Freiheitsentziehung[9a].

Plenums des Obersten Gerichts Nr. 2/55 in: Nakazatelen kodeks. Tekst, sůdebna praktika, literatura (StGB Text, Gerichtspraxis, Literatur), Sofia 1961, S. 71. Die Einziehung des Vermögens kann nicht künftiges Vermögen betreffen (Urt. OG P 333-56-III, a. a. O., S. 70).

[9] S. Verzeichnis der den Verurteilten gehörenden Gegenstände, die gem. Art. 45 Abs. 2 StGB nicht der Einziehung unterliegen (Důržaven Vestnik Nr. 59 v. 1968, S. 4).

[9a] d. h.: aus der Freiheitsentziehungs-Anstalt.

(5) Gegen Schwangere und Mütter mit minderjährigen Kindern kann der Zwangsaufenthalt nur an ihrem bisherigen Wohnsitz angeordnet werden.

(6) Die Ordnung und die Art und Weise der Verbüßung dieser Strafe wird durch Gesetz geregelt.

Art. 49. (1) Die Strafe der Aberkennung von Rechten nach Art. 37 Ziff. 6—8 wird, wenn sie selbständig oder mit einer anderen nicht mit Freiheitsentziehung verbundenen Strafe verhängt ist, für eine bestimmte Dauer bis zu drei Jahren angeordnet in den Grenzen, die im Besonderen Teil dieses Gesetzbuchs festgesetzt sind.

(2) Wird die Aberkennung eines solchen Rechtes zusammen mit Freiheitsentziehung verhängt, so kann ihre Dauer die Dauer der letzteren um höchstens drei Jahre übersteigen.

(3) Die Frist beginnt mit Eintritt der Rechtskraft des Urteils, der Verurteilte kann jedoch von den ihm aberkannten Rechten keinen Gebrauch machen, bevor er die Strafe der Freiheitsentziehung verbüßt hat.

(4) Die Dauer der Aberkennung der Rechte verkürzt sich um die Zeit, um die sich die Freiheitsentziehung durch Begnadigung, Arbeit oder Anrechnung der Untersuchungshaft verkürzt.

(5) Einem zum Tode Verurteilten werden die im Urteil angeführten Rechte für immer aberkannt. Wird die Todesstrafe in Freiheitsentziehung umgewandelt, so wird die dauernde Aberkennung dieser Rechte in eine zeitige Aberkennung umgewandelt, welche die Dauer der Freiheitsentziehung um drei Jahre übersteigt.

Art. 50. (1) Die Strafen der Aberkennung des Rechts, ein bestimmtes staatliches oder gesellschaftliches Amt zu bekleiden, und der Aberkennung des Rechts, einen bestimmten Beruf oder eine bestimmte Tätigkeit auszuüben, werden in den vom Gesetz vorgesehenen Fällen verhängt, wenn die Bekleidung des entsprechenden Amtes oder die Ausübung des entsprechenden Berufs oder der entsprechenden Tätigkeit unvereinbar mit dem Charakter der begangenen Straftat ist.

(2) Die Strafen der Aberkennung des Rechts, Orden, Ehrenbezeichnungen und Auszeichnungen zu erhalten, und der Aberkennung eines militärischen Ranges können nur bei Verurteilung für schwere Straftaten verhängt werden.

Art. 51. Nach Ablauf der Frist kann der Verurteilte die Rechte, die ihm durch das Urteil aberkannt worden waren, erneut ausüben. Dies bezieht sich nicht auf die Rechte nach Art. 39 Ziff. 9 und 10, die nur gemäß der dafür festgesetzten Ordnung erneut erworben werden können.

Art. 52. Die Strafe des gesellschaftlichen Tadels besteht im öffentlichen Tadeln des Schuldigen, das vor dem entsprechenden Kollektiv, durch die Presse oder auf andere geeignete Weise entsprechend den Anweisungen im Urteil bekannt gemacht wird.

Art. 53. Unabhängig von der strafrechtlichen Verantwortlichkeit werden zugunsten des Staates eingezogen:

a) Sachen, die dem Schuldigen gehören und die zur Begehung einer vorsätzlichen Straftat bestimmt waren oder gedient haben;

b) Sachen, die dem Schuldigen gehören und die Gegenstand einer vorsätzlichen Straftat waren, in den im Besonderen Teil dieses Gesetzbuchs ausdrücklich vorgesehenen Fällen.

FÜNFTES KAPITEL

Strafzumessung

Art. 54. (1) Das Gericht bestimmt die Strafe in den Grenzen, die vom Gesetz für die begangene Straftat vorgesehen sind, wobei es sich von den Vorschriften des Allgemeinen Teils dieses Gesetzbuchs leiten läßt und wobei es berücksichtigt:
den Grad der Gesellschaftsgefährlichkeit der Tat und des Täters,
die Beweggründe für die Begehung der Tat und andere die Schuld mildernde oder erschwerende Umstände.

(2) Mildernde Umstände führen zur Verhängung einer leichteren Strafe, erschwerende zu einer schwereren Strafe.

Art. 55. (1) Bei Vorliegen außergewöhnlicher oder zahlreicher mildernder Umstände, wenn auch die im Gesetz vorgesehene leichteste Strafe sich als unverhältnismäßig schwer erweist, kann das Gericht:

1. die Strafe unter der im Gesetz vorgesehenen Mindestgrenze festsetzen;
2. umwandeln:
   a) die Todesstrafe in Freiheitsentziehung von fünfzehn bis zu zwanzig Jahren;
   b) Freiheitsentziehung, wenn keine Mindestgrenze vorgesehen ist, in Besserungsarbeit oder Geldstrafe von hundert bis zu dreihundert Lewa, bei Minderjährigen aber in gesellschaftlichen Tadel;
   c) Besserungsarbeit und Zwangsaufenthalt in Geldstrafe bis zu zweihundert Lewa.

(2) In den Fällen der Ziff. 1 des vorstehenden Absatzes kann das Gericht, wenn die Strafe eine Geldstrafe ist, die Mindestgrenze um höchstens die Hälfte unterschreiten.

(3) In diesen Fällen kann das Gericht davon absehen, eine leichtere Strafe zu verhängen, die das Gesetz neben der Strafe der Freiheitsentziehung vorsieht.

(4) Ist für die begangene Straftat nur die Todesstrafe vorgesehen, so kann das Gericht bei Vorliegen mildernder Umstände die Todesstrafe in Freiheitsstrafe von zwanzig Jahren umwandeln.

Art. 56. Keine mildernden oder erschwerenden Umstände sind solche, die vom Gesetz für das Vorliegen der entsprechenden Straftat vorgesehen sind.

Art. 57. (1) Ist im Besonderen Teil dieses Gesetzbuchs die Möglichkeit vorgesehen, für die begangene Straftat eine von zwei oder mehreren Strafen zu verhängen, so bestimmt das Gericht die nach Art und Maß zweckentsprechendste Strafe, wobei es sich von den Regeln der vorstehenden Artikel leiten läßt.

(2) Ist im Besonderen Teil dieses Gesetzbuchs die Möglichkeit vorgesehen, für die gegebene Straftat gleichzeitig zwei oder mehrere Strafen zu verhängen, so bestimmt das Gericht das Ausmaß jeder einzelnen von ihnen in der Weise, daß sie in ihrer Gesamtheit den in Art. 36 aufgeführten Zwecken entsprechen, wobei es sich von den Regeln der vorstehenden Artikel leiten läßt.

Art. 58. Das Gericht kann die Vorschriften des Art. 55 auch in folgenden Fällen anwenden:

a) bei Versuch wegen der Nichtvollendung der Straftat, wobei es auch die Umstände nach Art. 18 Abs. II berücksichtigt;
b) bei Beihilfe, wenn der Grad der Teilnahme des Handelnden an der Straftat gering ist.

Art. 59. Die Zeit, die der Verurteilte inhaftiert war, wird auf die Verbüßung einer Strafe der Freiheitsentziehung oder der Besserungsarbeit angerechnet, wobei in letzterem Fall für einen Tag Haft drei Tage gerechnet werden.

SECHSTES KAPITEL

Besondere Vorschriften für Nichtvolljährige

Art. 60. Die Strafe für Nichtvolljährige wird mit dem Ziel verhängt, sie vor allem umzuerziehen und für eine gesellschaftlich nützliche Arbeit auszubilden.

Art. 61. (1) Bei einem Nichtvolljährigen, der aus Leidenschaft oder Leichtsinn eine Straftat begangen hat, die keine große Gesellschaftsgefährlichkeit aufweist, kann der Staatsanwalt das Voruntersuchungsverfahren einstellen bzw. das Gericht entscheiden, daß nicht gegen ihn verhandelt wird oder daß er nicht verurteilt wird, wenn auf ihn Erziehungsmaßnahmen nach dem Gesetz über die Bekämpfung von gesellschaftswidrigen Erscheinungen von Minderjährigen und Nichtvolljährigen mit Erfolg angewandt werden können[10].

(2) In diesen Fällen kann das Gericht selbst eine Erziehungsmaßnahme verhängen, worüber es die örtliche Kommission zur Bekämpfung gesellschaftswidriger Erscheinungen von Minderjährigen und Nichtvolljährigen benachrichtigt, oder dieser die Unterlagen zur Verhängung einer Erziehungsmaßnahme zuschicken.

(3) In denselben Fällen kann der Staatsanwalt die Unterbringung in einer Arbeitserziehungsschule anordnen, worüber er diese Kommisssion benachrichtigt, oder dieser die Unterlagen zur Verhängung einer Erziehungsmaßnahme zuleiten.

Art. 62. Gegen Nichtvolljährige können nur folgende Strafen verhängt werden:

1. Freiheitsentziehung;
2. Gesellschaftlicher Tadel;
3. Aberkennung des Rechts, einen bestimmten Beruf oder eine bestimmte Tätigkeit auszuüben, nach Art. 37 Ziff. 7.

Art. 63. (1) Bei Nichtvolljährigen werden die im Besonderen Teil dieses Gesetzbuchs vorgesehenen Strafen umgewandelt:

1. Todesstrafe in Freiheitsentziehung von drei bis zu zehn Jahren;
2. Freiheitsentziehung von mehr als zehn Jahren in Freiheitsentziehung bis zu fünf Jahren;
3. Freiheitsentziehung von mehr als fünf Jahren in Freiheitsentziehung bis zu drei Jahren;
4. Freiheitsentziehung bis zu einschließlich fünf Jahren in Freiheitsentziehung bis zu zwei Jahren, jedoch nicht mehr als vom Gesetz vorgesehen ist;

---

[10] Gesetz über die Bekämpfung der Jugendkriminalität v. 6. Februar 1958, Izvestija na Prezidiuma na Narodnoto Sŭbranie (Anzeiger des Präsidiums der Nationalversammlung) Nr. 13 v. 14. Februar 1958, geändert und umbenannt in Gesetz über die Bekämpfung von gesellschaftswidrigen Erscheinungen von Minderjährigen und Nichtvolljährigen durch Gesetz v. 3. Februar 1961, Izvestija (Anzeiger) Nr. 11 v. 7. Februar 1961, ergänzt durch Gesetz v. 29. April 1966, Dŭržaven Vestnik (Staatsanzeiger) Nr. 35 v. 3. Mai 1966 und durch Gesetz über die Vollstreckung der Strafen v. 5. April 1969, Dŭržaven Vestnik (Staatsanzeiger) Nr. 30 v. 15. April 1969.

5. Besserungsarbeit, Geldstrafe, Zwangsaufenthalt in gesellschaftlichen Tadel.

(2) Die Strafen der Vermögenseinziehung, der Aberkennung von Rechten nach Art. 37 Ziff. 6 und 8 werden nicht verhängt.

(3) In den Grenzen des Abs. I bestimmt das Gericht die Strafe entsprechend den Regeln des 5. Kapitels.

Art. 64. (1) Wenn die zugemessene Freiheitsstrafe weniger als ein Jahr beträgt und ihre Vollstreckung nicht nach Art. 66 ausgesetzt ist, so wird dem Nichtvolljährigen die Verbüßung erlassen, und das Gericht läßt ihn in einer Arbeitserziehungsschule unterbringen oder verhängt gegen ihn eine andere vom Gesetz über die Bekämpfung gesellschaftswidriger Erscheinungen von Minderjährigen und Nichtvolljährigen vorgesehene Maßnahme.

(2) Auf Antrag des Staatsanwalts oder der zuständigen örtlichen Kommission zur Bekämpfung gesellschaftswidriger Erscheinungen von Minderjährigen und Nichtvolljährigen kann das Gericht auch nach der Urteilsfällung die Unterbringung in einer Arbeitserziehungsschule in eine andere Erziehungsmaßnahme umwandeln.

(3) Die Vorschrift des Abs. I findet keine Anwendung a) wenn der Nichtvolljährige die Straftat während der Verbüßung einer Strafe der Freiheitsentziehung begangen hat und b) wenn er nach Eintritt der Volljährigkeit verurteilt wird.

(4) Die Vorschrift des Abs. I findet auch in den Fällen einer wiederholten Verurteilung keine Anwendung, wenn das Gericht befindet, daß zur Besserung und Umerziehung des Täters diesem auferlegt wird, die Strafe der Freiheitsentziehung zu verbüßen, und wenn a) deren Dauer nicht weniger als sechs Monate beträgt oder b) der Täter schon eine Strafe der Freiheitsentziehung verbüßt hat.

Art. 65. (1) Nichtvolljährige verbüßen bis zum Eintritt der Volljährigkeit die Strafe der Freiheitsentziehung im Besserungsheim.

(2) Nach Eintritt der Volljährigkeit werden sie in ein Gefängnis oder in ein Arbeitsbesserungs-Gemeinschaftsheim verlegt. Zur Vollendung ihrer Ausbildung oder beruflichen Qualifizierung können sie auf Antrag des Pädagogischen Rats mit Zustimmung des Staatsanwalts bis zur Vollendung des 20. Lebensjahres im Besserungsheim verbleiben.

SIEBTES KAPITEL

Aussetzung der verhängten Strafe

ABSCHNITT I.

Bedingte Verurteilung

Art. 66. (1) Verhängt das Gericht eine Strafe der Freiheitsentziehung bis zu drei Jahren oder, damit verbunden oder selbständig, eine andere leichtere Strafe, ausgenommen den gesellschaftlichen Tadel, so kann es die Vollstreckung der verhängten Strafe für die Dauer von zwei bis fünf Jahren aussetzen, wenn die Person nicht zu Freiheitsentziehung für eine Straftat allgemeinen Charakters[11] verurteilt ist und wenn das Gericht der Auffassung ist, daß zur Erreichung der Strafzwecke und vor allem zur Besserung des Verurteilten die Verbüßung der Strafe nicht erforderlich ist.

(2) Die Bewährungsfrist darf die Dauer der verhängten Strafe der Freiheitsentziehung oder die Besserungsarbeit nicht mehr als drei Jahre überschreiten.

(3) Sind zwei oder mehr Strafen verhängt, so kann das Gericht unter den Voraussetzungen des Abs. I und den Besonderheiten des Falles entsprechend die Vollstreckung aller oder nur einiger von ihnen aussetzen.

Art. 67. (1) Setzt das Gericht die Vollstreckung der Strafe aus, so kann es die zuständige gesellschaftliche Organisation oder das Arbeitskollektiv mit dessen Einverständnis mit der erzieherischen Betreuung des Verurteilten während der Bewährungsfrist beauftragen.

(2) Fehlt es an einem solchen Einverständnis oder findet das Gericht dies für notwendig, so beauftragt es eine bestimmte Person mit der erzieherischen Betreuung des bedingt Verurteilten. Hat der bedingt Verurteilte seinen Wohnsitz in einer anderen Ortschaft, so wird diese Person von dem zuständigen Volksgericht bestimmt.

(3) Wird die Vollstreckung der Strafe bei einem Nichtvolljährigen ausgesetzt, so benachrichtigt das Gericht die zuständige örtliche Kommission, welche die erzieherische Betreuung organisiert.

(4) Die allgemeine Kontrolle der erzieherischen Betreuung und die Führung des bedingt Verurteilten werden vom Volksgericht seines Wohnsitzes durchgeführt.

(5) Die Ordnung und die Art und Weise der Anwendung der Vorschriften der vorstehenden Absätze werden durch Gesetz geregelt.

---

[11] Vgl. Fußnote 3.

Art. 68. (1) Begeht der Verurteilte vor Ablauf der vom Gericht bestimmten Bewährungsfrist eine andere vorsätzliche Straftat allgemeinen Charakters[12], für die gegen ihn, wenn auch nach Ablauf dieser Frist, eine Strafe der Freiheitsentziehung verhängt wird, so verbüßt er auch die ausgesetzte Strafe.

(2) Begeht der Verurteilte unter den Voraussetzungen des Abs. I eine fahrlässige Straftat, so kann das Gericht anordnen, daß die ausgesetzte Strafe nicht verbüßt wird oder daß sie ganz oder teilweise verbüßt wird.

(3) In den Fällen der Abs. I und II kann das Gericht anordnen, daß eine Strafe der Aberkennung von Rechten nach Art. 37 Ziff. 6 und 7 nicht vollstreckt wird, wenn dies in Anbetracht des Charakters der begangenen Straftat nicht erforderlich ist.

(4) Abgesehen von den Fällen der Abs. I und II wird die ausgesetzte Strafe nicht vollstreckt.

Art. 69. (1) Bei einer Person, die bedingt verurteilt ist für eine Straftat, die sie als Nichtvolljährige begangen hat, beträgt die Bewährungsfrist von einem bis zu drei Jahren.

(2) Bei einer solchen Person kann das Gericht in den Fällen des Abs. I des vorstehenden Artikels anordnen, daß sie teilweise oder ganz von der Verbüßung der Strafe befreit wird, deren Vollstreckung ausgesetzt war.

ABSCHNITT II.

Vorzeitige Entlassung

Art. 70. (1) Das Gericht kann die bedingte vorzeitige Entlassung aus dem Vollzug des restlichen Teils der Strafe der Freiheitsentziehung bei einem Verurteilten anordnen, der durch vorbildliche Führung und ehrliche Einstellung zur Arbeit seine Besserung unter Beweis gestellt hat und der faktisch nicht weniger als die Hälfte, wenn die Strafe der Freiheitsentziehung als Alternative oder anstelle der Todesstrafe verhängt ist, nicht weniger als zwei Drittel der verhängten Strafe verbüßt hat.

(2) Die Vorschrift des vorstehenden Absatzes findet keine Anwendung auf Personen, die für eine Straftat verurteilt sind, die einen gefährlichen Rückfall darstellt.

(3) Die Wiederholung der bedingten vorzeitigen Entlassung ist unzulässig, es sei denn, der Täter wurde hinsichtlich der Straftat, für welche die bedingte vorzeitige Entlassung angeordnet worden war, rehabilitiert.

---

[12] Vgl. Fußnote 3.

(4) Die bedingte vorzeitige Entlassung betrifft auch die Dauer der Strafe der Aberkennung von Rechten nach Art. 37 Ziff. 6—8.

(5) Bei der bedingten vorzeitigen Entlassung kann das Gericht dem Verurteilten die Verbüßung der gegen ihn verhängten Strafe der Aberkennung von Rechten nach Art. 37 Ziff. 6, 7 oder 8 erlassen, ebenso auch teilweise oder ganz die Verbüßung der Strafe des Zwangsaufenthaltes.

(6) Bei der bedingten vorzeitigen Entlassung wird dem Verurteilten eine Bewährungsfrist in Höhe des nichtverbüßten Teils der Strafe gesetzt.

(7) Der vorzeitig Entlassene verbüßt insbesondere auch den nichtverbüßten Teil der Strafe, wenn er während der Bewährungsfrist eine neue vorsätzliche Straftat begeht, für welche die Strafe der Freiheitsentziehung vorgesehen ist. Begeht der bedingt Entlassene in dieser Frist eine fahrlässige Straftat, so kann das Gericht anordnen, daß die ausgesetzte Strafe nicht verbüßt wird oder daß sie ganz oder teilweise verbüßt wird.

(8) In den Fällen des vorstehenden Absatzes verbüßt der Verurteilte die Strafe ganz, die nach Abs. V dieses Artikels ausgesetzt worden war.

(9) Die Frist der Rehabilitierung nach Art. 86 beginnt bei der bedingten vorzeitigen Entlassung vom Zeitpunkt der Beendigung der Bewährungsfrist an zu laufen.

Art. 71. (1) Das Gericht kann einen zu Freiheitsentziehung verurteilten Nichtvolljährigen vorzeitig entlassen, falls er sich gebessert hat, und nachdem er faktisch nicht weniger als ein Drittel der gegen ihn verhängten Strafe verbüßt hat.

(2) Auf eine Person, die für eine Straftat verurteilt ist, die sie als Nichtvolljährige begangen hat, finden nach Eintritt der Volljährigkeit hinsichtlich der Wirkung der vorzeitigen Entlassung die Vorschriften des Art. 70 Anwendung.

Art. 72. Das Gericht kann die vorzeitige Entlassung aus dem Vollzug des restlichen Teils der Strafe des Zwangsaufenthalts oder die Aufhebung der Aberkennung des Rechts auf Wohnsitz an einer bestimmten Ortschaft für einen Verurteilten anordnen, der durch vorbildliche Führung und ehrliche Einstellung zur Arbeit unter Beweis gestellt hat, daß er sich gebessert hat.

Art. 73. (1) In bezug auf die vorzeitig Entlassenen beauftragt das Gericht die zuständige Beobachtungskommission mit der Organisation der Aufsicht und ihrer erzieherischen Betreuung während der Bewährungsfrist, bei Nichtvolljährigen wird die zuständige Kommission zur Bekämpfung gesellschaftswidriger Erscheinungen von Minderjährigen und Nichtvolljährigen beauftragt.

(2) Das Gericht beauftragt eine bestimmte gesellschaftliche Organisation mit deren Einverständnis oder eine bestimmte Person mit der Aufsicht und der erzieherischen Betreuung, wenn dies notwendig ist, und benachrichtigt hiervon die Beobachtungskommission oder die örtliche Kommission.

(3) Die allgemeine Kontrolle und die Anleitung hinsichtlich der erzieherischen Betreuung und der Führung des vorzeitig Entlassenen wird vom Volksgericht seines Wohnsitzes durchgeführt.

(4) Die Ordnung und die Art und Weise der Anwendung der Vorschriften des vorstehenden Artikels werden durch Gesetz geregelt.

ABSCHNITT III.

Begnadigung

Art. 74. Das Präsidium der Nationalversammlung[12a] kann durch Begnadigung die verhängte Strafe ganz oder teilweise erlassen, die Todesstrafe aber erlassen oder umwandeln.

ACHTES KAPITEL

Absehen von der strafrechtlichen Verantwortlichkeit

ABSCHNITT I.

Bedingtes Absehen von der strafrechtlichen Verantwortlichkeit mit Übergabe zur gesellschaftlichen Bürgschaft

Art. 75. (1) Auf Antrag der allgemeinen Versammlung einer entsprechenden gesellschaftlichen Organisation oder eines Arbeitskollektivs kann das Gericht, nachdem es festgestellt hat, daß der Täter eine Straftat begangen hat, gegen ihn keine Strafe verhängen und mit seiner Umerziehung die Organisation oder das Kollektiv beauftragen, wenn:

a) für die begangene Straftat das Gesetz Freiheitsentziehung bis zu einem Jahr oder eine andere leichtere Strafe vorsieht;
b) keine bedeutenden gesellschaftsgefährlichen Folgen eingetreten sind;
c) der Täter keine große Gesellschaftsgefährlichkeit darstellt, sich schuldig bekennt und bereut und

[12a] Jetzt der Staatsrat (s. Anm. 6 a). — Siehe Art. 38.

d) die Zwecke der Strafe auf diese Weise erreicht werden können.

(2) Zur gesellschaftlichen Bürgschaft kann nicht übergeben werden, wer früher für eine Straftat verurteilt oder bereits zur gesellschaftlichen Bürgschaft übergeben worden war.

(3) Wer eine Straftat begangen hat, durch die ein Vermögensschaden entstanden ist, kann nicht zur gesellschaftlichen Bürgschaft übergeben werden, ehe dieser wiedergutgemacht oder seine Wiedergutmachung gesichert ist.

Art. 76. (1) Wenn der zur gesellschaftlichen Bürgschaft übergebene das Vertrauen des Kollektivs nicht rechtfertigt, so wenn er die ihm obliegenden Arbeiten nicht gewissenhaft ausführt, die Regeln des sozialistischen Zusammenlebens verletzt oder eigenmächtig das Arbeitskollektiv verläßt, um sich der gesellschaftlichen Einwirkung zu entziehen, kann die allgemeine Versammlung der Organisation oder des Kollektivs bis zum Ablauf eines Jahres den Antrag auf Wiederaufnahme der Strafverfolgung stellen. Dieser Antrag wird an das Gericht zur Prüfung und Entscheidung gerichtet.

(2) Unter den Voraussetzungen des vorstehenden Absatzes kann auch der zuständige Staatsanwalt den Antrag auf Wiederaufnahme des Strafverfahrens stellen.

(3) Das Strafverfahren wird auf jeden Fall wiederaufgenommen, wenn die Person während der einjährigen Frist eine andere Straftat begeht, für die das Gesetz Freiheitsentziehung vorsieht.

(4) Nach Ablauf des Jahres erörtert die Organisation oder das Kollektiv die Resultate der übernommenen gesellschaftlichen Bürgschaft und macht dem Gericht davon Mitteilung, welches das Strafverfahren eingestellt hat.

ABSCHNITT II.

Absehen von der strafrechtlichen Verantwortlichkeit mit Verhängung einer Maßnahme der gesellschaftlichen Einwirkung durch das Kameradengericht[13]

Art. 77. (1) Eine Person, die eine der folgenden Straftaten begangen hat, wird von strafrechtlicher Verantwortlichkeit befreit und dem Kameradengericht übergeben:

---

[13] Gesetz über die Kameradengerichte v. 21. Juni 1961, Dŭržaven Vestnik (Staatsanzeiger) Nr. 50 v. 23. Juni 1961 in der Fassung des Änderungsgesetzes v. 19. Dezember 1966, Dŭržaven Vestnik (Staatsanzeiger) Nr. 101 v. 27. Dezember 1966. Auszugsweise Übersetzung unten S. 187 ff.

a) Beleidigung nach Art. 146 oder leichte Körperverletzung ohne Gesundheitsbeschädigung nach Art. 130 Abs. II, die in einem Kollektiv von einem Mitglied gegen ein anderes Mitglied desselben Kollektivs begangen ist, wenn gegen den Täter nicht bereits eine Strafe oder Maßnahme gesellschaftlicher Einwirkung für eine vorsätzliche Straftat gegen die Persönlichkeit verhängt ist und wenn ein Antrag des Verletzten vorliegt;

b) Verleumdung nach Art. 147, die in einem Kollektiv von einem Mitglied gegen ein anderes Mitglied desselben Kollektivs begangen ist, wenn gegen den Täter nicht bereits eine Strafe oder Maßnahme gesellschaftlicher Einwirkung für eine vorsätzliche Straftat gegen die Persönlichkeit verhängt ist, und wenn der Verletzte beim Kameradengericht die Klage erhoben hat;

c) Bagatelldiebstahl oder -unterschlagung von gesellschaftlichem Vermögen, Bagatelldiebstahl oder -unterschlagungen von persönlichem Vermögen, sowie auch für Bagatellhandlungen von Eigenmächtigkeit, sofern Täter und Verletzter Mitglieder eines Kollektivs sind, wenn gegen den Täter nicht bereits eine Strafe oder Maßnahme gesellschaftlicher Einwirkung für eine ähnliche Handlung verhängt ist und wenn in Anbetracht des Charakters der Handlung und der Persönlichkeit des Täters befunden wird, daß dieser mit den vom Kameradengericht verhängten Maßnahmen der gesellschaftlichen Einwirkung gebessert werden kann;

d) andere geringfügigere Straftaten, für die das Gesetz die Strafe der Freiheitsentziehung bis zu einem Jahr oder eine andere leichtere Strafe vorsieht, wenn gegen den Täter nicht bereits eine Strafe oder Maßnahme der gesellschaftlichen Einwirkung für eine ähnliche Handlung verhängt ist, und wenn das Gericht oder der Staatsanwalt in Anbetracht des Charakters der Handlung und der Persönlichkeit des Täters befindet, daß dieser mit Hilfe der vom Kameradengericht verhängten Maßnahmen der gesellschaftlichen Einwirkung gebessert werden kann.

(2) Die oben aufgeführten Vorschriften finden keine Anwendung, wenn noch eine andere Straftat oder eine Straftat unter Teilnahme einer anderen Person begangen worden ist, und die Sache für eine der Straftaten oder einen der Teilnehmer der Untersuchung durch das Kameradengericht nicht unterliegt.

(3) Die strafrechtliche Verantwortlichkeit wird auch verwirklicht, wenn das Kameradengericht die Sache eingestellt hat, weil: a) der Fall in tatsächlicher oder rechtlicher Hinsicht kompliziert ist, b) die Person trotz wiederholter Ladung ohne triftige Gründe sich geweigert hat, vor dem Kameradengericht zu erscheinen, c) die Person durch Maßnahmen der gesellschaftlichen Einwirkung offensichtlich nicht gebessert werden kann.

ABSCHNITT III.

Absehen von der strafrechtlichen Verantwortlichkeit bei Nichtvolljährigen mit Verhängung von Erziehungsmaßnahmen

Art. 78. In den in Art. 61 aufgeführten Fällen kann bei Nichtvolljährigen von der strafrechtlichen Verantwortlichkeit abgesehen werden, wobei die entsprechende Erziehungsmaßnahme verhängt wird.

NEUNTES KAPITEL

Erlöschen der Strafverfolgung und der verhängten Strafe

Art. 79. (1) Strafverfolgung und Strafvollstreckung sind ausgeschlossen:

1. wenn der Täter stirbt;
2. wenn die im Gesetz vorgesehene Verjährung eingetreten ist;
3. wenn eine Amnestie ergangen ist.

(2) Bei Straftaten gegen den Frieden und die Menschlichkeit wird die Strafverfolgung und Strafvollstreckung wegen Verjährung nicht ausgeschlossen.

Art. 80. (1) Die Strafverfolgung wird durch Verjährung ausgeschlossen, wenn die Verfolgung nicht aufgenommen wurde innerhalb von:

1. Zwanzig Jahren wegen Straftaten, die mit dem Tode bestraft werden;
2. fünfzehn Jahren wegen Straftaten, die mit Freiheitsentziehung von mehr als zehn Jahren bestraft werden;
3. zehn Jahren wegen Straftaten, die mit Freiheitsentziehung von mehr als drei Jahren bestraft werden;
4. fünf Jahren wegen Straftaten, die mit Freiheitsentziehung bis zu drei Jahren bestraft werden, und
5. zwei Jahren in allen übrigen Fällen.

(2) Bei Straftaten, die von Nichtvolljährigen begangen sind, werden die Verjährungsfristen nach dem vorstehenden Absatz bestimmt, nachdem die Umwandlung der Strafe nach Art. 63 in Betracht gezogen ist.

(3) Die Verjährung der Verfolgung beginnt mit der Vollendung der Straftat; bei Versuch und Vorbereitung mit dem Tage, an dem die letzte Handlung ausgeführt wurde und bei Dauerstraftaten oder fortgesetzten Straftaten mit ihrer Einstellung.

Art. 81. (1) Die Verjährung ruht, wenn der Beginn oder die Fortsetzung der Strafverfolgung von der Entscheidung einer Vorfrage durch eine rechtskräftige Gerichtsentscheidung abhängt.

(2) Die Verjährung wird durch jede Handlung einer zuständigen Behörde, die zur Verfolgung unternommen wird, unterbrochen. Die Unterbrechung wirkt nur gegen denjenigen, gegen den sich die Verfolgung richtet. Nach Abschluß der die Verjährung unterbrechenden Handlung beginnt der Lauf einer neuen Verjährung.

(3) Unabhängig vom Ruhen oder von der Unterbrechung der Verjährung ist die Verfolgung ausgeschlossen, wenn eine Frist abgelaufen ist, welche die im vorstehenden Artikel vorgesehene Frist um die Hälfte überschreitet.

Art. 82 (1) Eine verhängte Strafe wird nicht mehr vollstreckt nach Ablauf von:

1. zwanzig Jahren bei Todesstrafe;
2. fünfzehn Jahren bei der Strafe der Freiheitsentziehung von mehr als zehn Jahren;
3. zehn Jahren bei der Strafe der Freiheitsentziehung von drei bis zu zehn Jahren;
4. fünf Jahren bei der Strafe der Freiheitsentziehung von weniger als drei Jahren, und
5. zwei Jahren in allen übrigen Fällen.

(2) Die Verjährung der Strafvollstreckung beginnt mit dem Tage, an dem das Urteil rechtskräftig geworden ist, bei einer Straftat, deren Vollstreckung nach Art. 66 ausgesetzt ist, beginnt sie mit der Rechtskraft des Urteils oder der Entscheidung nach Art. 68 an zu laufen.

(3) Die Verjährung wird durch jede Handlung einer zuständigen Behörde unterbrochen, die gegen den Verurteilten zur Vollstreckung des Urteils unternommen wird. Nach Abschluß dieser die Verjährung unterbrechenden Handlung beginnt der Lauf einer neuen Verjährung.

(4) Unabhängig vom Ruhen oder von der Unterbrechung der Verjährung wird die Strafe nicht vollstreckt, wenn eine Frist abgelaufen ist, welche die in Abs. I vorgesehene Frist um die Hälfte überschreitet.

Art. 83. Die Amnestie löscht den kriminellen Charakter einer bestimmten Art von begangenen Handlungen oder befreit von strafrechtlicher Verantwortlichkeit und den Folgen der Verurteilung für bestimmte Straftaten.

Art. 84. (1) Bei Straftaten, die auf Klage des Verletzten[14] verfolgt werden, wird, auch wenn die Verjährung noch nicht abgelaufen ist, die Strafverfolgung nicht eingeleitet, wenn die Klage nicht binnen sechs Monaten seit dem Tage, an dem der Verletzte von der Begehung der Straftat Kenntnis erlangt hat, erhoben wird.

(2) Stirbt der Verletzte vor Ablauf dieser Klagefrist, so kann bis zu deren Ablauf die Klage von seinen Erben erhoben werden.

(3) Die Strafe für diese Straftaten wird nicht vollstreckt, wenn der Kläger dies vor Beginn ihrer Vollstreckung beantragt hat.

ZEHNTES KAPITEL

Rehabilitierung

Art. 85. Die Rehabilitierung löscht die Verurteilung und hebt für die Zukunft die Folgen auf, welche die Gesetze mit einer Verurteilung verbinden, sofern in einer Beziehung durch Gesetz oder Dekret nicht etwas anderes bestimmt ist.

Art. 86. (1) Die Rehabilitierung tritt kraft Gesetzes in folgenden Fällen ein:

1. Wenn ein bedingt Verurteilter in der Bewährungszeit keine andere Straftat begangen hat, wegen der er die ausgesetzte Strafe zu verbüßen hätte;
2. wenn ein zu Freiheitsentziehung bis zu drei Jahren, Besserungsarbeit oder Zwangsaufenthalt Verurteilter innerhalb von drei Jahren nach Ablauf der durch das Urteil verhängten oder durch

---

[14] Im Unterschied zu den „Straftaten allgemeinen Charakters" (S. oben Art. 5 samt Anmerkung) handelt es sich hier um „Straftaten privaten Charakters", die nur auf Klage des Verletzten verfolgt werden (Art. 10 Abs. 1 StPO). Diese Ausnahme von dem Strafverfolgungsmonopol des Staates ist in der besonderen Natur bestimmter Straftaten begründet, deren Verfolgung grundsätzlich im Interesse der betroffenen Bürger liegt und deshalb „außerhalb der amtlichen Zuständigkeit des Staatsanwalts zu bleiben hat": *S. Pavlov,* Problemi na osnovnite funkcii v socialističeskija nakazatelen proces (Probleme der Grundfunktionen im sozialistischen Strafprozeß), Sofia 1965, S. 72. Der Staatsanwalt kann allerdings in ein solches Verfahren eintreten, wenn dies der Schutz eines gesellschaftlichen Interesses erfordert. In diesem Falle können die Parteien nicht mehr die Einstellung des Verfahrens durch Vergleich bewirken (Art. 10 Abs. 3 StPO). Das bulgarische Recht kennt hingegen keine Antragsliste, bei denen das Strafverfahren durch den Antrag des Verletzten eingeleitet, die Anklage aber vom öffentlichen Ankläger — Staatsanwalt — erhoben wird (*S. Pavlov,* Nakazatelen proces, Sofia 1959, S. 245).

Arbeit oder Begnadigung verkürzten Strafzeit keine andere Straftat begangen hat, die mit Freiheitsentziehung oder einer schwereren Strafe bedroht ist;

3. wenn ein Verurteilter, demgegenüber eine Geldstrafe, gesellschaftlicher Tadel oder Aberkennung eines Rechts zusammen oder selbständig verhängt wurden, innerhalb von einem Jahr nach der Strafvollstreckung keine andere Straftat allgemeinen Charakters[15] begangen hat, sowie
4. wenn ein als nichtvolljährig Verurteilter innerhalb von zwei Jahren nach der Strafvollstreckung keine andere Straftat allgemeinen Charakters[16] begangen hat, derentwegen er zu einer Strafe der Freiheitsentziehung verurteilt wurde.

(2) Die Rehabilitierung kraft Gesetzes tritt nicht für eine Straftat ein, die begangen wurde, nachdem der Täter bereits einmal rehabilitiert worden war.

Art. 87. (1) Außer in den Fällen des vorstehenden Artikels kann jeder Verurteilte von dem Gericht, das das Urteil in erster Instanz erlassen hat, rehabilitiert werden, wenn er innerhalb von drei Jahren nach Ablauf der durch das Urteil verhängten oder durch Arbeit oder Begnadigung verkürzten Strafzeit keine weitere Straftat begangen hat, die mit Freiheitsentziehung oder einer schwereren Strafe bedroht ist:

1. wenn er sich gut geführt hat, und
2. wenn er bei einer vorsätzlichen Tat den verursachten Schaden wiedergutgemacht hat.

(2) Das Gericht kann einen Verurteilten rehabilitieren, auch ohne daß er den verursachten Schaden wiedergutgemacht hat, wenn dafür triftige Gründe vorliegen.

(3) Wurde neben der Strafe der Freiheitsentziehung oder der Besserungsarbeit auch die Strafe der Aberkennung von Rechten nach Art. 37 Ziff. 6—8 oder Zwangsaufenthalt verhängt, so muß die Dauer dieser Strafe abgelaufen sein, um die Rehabilitierung anzuordnen. Wurde eine Geldstrafe verhängt, so muß diese bezahlt sein.

Art. 88. Die Rehabilitierung kann auch von den Erben des Verurteilten nach dessen Tod beantragt werden, wenn dieser hierzu berechtigt war.

---

[15] Vgl. Fußnote 3.
[16] Vgl. Fußnote 3.

ELFTES KAPITEL

Medizinische Zwangsmaßnahmen

Art. 89. In bezug auf eine Person, die eine gesellschaftsgefährliche Handlung im Zustand der Unzurechnungsfähigkeit begangen hat oder in einen solchen Zustand vor Urteilsfällung oder während der Zeit der Strafverbüßung geraten ist, kann das Gericht anordnen:

a) Übergabe an die Angehörigen, wenn sie die Verpflichtung zu seiner Behandlung unter der Aufsicht einer psycho-neurologischen Fürsorgedienststelle übernehmen;

b) Zwangsbehandlung in einer allgemeinen psycho-neurologischen Anstalt;

c) Zwangsbehandlung in einem speziellen psychiatrischen Krankenhaus oder in einer Spezialabteilung in einer allgemeinen psychoneurologischen Anstalt.

Art. 90. (1) Die Zwangsbehandlung in einer allgemeinen psychoneurologischen Anstalt kann vom Gericht auch in bezug auf einen Geisteskranken angeordnet werden, der in Anbetracht seines psychischen Zustands und des Charakters der begangenen gesellschaftsgefährlichen Handlung der Pflege in einem Krankenhaus und der Behandlung im Zwangswege bedarf.

(2) Die Zwangsbehandlung in einem speziellen psychiatrischen Krankenhaus oder einer Spezialabteilung kann vom Gericht in bezug auf einen Geisteskranken angeordnet werden, der in Anbetracht seines psychischen Zustands und des Charakters der begangenen gesellschaftsgefährlichen Handlung besonders gefährlich für die Gesellschaft oder seine Angehörigen erscheint. In diesen Fällen wird die Person unter verstärkter Aufsicht gehalten, welche die Möglichkeit ausschließt, daß sie erneut eine gesellschaftsgefährliche Handlung begeht.

Art. 91. (1) Die Beendigung oder Abänderung der angeordneten medizinischen Zwangsmaßnahme verfügt das Gericht, wenn dies von einer eingetretenen Veränderung im Zustand des Kranken oder von den Erfordernissen seiner Behandlung geboten wird.

(2) Nach Ablauf einer sechsmonatigen Frist von der Unterbringung in der Heilanstalt an äußert sich das Gericht in allen Fällen über die Beendigung, Fortsetzung oder Abänderung der Zwangsbehandlung.

Art. 92. (1) Ist die Straftat von einer Person begangen, die an Alkoholismus oder einer anderen Rauschgiftsucht leidet, so kann das Gericht neben der Strafe eine Zwangsbehandlung anordnen.

(2) Ist eine Strafe ohne Freiheitsentziehung verhängt, so wird die Zwangsbehandlung in medizinischen Anstalten mit spezieller Behandlungs- und Arbeitsordnung vollzogen.

(3) Die Zwangsbehandlung von zu Freiheitsentziehung Verurteilten wird während der Zeit der Verbüßung der Strafe durchgeführt. Die Dauer der Zwangsbehandlung wird auf die Dauer der Freiheitsentziehung angerechnet.

(4) Das Gericht kann die Fortsetzung der Behandlung auch nach der Entlassung vom Ort der Freiheitsentziehung in den im zweiten Absatz aufgezeigten medizinischen Anstalten anordnen, wenn dies notwendig ist.

(5) Die Zwangsbehandlung wird vom Gericht abgebrochen, wenn ihre Fortsetzung nicht mehr notwendig ist.

Ergänzende Vorschrift

Erläuterung einiger Begriffe

Art. 93. Die unten aufgeführten Begriffe und Ausdrücke werden in diesem Gesetzbuch in folgendem Sinn gebraucht:

1. „Amtsperson" ist, wem aufgetragen ist, gegen Bezahlung oder unentgeltlich, auf Zeit oder dauernd auszuführen:
   a) einen Dienst in einer Staatseinrichtung, mit Ausnahme der ausführenden Tätigkeit des nur materiellen Vollzugs;
   b) eine leitende Arbeit oder eine Arbeit, die mit der Wahrung des gesellschaftlichen Vermögens verbunden ist, in einem staatlichen Unternehmen, in einer Genossenschaft oder einer anderen gesellschaftlichen Organisation.
2. „Organ der Macht"[17] sind die Organe der staatlichen Macht und die Organe der staatlichen Verwaltung, der Gerichte und der Staatsanwaltschaften, sowie die bei diesen bediensteten Personen, die mit der Ausübung von Machtfunktionen beauftragt sind.
3. „Vertreter der Gesellschaft" ist eine Person, die von einer gesellschaftlichen Organisation angewiesen ist, auf der Grundlage

[17] Nach sowjetischem Vorbild liegt dem bulgarischen Staatsaufbau die Konzeption eines einheitlichen Staatsapparates zugrunde, ohne Gewaltenteilung. Gemäß Verfassung vom 18. Mai 1971 geht alle Macht vom Volke aus und das Volk übt sie durch gewählte Vertretungsorgane oder unmittelbar aus (Art. 2). — Dem Staatsaufbau liegt das Leninsche Prinzip der Einheit der staatlichen Macht und der Verbindung der gesetzgeberischen und vollziehenden Tätigkeit des Staates zugrunde. Dem einheitlichen Staatsapparat gehören sowohl die Volksversammlung, der Staatsrat, die Regierung und die Volksräte als auch die Gerichte und Staatsanwaltschaften an (*Spasov*, Ivan: Novata Konstitucija [Die neue Verfassung], in: „Pravna misŭl", 1971, Heft 2, S. 8).

eines Gesetzes oder eines anderen Normativaktes bestimmte Funktionen auszuüben.

4. „Gesellschaftliches Vermögen“ sind die Vermögen des Staates, der Genossenschaften, der gesellschaftlichen Organisationen und der anderen juristischen Personen, an denen diese beteiligt sind.
5. „Amtliche Urkunde“ ist diejenige, die in der vorgeschriebenen Weise und Form von einer Amtsperson innerhalb ihres Dienstbereichs oder von einem Vertreter der Gesellschaft innerhalb der übertragenen Funktion ausgestellt ist.
6. „Unechte Urkunde“ ist diejenige, welcher der Anschein gegeben ist, sie stelle eine konkrete schriftliche Äußerung einer anderen Person dar und nicht derjenigen, die sie wirklich verfaßt hat.
7. „Schwere Straftat“ ist diejenige, für die vom Gesetz eine Strafe der Freiheitsentziehung von mehr als fünf Jahren oder der Tod vorgesehen ist.
8. „Besonders schwerer Fall“ ist derjenige, bei dem die begangene Straftat in Anbetracht der eingetretenen schädlichen Folgen und der anderen erschwerenden Umstände einen ausnehmend hohen Grad von Gesellschaftsgefährlichkeit der Tat und des Täters offenbart.
9. „Unbedeutender Fall“ ist derjenige, bei dem die begangene Straftat in Anbetracht des Fehlens oder der Bedeutungslosigkeit der schädlichen Folgen oder in Anbetracht anderer mildernder Umstände im Vergleich mit den gewöhnlichen Fällen von Straftaten der einschlägigen Art einen niedrigeren Grad von Gesellschaftsgefährlichkeit darstellt.
10. „Angehörige“ sind Ehegatten, Verwandte aufsteigender und absteigender Linie (einschließlich Adoptierter und Stiefkinder[18]), Brüder und Schwestern und deren Ehegatten, Verwandte der Seitenlinie bis zum 4. Grad.
11. „Kriegszeit“ ist die Zeit von der Kriegserklärung oder dem faktischen Beginn von Feindseligkeiten bis zur Erklärung ihrer Einstellung.

Sondervorschrift

Art. 94. Die Vorschriften des Allgemeinen Teils dieses Gesetzbuchs finden auch auf Straftaten Anwendung, die in anderen Gesetzen vorgesehen sind.

---

[18] Im Original „dovedeni i zavareni“, d. h. sowohl die Kinder des Ehemannes als auch die Kinder der Ehefrau (Halbgeschwister). Vgl. *N. Ju. Mevorach*, Semejno pravo (Familienrecht), Sofia 1956, S. 73.

Besonderer Teil

ERSTES KAPITEL

Straftaten gegen die Volksrepublik

ABSCHNITT I.

Hochverrat

Art. 95. Wer in der Absicht, die Macht in der Volksrepublik zu stürzen, zu untergraben oder zu schwächen, an der Ausführung eines Umsturzversuches zur gewaltsamen Ergreifung der zentralen oder örtlichen Macht oder an einem Aufruhr oder bewaffneten Aufstand teilnimmt, wird mit Freiheitsentziehung von zehn bis zu zwanzig Jahren oder dem Tode bestraft.

Art. 96. (1) Wer in der Absicht, die Macht in der Volksrepublik zu untergraben oder zu schwächen, einen staatlichen oder gesellschaftlichen Funktionär tötet, wird mit Freiheitsentziehung von zwanzig Jahren oder dem Tode bestraft.

(2) Wer in der gleichen Absicht einer solchen Person eine schwere Körperverletzung zufügt, wird mit Freiheitsentziehung von fünf bis zu fünfzehn Jahren bestraft.

Art. 97. Wer in der im vorstehenden Artikel aufgezeigten Absicht eine gemeingefährliche Straftat nach Art. 349 oder 350 begeht, wird mit Freiheitsentziehung von zehn bis zu zwanzig Jahren oder dem Tode bestraft.

ABSCHNITT II.

Landesverrat und Spionage

Art. 98. (1) Wer einen fremden Staat oder eine gesellschaftliche Gruppe im Ausland zum Krieg oder zu einer anderen feindlichen Handlung gegen die Volksrepublik anstiftet, wird mit Freiheitsentziehung von fünf bis zu fünfzehn Jahren bestraft.

(2) Ebenso wird bestraft, wer eine Handlung in der Absicht begeht, einen Krieg oder eine andere feindliche Handlung gegen die Volksrepublik hervorzurufen.

Art. 99. (1) Wer einen Vertreter eines fremden Staates tötet in der Absicht, einen Krieg oder internationale Komplikationen gegenüber der Volksrepublik hervorzurufen, wird mit Freiheitsentziehung von zehn bis zu zwanzig Jahren oder dem Tode bestraft.

(2) Schwere Körperverletzung, die einer solchen Person in der gleichen Absicht zugefügt wird, ist mit Freiheitsentziehung von fünf bis zu fünfzehn Jahren zu bestrafen.

Art. 100. (1) Ein bulgarischer Bürger, der während eines erklärten oder ausgebrochenen Krieges freiwillig in die Reihen einer feindlichen Armee oder bewaffneten Gruppe tritt oder an einer feindlichen Handlung gegen die Volksrepublik teilnimmt oder in welcher Form auch immer zum Feind übergeht, wird mit Freiheitsentziehung von zehn bis zu zwanzig Jahren oder dem Tode bestraft.

(2) Ebenso wird ein bulgarischer Bürger bestraft, der auf welche Weise auch immer einen fremden Staat oder eine gesellschaftliche Gruppe im Ausland bei der Durchführung von Kriegshandlungen oder anderen feindlichen Handlungen gegen die Volksrepublik unterstützt.

Art. 101. (1) Ein bulgarischer Staatsbürger, der das Land verläßt oder sich weigert, in das Land zurückzukehren, in der Absicht, sich in den Dienst eines fremden Staates oder einer fremden Organisation zu stellen, um ihr zum Nachteil der Volksrepublik zu dienen, wird mit Freiheitsentziehung von drei bis zu zehn Jahren bestraft.

(2) Wird die Handlung von einer Militärperson begangen, so ist die Strafe Freiheitsentziehung von fünf bis zu fünfzehn Jahren.

Art. 102. (1) Wer in der Absicht, die Verteidigungsfähigkeit der Volksrepublik zu vermindern, eine Meuterei oder Ungehorsam oder Fahnenflucht in der bulgarischen Armee hervorruft oder in der gleichen Absicht ihre Ausbildung oder Versorgung untergräbt, wird mit Freiheitsentziehung von fünf bis zu fünfzehn Jahren bestraft.

(2) Sind aufgrund der Handlung schwere Folgen eingetreten oder wird sie in Kriegszeiten begangen, so ist die Strafe Freiheitsentziehung von zehn bis zu zwanzig Jahren oder der Tod.

Art. 103. Wer in Ausübung eines staatlichen Dienstes oder Auftrages bei einer ausländischen Regierung oder internationalen Organisation vorsätzlich zum Nachteil der Volksrepublik handelt, wird mit Freiheitsentziehung von zehn bis zu fünfzehn Jahren bestraft.

Art. 104. (1) Wer Angaben, die ein Staatsgeheimnis darstellen, verrät oder in der Absicht, sie einem fremden Staat oder einer fremden Organisation zu verraten, sammelt, wird wegen Spionage zu Freiheitsentziehung von zehn bis zu zwanzig Jahren oder dem Tode bestraft.

(2) Offenbart der Täter die begangene Straftat freiwillig den Organen der Macht, so wird er unter Berücksichtigung mildernder Umstände bestraft.

(3) Staatsgeheimnis sind Tatsachen, Angaben und Gegenstände militärischer, politischer, wirtschaftlicher oder anderer Natur, die in einer vom Ministerrat bestätigten Liste[19] aufgezählt sind, deren Verbreitung den Interessen der Volksrepublik schaden kann. Die Liste ist zu veröffentlichen.

Art. 105. (1) Wer sich in den Dienst eines fremden Staates oder einer fremden Organisation stellt, um als Spion zu dienen, wird, wenn er keine Handlung nach dem vorstehenden Artikel begangen hat, mit Freiheitsentziehung von fünf bis zu fünfzehn Jahren bestraft.

(2) Der Täter wird nicht bestraft, wenn er sich freiwillig den Organen der Macht offenbart.

ABSCHNITT III.

Diversion und Schädlingstätigkeit

Art. 106. Wer in der Absicht, die Macht zu schwächen oder ihr Schwierigkeiten zu bereiten, öffentliche Gebäude, Bauten, Einrichtungen, Ausrüstungen, Verkehrs- oder Nachrichtenmittel oder anderes bedeutendes gesellschaftliches Vermögen zerstört oder beschädigt, wird wegen Diversion mit Freiheitsentziehung von fünf bis zu fünfzehn Jahren und in besonders schweren Fällen mit Freiheitsentziehung von zwanzig Jahren oder dem Tode bestraft.

Art. 107. Wer in der Absicht, die Macht zu schwächen oder ihr Schwierigkeiten zu bereiten, die Industrie, den Verkehr, die Landwirtschaft, das Währungs- und Kreditsystem, andere Wirtschaftszweige oder einzelne Wirtschaftsunternehmungen desorganisiert oder untergräbt unter Ausnutzung staatlicher Einrichtungen, wirtschaftlicher Unternehmungen oder gesellschaftlicher Organisationen, unter Behinderung ihrer Tätigkeit oder unter Nichterfüllung der ihm auferlegten wichtigen wirtschaftlichen Aufgaben, wird wegen Schädlingstätigkeit mit Freiheitsentziehung von drei bis zu zehn Jahren und in besonders schweren Fällen mit Freiheitsentziehung von fünf bis zu fünfzehn Jahren bestraft.

ABSCHNITT IV.

Staatsfeindliche Agitation und Propaganda

Art. 108. Wer in der Absicht, die Macht in der Volksrepublik zu schwächen oder ihr Schwierigkeiten zu bereiten, faschistische oder

---

[19] Übersetzung unten S. 171 ff.

andere antidemokratische Ideologien propagiert, die Begehung von Straftaten gegen die Volksrepublik lobpreist oder offen zu solchen Straftaten anstiftet, verleumderische Behauptungen verbreitet, welche die Staats- und Gesellschaftsordnung verletzen, oder Literatur mit solchem Inhalt verbreitet, wird mit Freiheitsentziehung bis zu fünf Jahren bestraft.

ABSCHNITT V.

Andere Straftaten

Art. 109. (1) Wer eine Organisation oder Gruppe, die sich das Ziel setzt, Straftaten gegen die Volksrepublik zu begehen, gründet oder leitet, wird mit Freiheitsentziehung von drei bis zu zwölf Jahren bestraft, jedoch nicht mit einer höheren Strafe als für die entsprechende Straftat selbst vorgesehen ist.

(2) Wer Mitglied einer solchen Organisation oder Gruppe ist, wird mit Freiheitsentziehung bis zu zehn Jahren bestraft, jedoch nicht mit einer höheren Strafe als für die entsprechende Straftat selbst vorgesehen ist.

(3) Ist die Organisation oder Gruppe auf Weisung oder mit Unterstützung eines fremden Staates oder einer fremden Organisation gegründet, so ist die Strafe nach Abs. I Freiheitsentziehung von zehn bis zu fünfzehn Jahren und nach Abs. II Freiheitsentziehung von drei bis zu zwölf Jahren.

(4) Der Teilnehmer an der Organisation oder Gruppe wird nicht bestraft, der sich freiwillig der Macht stellt und die Organisation oder Gruppe aufdeckt, ehe von ihr oder ihm eine andere Straftat begangen wird.

Art. 110. Für Vorbereitung einer Straftat nach diesem Kapitel ist die Strafe Freiheitsentziehung bis zu zehn Jahren, jedoch nicht schwerer als die für die vollendete Straftat vorgesehene Strafe.

Art. 111. (1) Wer einer Person, die eine Straftat nach diesem Kapitel begangen hat, Zuflucht gewährt oder sie versteckt, wird mit Freiheitsentziehung bis zu zehn Jahren bestraft, jedoch nicht mit einer schwereren Strafe als sie für die Straftat selbst vorgesehen ist.

(2) Die vorstehende Vorschrift findet keine Anwendung auf die Ehegatten, Verwandte absteigender und aufsteigender Linie, Brüder und Schwestern des Begünstigten und deren Ehegatten.

Art. 112. (1) Wer Kenntnis davon hat, daß eine Straftat nach diesem Kapitel begangen wird oder begangen wurde, und dies der Macht nicht meldet, wird mit Freiheitsentziehung bis zu drei Jahren bestraft.

(2) In diesen Fällen findet Art. 111 Abs. II entsprechende Anwendung.

ABSCHNITT VI.

Straftaten gegen einen anderen Staat der Werktätigen

Art. 113. Die Strafen, die für die Straftaten nach diesem Kapitel vorgesehen sind, werden auch gegen denjenigen verhängt, der eine dieser Straftaten gegen einen anderen Staat der Werktätigen oder gegen eine Streitmacht begeht, die mit der bulgarischen Armee gemeinsam handelt.

Ergänzende Vorschriften

Art. 114. (1) Bei Straftaten nach diesem Kapitel kann das Gericht dem Schuldigen die Rechte nach Art. 37 Ziff. 6—10 aberkennen.

(2) Bei Straftaten nach Art. 95—107 und 109 kann das Gericht die teilweise oder vollständige Vermögenseinziehung anordnen.

ZWEITES KAPITEL

Straftaten gegen die Person

ABSCHNITT I.

Tötung

Art. 115. Wer vorsätzlich einen anderen tötet, wird wegen Tötung mit Freiheitsentziehung von zehn bis zu zwanzig Jahren bestraft.

Art. 116. Die Tötung:

1. einer Amtsperson, eines Vertreters der Gesellschaft, eines Angehörigen der Volksmiliz sowie einer Militärperson, einschließlich der eines verbündeten oder befreundeten Staates oder einer solchen Armee, bei oder anläßlich der Ausübung ihres Dienstes oder ihrer Funktion;
2. durch eine Amtsperson sowie durch einen Vertreter der Gesellschaft, durch einen Angehörigen der Volksmiliz bei oder anläßlich der Ausübung ihres Dienstes oder ihrer Funktion;
3. des Vaters oder der Mutter sowie des leiblichen Sohns oder der leiblichen Tochter;
4. einer Schwangeren oder von mehr als einer Person;
5. einer Person, die sich in hilflosem Zustand befindet;

6. in einer das Leben mehrerer Personen gefährdenden Weise oder mit solchen Mitteln, in einer für den Getöteten besonders qualvollen Weise oder mit besonderer Grausamkeit;
7. in eigennütziger Absicht;
8. in der Absicht, eine andere Straftat zu erleichtern oder zu verdecken;
9. mit Vorbedacht begangen;
10. aus chuliganischen Beweggründen[20] begangen und
11. die einen gefährlichen Rückfall darstellt oder von einer Person verwirklicht wird, die eine andere vorsätzliche Tötung nach dem vorstehenden oder diesem Artikel begangen hat, für welche ein Urteil nicht ergangen ist,

wird mit Freiheitsentziehung von fünfzehn bis zu zwanzig Jahren oder mit dem Tode bestraft. In den Fällen der Ziff. 11 kann das Gericht auch Zwangsaufenthalt anordnen.

Art. 117. (1) Die Vorbereitung einer Tötung nach Art. 115 und 116 wird mit Freiheitsentziehung bis zu drei Jahren bestraft.

(2) Die gleiche Strafe trifft denjenigen, der einen anderen zur Tötung anstiftet.

Art. 118. Im Zustand starker Erregung begangene Tötung, die von dem Opfer durch Gewalt, schwere Beleidigung oder Verleumdung oder eine andere schwere rechtswidrige Handlung gegen den Schuldigen oder seine Angehörigen hervorgerufen wurde, wird bestraft: in den Fällen des Art. 115 mit Freiheitsentziehung von einem bis zu fünf Jahren, in den Fällen des Art. 116 Ziff. 1—6 mit Freiheitsentziehung von zwei bis zu acht Jahren.

---

[20] S. Art. 325, der den Chuliganismus als eine selbständige Straftat gegen die öffentliche Ordnung vorsieht. Bei Art. 116 Ziff. 10 handelt es sich hingegen um ein besonderes Tatbestandsmerkmal von qualifizierter Tötung. Der entsprechende Art. 127 StGB 1951 sah ein solches strafschärfendes Merkmal nicht vor, jedoch wurde er durch eine Weisung des Obersten Gerichts in die Rechtsprechung eingeführt. Im Beschluß des Plenums des Obersten Gerichts Nr. 2/57 wird ausgeführt: Chuliganische Erscheinungen, die zur Begehung der qualifizierten Tötung gem. Art. 127 Abs. 1 führten, können die Grundlage dafür abgeben, daß der Fall als besonders schwer angesehen wird, wenn dieselben nach Berücksichtigung aller Umstände auf eine außerordentliche Gesellschaftsgefährlichkeit der Tat hinweisen. Vgl. *I. Nenov*, Nakazatelno pravo. Osobena čast (Strafrecht Bes. Teil), S. 280. Nach der neuen Rechtsprechung ist für diese Qualifizierung erforderlich, daß der Beweggrund zur konkreten Tötung chuliganisch gewesen ist und chuliganische Handlungen unmittelbar vor der Tötung selbst stattgefunden oder ihre Ausführung begleitet haben (Urteil des Obersten Gerichts Nr. 39 vom 25. Januar 1971 in: „Socialističesko pravo" 1971, Heft 10, S. 87).

Art. 119. Tötung, die in Überschreitung der Grenzen der Notwehr begangen ist, wird mit Freiheitsentziehung bis zu fünf Jahren bestraft.

Art. 120. Eine Tötung, die eine Mutter an ihrem Kind während oder sofort nach der Geburt begeht, wird mit Freiheitsentziehung bis zu drei Jahren bestraft.

Art. 121. Wegen Tötung eines eben erst geborenen Kindes von widernatürlichem Aussehen wird der schuldige Elternteil mit Freiheitsentziehung bis zu einem Jahr oder Besserungsarbeit bestraft.

Art. 122. (1) Wer fahrlässig den Tod eines anderen verursacht, wird mit Freiheitsentziehung bis zu drei Jahren bestraft.

(2) Wurde der Tod mit einer Feuerwaffe oder mit einem stark wirkenden Giftstoff verursacht, oder wurde der Tod von zwei oder mehr Personen verursacht, so ist die Strafe Freiheitsentziehung bis zu fünf Jahren.

Art. 123. (1) Wer den Tod eines anderen verursacht durch Unkenntnis oder unsorgfältige Ausübung eines Berufes oder einer anderen rechtlich geregelten Tätigkeit, die eine Quelle erhöhter Gefahr darstellt, wird mit Freiheitsentziehung bis zu fünf Jahren bestraft.

(2) Wer fahrlässig den Tod eines anderen verursacht durch Handlungen, die sich auf einen Beruf oder eine Tätigkeit nach dem vorstehenden Absatz beziehen, zu deren Ausübung er nicht berechtigt ist, wird mit Freiheitsentziehung von einem bis zu fünf Jahren bestraft.

(3) War der Täter in den Fällen der vorstehenden Absätze in betrunkenem Zustand oder ist der Tod von mehr als einer Person verursacht worden, so ist die Strafe Freiheitsentziehung von drei bis zu acht Jahren und in besonders schweren Fällen Freiheitsentziehung von fünf bis zu fünfzehn Jahren.

(4) Hat der Täter nach der Handlung alles ihm Mögliche zur Rettung des Opfers getan, so ist die Strafe: nach Abs. I und II Freiheitsentziehung bis zu drei Jahren; nach Abs. III Freiheitsentziehung bis zu fünf Jahren und in besonders schweren Fällen Freiheitsentziehung von drei bis zu zehn Jahren.

Art. 124. Wer fahrlässig den Tod eines anderen verursacht in Folge einer vorsätzlich zugefügten Körperverletzung wird mit Freiheitsentziehung bestraft: von drei bis zu zwölf Jahren bei schwerer Körperverletzung, von zwei bis zu acht Jahren bei mittelschwerer Körperverletzung und bis zu fünf Jahren bei leichter Körperverletzung.

Art. 125. Eine Mutter, die fahrlässig den Tod ihres noch nicht geborenen oder eben erst geborenen Kindes verursacht, wird nicht bestraft.

Art. 126. (1) Wer außerhalb der vom Ministerium für Volksgesundheit und Sozialfürsorge bestimmten Heilanstalten oder unter Verletzung der von diesem Ministerium festgesetzten Regeln[21] mit Einwilligung der Schwangeren deren Frucht tötet, wird mit Freiheitsentziehung bis zu drei Jahren bestraft.

(2) Hat der Schuldige nicht die höhere medizinische Ausbildung oder hat er die Frucht bei zwei oder mehr Frauen getötet, so ist die Strafe Freiheitsentziehung bis zu fünf Jahren.

(3) Wurde die Handlung nach den vorstehenden Absätzen wiederholt begangen, so ist die Strafe Freiheitsentziehung von einem bis zu fünf Jahren.

(4) Die Schwangere trägt keine strafrechtliche Verantwortung nach den vorstehenden Absätzen, auch nicht für Anstiftung und Beihilfe.

(5) Wurde die Abtötung der Frucht ohne Einwilligung der Schwangeren begangen, so ist die Strafe Freiheitsentziehung von zwei bis zu fünf Jahren.

(6) Ist in letzterem Falle der Tod der Schwangeren eingetreten, so ist die Strafe Freiheitsentziehung von drei bis zu zehn Jahren.

Art. 127. (1) Wer in irgendeiner Weise einen anderen beim Selbstmord unterstützt oder ihn dazu bestimmt, und wird infolgedessen dieser begangen oder versucht, ist mit Freiheitsentziehung bis zu drei Jahren zu bestrafen.

(2) Wird die gleiche Straftat gegen einen Minderjährigen oder eine Person begangen, von der der Schuldige weiß, daß sie unfähig ist, ihr Verhalten zu beherrschen oder daß sie die Art und Bedeutung des Begangenen nicht erfaßt, so ist die Strafe Freiheitsentziehung von drei bis zu zehn Jahren.

(3) Wer durch Grausamkeit oder systematische Erniedrigung der Würde einer Person, die sich in materieller oder anderer Abhängigkeit von ihm befindet, zum Selbstmord oder zum Selbstmordversuch bringt, wird, wenn er diesen zugelassen hat, mit Freiheitsentziehung von zwei bis zu acht Jahren bestraft.

(4) Wurde die Handlung nach dem vorstehenden Absatz fahrlässig begangen, so ist die Strafe Freiheitsentziehung bis zu drei Jahren.

ABSCHNITT II.

Körperverletzung

Art. 128. (1) Wer einem anderen eine schwere Körperverletzung zufügt, wird mit Freiheitsentziehung von drei bis zu zehn Jahren bestraft.

---

[21] Übersetzung unten S. 177 ff.

(2) Eine Körperverletzung ist schwer, wenn sie verursacht: dauernde Bewußtseinsstörung; ständige Blindheit auf einem oder beiden Augen; ständige Taubheit; Verlust des Sprechvermögens; Zeugungsunfähigkeit; eine Verunstaltung, welche die dauernde Störung des Sprechvermögens oder eines Sinnesorgans zur Folge hat; Verlust einer Niere, der Milz oder eines Lungenflügels; Verlust oder Verkrüppelung eines Beines oder einer Hand; dauernde, allgemeine, lebensgefährliche Gesundheitsbeschädigung.

Art. 129. (1) Wer einem anderen eine mittelschwere Körperverletzung zufügt, wird mit Freiheitsentziehung bis zu fünf Jahren bestraft.

(2) Eine Körperverletzung ist mittelschwer, wenn sie verursacht: eine dauerhafte Schwächung der Sehkraft oder des Gehörs; eine dauerhafte Behinderung des Sprechvermögens, der Bewegungsfähigkeit der Glieder, des Rumpfes oder Nackens, der Funktionen der Geschlechtsorgane ohne Herbeiführung von Zeugungsunfähigkeit; Bruch des Kiefers oder Einschlagen von Zähnen, wenn dadurch das Kauen oder Sprechen erschwert wird; Entstellung des Gesichts oder eines anderen Körperteils; dauernde nicht lebensgefährliche Gesundheitsbeschädigung oder zeitweilige lebensgefährliche Gesundheitsbeschädigung; Verletzungen, die in den Schädel, die Brust oder die Bauchhöhle eindringen.

Art. 130. (1) Wer einem anderen eine Gesundheitsbeschädigung außer den Fällen der Art. 128 und 129 zufügt, wird wegen leichter Körperverletzung mit Freiheitsentziehung bis zu zwei Jahren oder mit Besserungsarbeit bestraft.

(2) Bei leichter Körperverletzung, die im Zufügen von Schmerzen und Leiden ohne Gesundheitsbeschädigung besteht, ist die Strafe Freiheitsentziehung bis zu sechs Monaten oder Besserungsarbeit oder Geldstrafe bis zu einhundert Lewa.

(3) Hat in den Fällen der vorstehenden Absätze der Verletzte dem Täter sofort danach eine gleiche solche Körperverletzung zugefügt, so kann das Gericht auch beiden die Strafe erlassen.

Art. 131. (1) Die Zufügung einer Körperverletzung:

1. gegen eine Amtsperson, einen Vertreter der Gesellschaft, einen Angehörigen der Volksmiliz sowie gegen eine Militärperson, einschließlich der eines verbündeten oder befreundeten Staates oder einer solchen Armee, bei oder anläßlich der Ausübung ihres Dienstes oder ihrer Funktion;
2. durch eine Amtsperson, einen Vertreter der Gesellschaft, Angehörigen der Volksmiliz bei oder anläßlich der Ausübung ihres Dienstes oder ihrer Funktion;

3. gegen die Mutter oder den Vater;
4. gegen eine Schwangere;
5. auf eine für den Verletzten besonders qualvolle Weise,

wird mit Freiheitsentziehung bestraft: von drei bis zu zwölf Jahren bei schwerer Körperverletzung; von einem bis zu fünf Jahren bei mittelschwerer Körperverletzung; bis zu drei Jahren bei leichter Körperverletzung nach Art. 130 Abs. I und bis zu einem Jahr oder mit Besserungsarbeit nach Art. 130 Abs. II.

(2) Stellt die Körperverletzung einen gefährlichen Rückfall dar, so ist die Strafe: bei schwerer Körperverletzung Freiheitsentziehung von fünf bis zu fünfzehn Jahren und bei mittelschwerer Körperverletzung Freiheitsentziehung von drei bis zu zehn Jahren. Das Gericht kann auch Zwangsaufenthalt anordnen.

Art. 132. (1) Eine Körperverletzung, die einem anderen im Zustand starker Erregung zugefügt wird, die vom Verletzten durch Gewalt, schwere Beleidigung, Verleumdung oder eine andere schwere rechtswidrige Handlung gegen den Schuldigen oder seine Angehörigen hervorgerufen wurde, wird bestraft:

1. mit Freiheitsentziehung bis zu drei Jahren bei schwerer Körperverletzung;
2. mit Freiheitsentziehung bis zu einem Jahr bei mittelschwerer Körperverletzung;
3. mit Freiheitsentziehung bis zu drei Monaten oder Besserungsarbeit bis zu sechs Monaten bei leichter Körperverletzung nach Art. 130 Abs. I;
4. mit Besserungsarbeit bis zu sechs Monaten oder Geldstrafe bis zu einhundert Lewa nach Art. 130 Abs. II.

(2) Die Strafen des vorstehenden Absatzes werden auch in den Fällen der Zufügung einer Körperverletzung in Überschreitung der Grenzen der Notwehr verhängt.

Art. 133. Wer einem anderen fahrlässig eine schwere oder mittelschwere Körperverletzung zufügt, wird mit Freiheitsentziehung bis zu einem Jahr oder Besserungsarbeit bestraft.

Art. 134. (1) Wer einem anderen eine schwere oder mittelschwere Körperverletzung zufügt durch Unkenntnis oder unsorgfältige Ausübung eines Berufes oder einer anderen rechtlich geregelten Tätigkeit, die eine Quelle erhöhter Gefahr darstellt, wird bestraft:

1. mit Freiheitsentziehung bis zu drei Jahren bei schwerer Körperverletzung und
2. mit Freiheitsentziehung bis zu zwei Jahren oder Besserungsarbeit bei mittelschwerer Körperverletzung.

(2) Ebenso wird bestraft, wer fahrlässig einem anderen eine schwere oder mittelschwere Körperverletzung durch Handlungen zufügt, die zu einem Beruf oder zu einer Tätigkeit nach dem vorstehenden Absatz gehören, zu deren Ausübung er nicht berechtigt ist.

(3) War der Täter in den Fällen der vorstehenden Absätze in betrunkenem Zustand oder sind mehr als einer Person Verletzungen zugefügt worden, so ist die Strafe Freiheitsentziehung bis zu fünf Jahren bei schwerer Körperverletzung und Freiheitsentziehung bis zu drei Jahren bei mittelschwerer Körperverletzung.

(4) Hat der Täter nach der Handlung das ihm Mögliche zur Hilfeleistung für das Opfer getan, so wird dies bei der Bestimmung der Strafe als mildernder Umstand berücksichtigt.

Art. 135. (1) Wer, obwohl er weiß, daß er an einer Geschlechtskrankheit leidet, einen anderen mit dieser Krankheit ansteckt, wird mit Freiheitsentziehung bis zu drei Jahren und Geldstrafe bis zu zweihundert Lewa bestraft.

(2) Werden in den Fällen des vorstehenden Absatzes mehr als zwei Personen angesteckt, so ist die Strafe Freiheitsentziehung bis zu fünf Jahren und Geldstrafe bis zu fünfhundert Lewa.

(3) Wer, obwohl er weiß, daß er an einer Geschlechtskrankheit leidet, einen anderen mit dieser Krankheit fahrlässig ansteckt, wird mit Freiheitsentziehung bis zu einem Jahr oder Geldstrafe bis zu zweihundert Lewa bestraft.

(4) Wer durch Geschlechtsverkehr oder auf andere Weise eine andere Person in Gefahr der Ansteckung mit einer Geschlechtskrankheit bringt, wird mit Freiheitsentziehung bis zu sechs Monaten oder Geldstrafe bis zu zweihundert Lewa bestraft.

(5) Eine Person, die an einer Geschlechtskrankheit leidet und die Heilbehandlung verweigert oder sich der regelmäßigen Zwangsbehandlung entzieht, wird mit Geldstrafe bis zu dreihundert Lewa bestraft.

(6) Wird die Handlung nach dem vorstehenden Absatz wiederholt begangen, so ist die Strafe Freiheitsentziehung bis zu sechs Monaten.

ABSCHNITT III.

Gefährdung

Art. 136. Wer die Vorschriften verletzt, die zum Schutz der Sicherheit der Arbeit festgesetzt sind, und damit das Leben oder die Gesundheit der Werktätigen der Gefahr aussetzt, wird mit Freiheitsentziehung bis zu drei Jahren oder Besserungsarbeit, sowie auch mit öffentlichem Tadel bestraft.

Art. 137. Wer eine Person, die wegen Minderjährigkeit, hohen Alters, Krankheit oder überhaupt wegen ihrer Hilflosigkeit unfähig ist, für ihre Sicherheit zu sorgen, in einer Weise aussetzt, daß ihr Leben in Gefahr sein kann und, obwohl er dies erkannt hat, ihr keine Hilfe leistet, wird mit Freiheitsentziehung bis zu drei Jahren bestraft.

Art. 138. Wer wissentlich, obwohl er Hilfe zu leisten vermag, einer Person keine Hilfe leistet, für die zu sorgen er verpflichtet ist und die sich in einer Lebensgefahr befindet und wegen Minderjährigkeit, hohen Alters, Krankheit oder überhaupt wegen ihrer Hilfslosigkeit unfähig ist, für ihre Sicherheit zu sorgen, wird mit Freiheitsentziehung bis zu einem Jahr oder Besserungsarbeit bestraft.

Art. 139. Wer einem anderen, der in unmittelbarer Lebensgefahr schwebt, keine Hilfe leistet, obwohl er dieses ohne Gefahr für sich oder einen Dritten hätte tun können, wird mit Besserungsarbeit bis zu sechs Monaten oder Geldstrafe bis zu fünfzig Lewa bestraft.

Art. 140. Der Führer eines Verkehrsmittels, der nach einem Verkehrsunfall, an dem er beteiligt war, einer verunglückten Person nicht die notwendige Hilfe leistet, die er ohne Gefahr für sich oder einen Dritten leisten kann, wird mit Freiheitsentziehung bis zu einem Jahr oder Besserungsarbeit bestraft.

Art. 141. (1) Eine Person, die einen medizinischen Beruf ausübt und nach Aufforderung ohne triftige Gründe einem Kranken oder einer Wöchnerin keine Hilfe leistet, wird mit Besserungsarbeit oder Geldstrafe bis zu einhundert Lewa bestraft.

(2) War dem Schuldigen bekannt, daß der Kranke oder die Wöchnerin sich in einem gefährdeten Zustand befand, so ist die Strafe Freiheitsentziehung bis zu einem Jahr oder Besserungsarbeit.

(3) Wer einem Kranken Hilfe zu leisten verpflichtet ist und sie ohne triftige Gründe nicht leistet, wird mit Besserungsarbeit bis zu sechs Monaten oder mit Geldstrafe bis zu einhundert Lewa bestraft.

ABSCHNITT IV.

Rechtswidrige Freiheitsberaubung

Art. 142. (1) Wer rechtswidrig jemanden der Freiheit beraubt, wird mit Freiheitsentziehung bis zu zwei Jahren oder mit Besserungsarbeit bestraft.

(2) Wird die Handlung von einer Amtsperson oder einem Vertreter der Gesellschaft unter Verletzung ihres Amtes oder ihrer Funktion begangen, so ist die Strafe Freiheitsentziehung bis zu drei Jahren.

(3) Wird die Handlung nach den vorstehenden Absätzen auf eine grausame oder für die Gesundheit des Verletzten gefährliche Weise begangen, oder hat die Freiheitsberaubung länger als zwei volle Tage gedauert, so ist die Strafe Freiheitsentziehung von einem bis zu fünf Jahren.

(4) Die Strafe nach dem vorstehenden Absatz trifft auch denjenigen, der wissentlich eine gesunde Person in einem Krankenhaus für Geisteskranke unterbringt oder festhält.

ABSCHNITT V.

Nötigung

Art. 143. Wer einen anderen unter Anwendung von Gewalt, Drohung oder Mißbrauch seiner Macht dazu nötigt, etwas gegen seinen Willen zu tun, zu unterlassen oder zu dulden, wird mit Freiheitsentziehung bis zu drei Jahren oder Besserungsarbeit bestraft.

Art. 144. (1) Wer einen anderen mit einer Straftat gegen seine Person oder sein Vermögen oder gegen die Person oder das Vermögen seiner Angehörigen bedroht, wird, wenn diese Drohung geeignet war, begründete Furcht vor ihrer Verwirklichung hervorzurufen, mit Freiheitsentziehung bis zu sechs Monaten oder Geldstrafe bis zu zweihundert Lewa bestraft.

(2) Bei Bedrohung einer Amtsperson oder eines Vertreters der Gesellschaft bei oder anläßlich der Ausübung ihres Amtes oder ihrer Funktion, ist die Strafe Freiheitsentziehung bis zu einem Jahr oder Geldstrafe bis zu dreihundert Lewa.

(3) Hat der Täter mit Tötung gedroht, so ist die Strafe Freiheitsentziehung bis zu drei Jahren oder Zwangsaufenthalt.

ABSCHNITT VI.

Verrat eines fremden Geheimnisses

Art. 145. Wer rechtswidrig ein fremdes Geheimnis verrät, das den guten Ruf eines anderen gefährdet, und das ihm anvertraut oder im Zusammenhang mit seinem Beruf bekannt geworden ist, wird mit Freiheitsentziehung bis zu einem Jahr oder Geldstrafe bis zu zweihundert Lewa bestraft.

ABSCHNITT VII.

Beleidigung und Verleumdung

Art. 146. (1) Wer etwas für die Ehre oder die Würde eines anderen Herabsetzendes in dessen Gegenwart sagt oder tut, wird wegen Beleidigung mit Freiheitsentziehung bis zu sechs Monaten oder Geldstrafe bis zu einhundert Lewa bestraft. Das Gericht kann in diesem Fall auch die Strafe des gesellschaftlichen Tadels verhängen.

(2) Erwidert der Beleidigte sogleich die Beleidigung, so kann das Gericht auch beiden die Strafe erlassen.

Art. 147. (1) Wer über einen anderen einen ehrenrührigen Umstand verbreitet oder ihm eine Straftat unterstellt, wird wegen Verleumdung mit Freiheitsentziehung bis zu einem Jahr oder Geldstrafe bis zu zweihundert Lewa sowie auch mit gesellschaftlichem Tadel bestraft.

(2) Der Täter wird nicht bestraft, wenn er die Wahrheit des verbreiteten Umstandes oder der behaupteten Straftat beweist.

Art. 148. (1) Bei Beleidigung oder Verleumdung:

1. die öffentlich zugefügt wird;
2. die durch Druckerzeugnisse oder auf andere Weise verbreitet wird;
3. einer Amtsperson oder eines Vertreters der Gesellschaft bei oder anläßlich der Ausübung ihres Amtes oder ihrer Funktion und
4. durch eine Amtsperson oder einen Vertreter der Gesellschaft bei oder anläßlich der Ausübung ihres Amtes oder ihrer Funktion,

ist die Strafe Freiheitsentziehung bis zu drei Jahren und gesellschaftlicher Tadel.

(2) Die gleiche Strafe wird verhängt bei Verleumdung, die schwere Folgen nach sich gezogen hat.

(3) In den Fällen des Abs. I Ziff. 1 kann Art. 146 Abs. II Anwendung finden.

ABSCHNITT VIII.

Straftaten gegen die Sittlichkeit

Art. 149. Wer mit einer Person, die das 14. Lebensjahr noch nicht vollendet hat, eine Handlung vornimmt zum Zwecke der Erregung oder Befriedigung eines geschlechtlichen Verlangens ohne Beischlaf, wird wegen Unzucht mit Freiheitsentziehung bis zu fünf Jahren bestraft.

Art. 150. Wer mit einer Person, die das 14. Lebensjahr vollendet hat, unter Anwendung von Gewalt oder Drohung eine Handlung vornimmt zum Zwecke der Erregung oder Befriedigung eines geschlechtlichen Verlangens ohne Beischlaf, wird wegen Unzucht mit Freiheitsentziehung bis zu drei Jahren oder Besserungsarbeit bestraft.

Art. 151. (1) Wer mit einer Person, die das 14. Lebensjahr noch nicht vollendet hat, den Beischlaf vollzieht, wird, soweit die Handlung nicht eine Straftat nach Art. 152 darstellt, mit Freiheitsentziehung von zwei bis zu fünf Jahren bestraft.

(2) Wer mit einer Person den Beischlaf vollzieht, die das 14. Lebensjahr vollendet hat, die aber Natur und Bedeutung der Handlung nicht erfaßt, wird mit Freiheitsentziehung bis zu drei Jahren bestraft.

Art. 152. (1) Wer mit einer Person weiblichen Geschlechts den Beischlaf vollzieht:

1. die der Möglichkeit der Selbstverteidigung beraubt ist und ohne ihre Einwilligung;
2. die dazu durch Gewalt oder Drohung genötigt wurde;
3. die er in einen hilflosen Zustand versetzt hat,

wird wegen Notzucht mit Freiheitsentziehung von zwei bis zu acht Jahren bestraft.

(2) Notzucht wird mit Freiheitsentziehung von drei bis zu zehn Jahren bestraft:

1. wenn das Opfer das sechzehnte Lebensjahr noch nicht vollendet hat;
2. wenn es eine Verwandte absteigender Linie ist.

(3) Wird die Notzucht von zwei oder mehreren Personen begangen, so ist die Strafe Freiheitsentziehung von drei bis zu fünfzehn Jahren.

(4) Stellt die Notzucht einen gefährlichen Rückfall oder einen besonders schweren Fall dar, so ist die Strafe Freiheitsentziehung von fünf bis zu fünfzehn Jahren.

Art. 153. Wer mit einer Person weiblichen Geschlechts den Beischlaf vollzieht, indem er sie unter Ausnützung ihrer materiellen oder dienstlichen Abhängigkeit von ihm dazu nötigt, wird mit Freiheitsentziehung bis zu drei Jahren bestraft.

Art. 154. Beischlaf zwischen Verwandten aufsteigender und absteigender Linie, zwischen Brüdern und Schwestern und zwischen

Adoptiveltern und Adoptierten wird mit Freiheitsentziehung bis zu drei Jahren bestraft.

Art. 155. (1) Wer eine Person weiblichen Geschlechts zur Prostitution anhält oder zu unzüchtigen Handlungen oder zum Beischlaf verkuppelt, wird mit Freiheitsentziehung bis zu drei Jahren und Geldstrafe bis zu dreihundert Lewa bestraft.

(2) Wer verschiedenen Personen zur Ausübung des Geschlechtsverkehrs oder von unzüchtigen Handlungen systematisch Raum zur Verfügung stellt, wird mit Freiheitsentziehung bis zu fünf Jahren und Geldstrafe bis zu fünfhundert Lewa bestraft.

(3) Die Strafe nach dem vorstehenden Absatz trifft auch denjenigen, der Minderjährige in unsittliche Handlungen hineinzieht.

(4) In den Fällen der vorstehenden Absätze kann das Gericht auch Zwangsaufenthalt anordnen.

Art. 156. Wer eine Person weiblichen Geschlechts entführt in der Absicht, sie für unsittliche Handlungen gefügig zu machen, wird mit Freiheitsentziehung bis zu zehn Jahren und Geldstrafe bis zu eintausend Lewa bestraft.

Art. 157. (1) Wer den Geschlechtsverkehr oder Handlungen zur geschlechtlichen Befriedigung mit einer Person des gleichen Geschlechts vollzieht unter Anwendung von Gewalt oder Drohung oder unter Ausnutzung eines Abhängigkeits- oder Aufsichtsverhältnisses, wird mit Freiheitsentziehung von einem bis zu fünf Jahren sowie auch mit gesellschaftlichem Tadel bestraft.

(2) Die gleiche Strafe trifft denjenigen, der eine solche homosexuelle Handlung mit einer minderjährigen oder nichtvolljährigen Person begeht.

(3) Wer homosexuelle Handlungen öffentlich begeht oder auf eine skandalöse Weise oder auf eine Weise, die geeignet ist, einen anderen zur Perversität zu verleiten, wird mit Freiheitsentziehung bis zu zwei Jahren oder Besserungsarbeit sowie auch mit gesellschaftlichem Tadel bestraft.

(4) Wer homosexuelle Handlungen in der Absicht begeht, sich einen Vermögensvorteil zu verschaffen oder in dieser Absicht einen anderen zu solchen Handlungen verkuppelt, sowie auch wer durch Geben oder Versprechen von Vorteilen einen anderen zu homosexuellen Handlungen bestimmt, wird mit Freiheitsentziehung bis zu drei Jahren und Geldstrafe bis zu dreihundert Lewa bestraft, das Gericht kann dabei auch Zwangsaufenthalt anordnen.

Art. 158. In den Fällen der Art. 149—151 und 153 wird keine Strafe verhängt oder eine verhängte Strafe nicht vollstreckt, wenn es vor der Urteilsvollstreckung zur Ehe zwischen dem Mann und der Frau kommt.

Art. 159. (1) Wer Schriften, Druckerzeugnisse, Bilder, Filme oder andere Gegenstände pornographischen Inhalts herstellt, verbreitet, ausstellt, vorführt oder verkauft, wird mit Geldstrafe bis zu fünfhundert Lewa bestraft.

(2) Der Gegenstand der Straftat wird nach Art. 53 Buchst. „b" eingezogen.

Ergänzende Vorschrift

Art. 160. Bei Straftaten nach Art. 116 Ziff. 2, 123, 126, 131 Ziff. 2, 134, 142 Abs. II—IV, kann das Gericht auch die Aberkennung von Rechten nach Art. 37 Ziff. 6 oder 7 anordnen.

Sondervorschrift

Art. 161. Bei Straftaten nach Art. 130, 131 Ziff. 3, Art. 131 Ziff. 4 und 5 und Art. 132 in den Fällen der leichten Körperverletzung, Art. 133 in den Fällen der mittelschweren Körperverletzung, und Art. 143, 144 Abs. I, Art. 145, 146, 147, 148 Ziff. 1 und 2 wird die Strafverfolgung auf Klage des Verletzten eingeleitet.

DRITTES KAPITEL

Straftaten gegen die Bürgerrechte

ABSCHNITT I.

Straftaten gegen die nationale und die Rassengleichheit

Art. 162. (1) Wer Rassen- oder Völkerfeindschaft oder Haß oder Rassendiskriminierung propagiert oder dazu anstiftet, wird mit Freiheitsentziehung bis zu drei Jahren und gesellschaftlichem Tadel bestraft.

(2) Wer gegen einen anderen wegen seiner Nationalität, Rasse, Religion oder wegen seiner politischen Überzeugung Gewalt anwendet oder sein Vermögen schädigt, wird mit Freiheitsentziehung bis zu drei Jahren und gesellschaftlichem Tadel bestraft.

(3) Wer eine Organisation oder Gruppe gründet oder leitet, welche die Begehung von Handlungen nach den vorstehenden Absätzen zum Ziel hat, wird mit Freiheitsentziehung von einem bis zu sechs Jahren und gesellschaftlichem Tadel bestraft.

(4) Wer Mitglied in einer solchen Organisation oder Gruppe ist, wird mit Freiheitsentziehung bis zu drei Jahren und gesellschaftlichem Tadel bestraft.

Art. 163. (1) Personen, die an einer Rotte teilnehmen, die sich zum Überfall von Bevölkerungsgruppen, einzelnen Bürgern oder deren Vermögen wegen ihrer nationalen oder rassischen Zugehörigkeit versammelt hat, werden bestraft:

1. die Anstifter und Anführer mit Freiheitsentziehung bis zu fünf Jahren;
2. alle anderen mit Freiheitsentziehung bis zu einem Jahr oder Besserungsarbeit.

(2) Ist die Rotte oder sind irgendwelche Mitglieder bewaffnet, so ist die Strafe:

1. bei den Anstiftern und Anführern Freiheitsentziehung von einem bis zu sechs Jahren;
2. bei allen anderen Freiheitsentziehung bis zu drei Jahren.

(3) Wurde ein Überfall begangen und hat dieser eine schwere Körperverletzung oder den Tod eines Menschen zur Folge gehabt, so werden die Anstifter und Anführer mit Freiheitsentziehung von drei bis zu fünfzehn Jahren, alle übrigen mit Freiheitsentziehung bis zu fünf Jahren bestraft, falls sie keine schwerere Strafe verwirkt haben.

ABSCHNITT II.

Straftaten gegen die Glaubensbekenntnisse

Art. 164. Wer durch Wort, Druckerzeugnisse, eine Handlung oder in anderer Weise Haß auf religiöser Grundlage propagiert, wird mit Freiheitsentziehung bis zu drei Jahren oder Besserungsarbeit bestraft.

Art. 165. (1) Wer mit Gewalt oder Drohung Bürger daran hindert, ihren Glauben frei auszuüben oder ihre religiösen Riten und Dienste zu vollziehen, durch welche die Gesetze des Landes, die Gesellschaftsordnung und die Regeln des sozialistischen Gemeinschaftslebens nicht verletzt werden, wird mit Freiheitsentziehung bis zu einem Jahr bestraft.

(2) Die gleiche Strafe trifft denjenigen, der in gleicher Weise jemanden nötigt, an religiösen Riten oder Diensten teilzunehmen.

(3) Auf Handlungen nach Art. 163, die gegen Bevölkerungsgruppen, einzelne Bürger oder deren Vermögen wegen ihrer Religions-

zugehörigkeit begangen werden, finden die dort vorgesehenen Strafen Anwendung.

Art. 166. Wer eine politische Organisation auf religiöser Grundlage bildet, oder wer durch Wort, Druckerzeugnisse, eine Handlung oder in anderer Weise die Kirchen oder Religionen zur Propaganda gegen die Volksmacht oder ihre Maßnahmen benutzt, wird mit Freiheitsentziehung bis zu drei Jahren bestraft, wenn er keine schwerere Strafe verwirkt hat.

ABSCHNITT III.

Straftaten gegen das Wahlrecht

Art. 167. Wer durch Gewalt, Täuschung, Drohung oder auf andere ungesetzliche Weise jemanden an der freien Ausübung des Rechtes, zu wählen oder gewählt zu werden, hindert, wird mit Freiheitsentziehung bis zu drei Jahren oder Besserungsarbeit bestraft.

Art. 168. Wer das Wahlrecht ausübt, ohne ein solches zu haben, wird mit Besserungsarbeit bis zu sechs Monaten oder Geldstrafe bis zu einhundert Lewa bestraft.

Art. 169. Eine Amtsperson oder ein Angehöriger einer Wahlkommission, die das Wahlgeheimnis verletzen oder in irgendeiner Weise ein Wahlergebnis fälschen, werden mit Freiheitsentziehung bis zu drei Jahren oder Besserungsarbeit bestraft.

ABSCHNITT IV.

Straftaten gegen die Unantastbarkeit der Wohnung

Art. 170. (1) Wer in eine fremde Wohnung unter Anwendung von Gewalt, Drohung, List, Fertigkeit, Mißbrauch von Macht oder speziellen technischen Mitteln eindringt, wird mit Freiheitsentziehung bis zu einem Jahr oder Besserungsarbeit bis zu sechs Monaten bestraft.

(2) Wird die Handlung nach dem vorstehenden Absatz in der Nachtzeit, von einer bewaffneten Person oder von zwei oder mehr Personen begangen, so ist die Strafe Freiheitsentziehung bis zu drei Jahren.

(3) Wer rechtswidrig in einer fremden Wohnung verbleibt, entgegen der ausdrücklichen Aufforderung sie zu verlassen, wird mit Besserungsarbeit bis zu sechs Monaten oder Geldstrafe bis zu fünfzig Lewa bestraft.

ABSCHNITT V.

Straftaten gegen die Unverletzlichkeit des Schriftverkehrs

Art. 171. (1) Wer rechtswidrig:

1. einen fremden Brief, ein Telegramm, ein versiegeltes Schriftstück, ein Paket oder dergleichen öffnet, fälscht, verheimlicht oder vernichtet;
2. einen fremden, wenn auch offenen Brief oder ein Telegramm in der Absicht an sich nimmt, von dessen Inhalt Kenntnis zu nehmen, oder in der gleichen Absicht einen fremden Brief oder ein Telegramm einem anderen übergibt,

wird mit Freiheitsentziehung bis zu einem Jahr bestraft oder Geldstrafe bis zu zweihundert Lewa.

(2) Wird die Tat von einer Amtsperson unter Ausnutzung ihrer Dienststellung begangen, so ist die Strafe Freiheitsentziehung bis zu zwei Jahren, wobei das Gericht auch die Aberkennung eines Rechts nach Art. 37 Ziff. 6 anordnen kann.

(3) Wer unter Ausnutzung von speziellen technischen Mitteln rechtswidrig Kenntnis von einer nicht an ihn adressierten Mitteilung nimmt, die über das Telephon, den Telegraphen oder ein anderes Fernmeldemittel übergeben wird, wird mit Freiheitsentziehung bis zu zwei Jahren bestraft.

ABSCHNITT VI.

Straftaten gegen die Arbeitsrechte der Bürger

Art. 172. Eine Amtsperson, die eine rechtskräftige Entscheidung über die Wiedereinstellung eines nicht ordnungsgemäß entlassenen Arbeiters oder Angestellten nicht vollzieht, wird mit Besserungsarbeit oder Geldstrafe bis zu dreihundert Lewa sowie auch mit gesellschaftlichem Tadel bestraft.

ABSCHNITT VII.

Plagiat

Art. 173. (1) Wer unter seinem eigenen Namen oder unter einem Pseudonym ein fremdes wissenschaftliches, literarisches oder künstlerisches Werk oder einen bedeutenden Teil eines solchen Werkes herausgibt oder nutzt, wird mit Freiheitsentziehung bis zu zwei Jahren oder Geldstrafe bis zu eintausend Lewa sowie auch mit gesellschaftlichem Tadel bestraft.

(2) Ebenso wird bestraft, wer eine fremde Erfindung oder Rationalisierung oder ein fremdes Industriemuster im eigenen Namen zur Registrierung vorlegt oder registriert.

Art. 174. Wer unter Mißbrauch seiner Dienststellung sich als Miturheber einer Erfindung oder Rationalisierung oder eines Industriemusters oder eines wissenschaftlichen, literarischen oder künstlerischen Werkes einschließt, ohne an der schöpferischen Arbeit bei der Herstellung Anteil gehabt zu haben, wird mit Freiheitsentziehung bis zu zwei Jahren oder Geldstrafe bis zu eintausend Lewa sowie auch mit gesellschaftlichem Tadel bestraft.

Sondervorschrift

Art. 175. Bei Straftaten nach Art. 170 Abs. I und II und 171 Abs. I wird die Strafverfolgung auf Klage des Geschädigten eingeleitet.

VIERTES KAPITEL

Straftaten gegen die Ehe, die Familie und die Jugend

ABSCHNITT I.

Straftaten gegen die Ehe und die Familie

Art. 176. (1) Wer bei Eingehung der Ehe dem Standesbeamten wissentlich ein gesetzliches Ehehindernis verschweigt, wird mit Freiheitsentziehung bis zu zwei Jahren bestraft.

(2) Ein Standesbeamter, der eine Eheschließung vornimmt, obwohl er weiß, daß ein gesetzliches Ehehindernis vorliegt, wird mit Freiheitsentziehung bis zu drei Jahren bestraft, das Gericht kann dabei auch die Aberkennung eines Rechts nach Art. 37 Ziff. 6 anordnen.

(3) Ein Religionsdiener, der eine religiöse Trauungszeremonie vornimmt, ohne daß vorher die Ehe auf vorschriftsmäßige Weise geschlossen wurde, wird mit Freiheitsentziehung bis zu einem Jahr und gesellschaftlichem Tadel bestraft.

Art. 177. (1) Wer auf gewaltsame Weise jemanden zur Eingehung der Ehe bestimmt, wird, wenn deswegen die Ehe für ungültig erklärt wird, mit Freiheitsentziehung bis zu drei Jahren bestraft.

(2) Wer eine Person weiblichen Geschlechts entführt mit dem Ziel, sie zur Eingehung der Ehe zu nötigen, wird mit Freiheitsentziehung bis zu drei Jahren bestraft; ist das Opfer nicht volljährig, so ist die Strafe Freiheitsentziehung bis zu fünf Jahren.

Art. 178. (1) Ein Elternteil oder ein anderer Verwandter, der für die Erlaubnis zur Eingehung der Ehe seiner Tochter oder Verwandten ein Kaufgeld annimmt, wird mit Freiheitsentziehung bis zu einem Jahr oder Geldstrafe bis zu fünfhundert Lewa sowie auch mit gesellschaftlichem Tadel bestraft.

(2) Die gleiche Strafe trifft denjenigen, der ein solches Lösegeld gibt, oder wer beim Geben oder beim Empfang vermittelt.

Art. 179. (1) Wer während des Bestehens einer rechtmäßigen Ehe eine andere eingeht, wird wegen Mehrehe mit Freiheitsentziehung bis zu drei Jahren bestraft.

(2) Die gleiche Strafe trifft denjenigen, der mit einer Person eine Ehe schließt, von der er weiß, daß sie sich in einer rechtmäßigen Ehe befindet.

(3) Wird die erste Ehe für ungültig erklärt oder aus anderen Gründen aufgelöst, so ist die Strafe Freiheitsentziehung bis zu einem Jahr oder Besserungsarbeit.

Art. 180. (1) Ein Ehegatte, der seine Familie verläßt und mit einer anderen Person wie ein Ehegatte zusammenlebt, wird mit Besserungsarbeit oder Geldstrafe bis zu dreihundert Lewa sowie auch mit gesellschaftlichem Tadel bestraft.

(2) In schweren Fällen oder bei Wiederholung ist die Strafe Freiheitsentziehung bis zu einem Jahr und gesellschaftlicher Tadel.

(3) Ebenso wird die Person bestraft, mit der der Ehegatte zusammengelebt hat.

Art. 181. Wer gegenüber dem Ehegatten, einem Verwandten aufsteigender oder absteigender Linie, der unfähig ist, für sich selbst zu sorgen, seine Verpflichtung verletzt und ihn dadurch in ernste Schwierigkeiten versetzt, wird, wenn die Handlung keine schwerere Straftat darstellt, mit Besserungsarbeit sowie auch mit gesellschaftlichem Tadel bestraft.

Art. 182. Ein Elternteil oder ein Vormund, welcher die unter seine elterliche Fürsorge oder Vormundschaft gestellte Person ohne Aufsicht und genügende Fürsorge läßt und dadurch ihre körperliche, geistige oder moralische Entwicklung in Gefahr bringt, wird mit Freiheitsentziehung bis zu einem Jahr oder Besserungsarbeit sowie auch mit gesellschaftlichem Tadel bestraft.

Art. 183. (1) Wer zum Unterhalt seines Ehegatten, eines Verwandten aufsteigender oder absteigender Linie, seines Bruders oder seiner Schwester verurteilt ist und wissentlich seiner Verpflichtung in Höhe von zwei oder mehr Monatsraten nicht nachkommt, wird mit

Besserungsarbeit oder mit Zwangsaufenthalt bis zu einem Jahr bestraft.

(2) Die gleiche Strafe trifft denjenigen, der absichtlich seine Unfähigkeit, Unterhalt zu leisten herbeiführt, sei es durch Übertragung seines Vermögens, sei es durch Nichtausübung seiner Rechte oder auf andere Weise.

(3) Der Täter wird nicht bestraft, wenn er vor Erlaß des Urteils erster Instanz seine Verpflichtungen erfüllt und andere Schadensfolgen für den Verletzten nicht eingetreten sind. Diese Vorschrift wird nicht wiederholt angewandt.

(4) Wird die Handlung nach Abs. I und II wiederholt begangen, so ist die Strafe Freiheitsentziehung bis zu zwei Jahren oder Zwangsaufenthalt sowie auch gesellschaftlicher Tadel.

Art. 184. (1) Wer vorsätzlich ein Kleinkind vertauscht, versteckt oder unterschiebt, oder wer auf andere Weise den Personenstand eines anderen verheimlicht oder vertauscht, wird mit Freiheitsentziehung bis zu zwei Jahren bestraft.

(2) Wurde die Tat in eigennütziger Absicht begangen, so ist die Strafe Freiheitsentziehung bis zu drei Jahren und Geldstrafe bis zu fünfhundert Lewa.

Art. 185. (1) Wer eigenmächtig ein fremdes Kind, das noch nicht 14 Jahre alt ist, aufnimmt oder bei sich behält und dies nicht unverzüglich den Behörden mitteilt oder es nicht seinen Eltern oder seinem Vormund zurückgibt, wird mit Freiheitsentziehung bis zu einem Jahr bestraft.

(2) Geschah dies durch Gewalt, Drohung oder Betrug, oder in der Absicht, das Kind zu eigennützigen oder unsittlichen Zwecken zu gebrauchen, so ist die Strafe Freiheitsentziehung bis zu drei Jahren und Geldstrafe bis zu zweihundert Lewa.

Art. 186. Wer ein Findelkind oder ein verirrtes Kind unter sieben Jahren aufnimmt und dies nicht unverzüglich den Behörden, dessen Eltern oder dessen Vormund meldet, wird mit Freiheitsentziehung bis zu drei Monaten oder Besserungsarbeit bis zu sechs Monaten bestraft.

ABSCHNITT II.

Straftaten gegen die Jugend

Art. 187. Wer einen Minderjährigen oder Nichtvolljährigen, der sich in seiner Fürsorge befindet oder mit dessen Erziehung er beauftragt ist, mißhandelt, wird, wenn die Handlung keine schwerere Straftat darstellt, mit Freiheitsentziehung bis zu einem Jahr oder Besserungsarbeit sowie auch mit gesellschaftlichem Tadel bestraft.

Art. 188. (1) Wer einen Minderjährigen oder Nichtvolljährigen zur Begehung einer Straftat oder zur Prostitution nötigt, wird mit Freiheitsentziehung bis zu fünf Jahren und mit gesellschaftlichem Tadel bestraft.

(2) Sind deswegen schädliche Folgen für die körperliche, geistige oder moralische Entwicklung des Opfers eingetreten, so ist die Strafe, wenn die Handlnug keine schwerere Straftat darstellt, Freiheitsentziehung von einem bis zu sechs Jahren und gesellschaftlicher Tadel.

Art. 189. (1) Wer eine Person, die sich in seiner Fürsorge befindet, systematisch zur Bettelei ausnutzt, wird mit Freiheitsentziehung bis zu einem Jahr oder mit Geldstrafe bis zu zweihundet Lewa bestraft.

(2) Ist der Täter ein Elternteil oder Vormund des Opfers, so ist die Strafe Freiheitsentziehung bis zu zwei Jahren oder Besserungsarbeit sowie auch gesellschaftlicher Tadel.

Art. 190. Wer sein Kind, welches das 16. Lebensjahr noch nicht vollendet hat, unter Mißbrauch der elterlichen Gewalt nötigt, wie ein Ehegatte mit einem Dritten zusammenzuleben, wird mit Freiheitsentziehung bis zu drei Jahren oder Besserungsarbeit sowie auch mit gesellschaftlichem Tadel bestraft.

Art. 191. (1) Wer mit einer Person weiblichen Geschlechts, die das 16. Lebensjahr noch nicht vollendet hat, ohne Eheschließung wie ein Ehegatte zusammenlebt, wird mit Freiheitsentziehung bis zu zwei Jahren oder Besserungsarbeit sowie auch mit gesellschaftlichem Tadel bestraft.

(2) Wird die Handlung nach dem vorstehenden Absatz mit einer Person begangen, die das 14. Lebensjahr noch nicht vollendet hat, so ist die Strafe Freiheitsentziehung von zwei bis zu fünf Jahren.

(3) Die Strafe für eine Straftat nach Abs. I wird nicht verhängt und eine verhängte Strafe nicht vollstreckt, wenn es vor der Vollstreckung des Urteils zwischen dem Mann und der Frau zur Ehe kommt.

Art. 192. Ein Elternteil oder ein anderer Verwandter, der ein Lösegeld annimmt für die Erlaubnis, daß seine Tochter oder Verwandte, die das 16. Lebensjahr noch nicht vollendet hat, mit einem anderen wie ein Ehegatte zusammenlebt, wird mit Freiheitsentziehung bis zu zwei Jahren oder Geldstrafe bis zu fünfhundert Lewa sowie auch mit gesellschaftlichem Tadel bestraft.

Art. 193. (1) Wer eine Person, die das 16. Lebensjahr noch nicht vollendet hat oder einen Unzurechnungsfähigen mit alkoholischen

Getränken betrunken macht, wird mit Besserungsarbeit oder Geldstrafe bis zu einhundert Lewa bestraft.

(2) Wer an eine Person, die das 16. Lebensjahr noch nicht vollendet hat oder an einen Unzurechnungsfähigen alkoholische Getränke zum persönlichen Gebrauch verkauft, wird mit Geldstrafe bis zu zweihundert Lewa und gesellschaftlichem Tadel bestraft; begeht er dies systematisch, so ist die Strafe Freiheitsentziehung bis zu sechs Monaten und gesellschaftlicher Tadel.

FÜNFTES KAPITEL

Straftaten gegen das sozialistische Eigentum

ABSCHNITT I.

Diebstahl

Art. 194. (1) Wer eine staatliche, genossenschaftliche oder andere gesellschaftliche bewegliche Sache aus dem Besitz eines anderen ohne dessen Einwilligung wegnimmt in der Absicht, sie sich rechtswidrig zuzueignen, wird wegen Diebstahls mit Freiheitsentziehung bis zu acht Jahren bestraft.

(2) Diebstahl liegt auch vor, wenn ein Teil der Sache dem Schuldigen gehört.

(3) In unbedeutenden Fällen ist die Strafe Freiheitsentziehung bis zu einem Jahr oder Besserungsarbeit oder Geldstrafe bis zu zweihundert Lewa.

Art. 195. (1) Diebstahl von staatlichem, genossenschaftlichem oder anderem gesellschaftlichen Vermögen wird mit Freiheitsentziehung von einem bis zu zehn Jahren bestraft:

1. wenn er während eines Brandes, einer Überschwemmung, eines Schiffsbruchs, einer Katastrophe, eines Krieges oder eines anderen allgemeinen Notstandes begangen wird;
2. wenn die gestohlene Sache nicht unter dauernder Aufsicht steht, wie landwirtschaftliche Erzeugnisse, Maschinen, Vieh u. a., die auf dem Feld gelassen werden;
3. wenn er unter Zerstörung, Beschädigung oder Untergrabung von fest eingerichteten Abgrenzungen zum Schutze von Personen oder Vermögen begangen wird;
4. wenn bei der Begehung des Diebstahls spezielle technische Mittel oder Methoden benutzt werden;

5. wenn er von zwei oder mehr Personen begangen wird, die vorher seine Durchführung verabredet haben, falls nicht ein unbedeutender Fall vorliegt;
6. wenn der Diebstahl von einer Amtsperson unter Ausnutzung ihrer Dienststellung begangen wird, und
7. in nicht unbedeutenden Fällen bei wiederholter Begehung.

(2) Bei Diebstahl von staatlichem, genossenschaftlichem oder anderem gesellschaftlichen Vermögen in großem Ausmaß, ist die Strafe Freiheitsentziehung von drei bis zu fünfzehn Jahren, wobei das Gericht Vermögenseinziehung bis zur Hälfte des Vermögens des Schuldigen anordnen kann.

(3) In unbedeutenden Fällen nach Abs. I Ziff. 2 und 6 ist die Strafe Freiheitsentziehung bis zu einem Jahr oder Besserungsarbeit oder Geldstrafe bis zu zweihundert Lewa.

(4) Die Vorbereitung eines Diebstahls nach Abs. I Ziff. 3 und 4 wird mit Freiheitsentziehung bis zu einem Jahr oder Besserungsarbeit bestraft.

Art. 196. (1) Bei Diebstahl von staatlichem, genossenschaftlichem oder anderem gesellschaftlichem Vermögen, der einen gefährlichen Rückfall darstellt, ist die Strafe:

1. in den Fällen des Art. 194 Abs. I Freiheitsentziehung von zwei bis zu zehn Jahren;
2. in den Fällen des Art. 195 Abs. I und II Freiheitsentziehung von drei bis zu fünfzehn Jahren.

(2) Das Gericht kann Vermögenseinziehung bis zur Hälfte des Vermögens des Schuldigen und Zwangsaufenthalt bis zu fünf Jahren anordnen.

Art. 197. Wird bis zum Abschluß des erstinstanzlichen gerichtlichen Verfahrens die gestohlene Sache zurückgegeben oder ersetzt, so ist die Strafe:

1. in den Fällen des Art. 194 Abs. I Freiheitsentziehung bis zu fünf Jahren;
2. in den Fällen des Art. 194 Abs. III und Art. 195 Abs. III Besserungsarbeit oder Geldstrafe bis zu einhundert Lewa;
3. in den Fällen des Art. 195 Abs. I Ziff. 2 und 6 Freiheitsentziehung bis zu acht Jahren;
4. in den Fällen des Art. 195 Abs. II Freiheitsentziehung bis zu zehn Jahren.

ABSCHNITT II.

Raub

Art. 198. (1) Wer unter Anwendung von Gewalt oder Drohung eine staatliche, genossenschaftliche oder andere gesellschaftliche Sache aus dem Besitz eines anderen wegnimmt in der Absicht, sie sich rechtswidrig zuzueignen, wird wegen Raubes mit Freiheitsentziehung von drei bis zu zehn Jahren bestraft.

(2) Unter Drohung ist die Bedrohung mit einer unmittelbaren Handlung zu verstehen, die das Leben, die Gesundheit, die Ehre oder das Vermögen des Bedrohten oder irgendeiner anderen anwesenden Person einer schweren Gefahr aussetzt.

(3) Raub ist auch jeder Diebstahl, bei dem der am Ort der Straftat Betroffene Gewalt oder Drohung anwendet, um sich den Besitz der gestohlenen Sache zu erhalten.

(4) Raub liegt auch vor, wenn zur Wegnahme der Sache die Person in Bewußtlosigkeit oder in einen wehrlosen Zustand versetzt wurde.

Art. 199. (1) Raub von staatlichen, genossenschaftlichen oder anderen gesellschaftlichen Sachen:

1. in großem Ausmaß;
2. von zwei oder mehr Personen begangen, welche die Begehung eines Diebstahls oder Raubs vorher verabredet haben;
3. verbunden mit einer schweren oder mittelschweren Körperverletzung;
4. der einen gefährlichen Rückfall darstellt,

wird mit Freiheitsentziehung von fünf bis zu fünfzehn Jahren bestraft, wobei das Gericht auch Vermögenseinziehung bis zur Hälfte des Vermögens des Schuldigen und in den Fällen der Ziff. 4 auch Zwangsaufenthalt bis zu fünf Jahren anordnen kann.

(2) Raub einer staatlichen, genossenschaftlichen oder anderen gesellschaftlichen beweglichen Sache:

1. verbunden mit einer schweren oder mittelschweren Körperverletzung, die den Tod zur Folge gehabt hat, oder
2. verbunden mit Tötung oder Tötungsversuch,

wird mit Freiheitsentziehung von fünfzehn bis zu zwanzig Jahren oder mit dem Tode bestraft. Das Gericht kann auch Vermögenseinziehung bis zur Hälfte des Vermögens des Schuldigen anordnen.

Art. 200. Die Vorbereitung zum Raub wird in den Fällen des Art. 198 mit Freiheitsentziehung bis zu zwei Jahren, in den Fällen des Art. 199 mit Freiheitsentziehung bis zu drei Jahren bestraft.

ABSCHNITT III.

Unterschlagung

Art. 201. Eine Amtsperson, die gesellschaftliche oder private Gelder, Sachen oder andere Werte, die ihr in ihrer Eigenschaft als Amtsperson übergeben oder in Gewahrsam oder zur Verwaltung anvertraut wurden, sich zueignet, wird wegen Unterschlagung im Amt mit Freiheitsentziehung bis zu acht Jahren bestraft.

Art. 202. (1) Unterschlagung im Amt wird mit Freiheitsentziehung von einem bis zu zehn Jahren bestraft:

1. wenn zur Erleichterung ihrer Begehung noch eine andere Straftat begangen wird, für die vom Gesetz keine schwerere Strafe vorgesehen ist;
2. wenn sie von zwei oder mehr Personen begangen wird, die sich vorher verabredet haben.

(2) Unterschlagung im Amt wird mit Freiheitsentziehung von drei bis zu fünfzehn Jahren bestraft:

1. wenn sie großes Ausmaß hat;
2. wenn sie einen gefährlichen Rückfall darstellt.

(3) In den Fällen der vorstehenden Absätze erkennt das Gericht dem Schuldigen die Rechte nach Art. 37 Ziff. 6 und 7 ab; es kann ihm auch das Recht nach Art. 37 Ziff. 8 aberkennen. Das Gericht kann auch Vermögenseinziehung anordnen: nach Abs. I bis zur Hälfte, nach Abs. II eines Teils oder des ganzen Vermögens des Schuldigen.

Art. 203. (1) Unterschlagung im Amt in besonders hohem Ausmaß, die einen besonders schweren Fall darstellt, wird mit Freiheitsentziehung von zehn bis zu zwanzig Jahren bestraft.

(2) Das Gericht ordnet die Einziehung eines Teils oder des ganzen Vermögens des Schuldigen an und erkennt ihm die Rechte nach Art. 37 Ziff. 6, 7 und 8 ab.

Art. 204. In unbedeutenden Fällen von Unterschlagung im Amt ist die Strafe:

a) nach Art. 201 Freiheitsentziehung bis zu einem Jahr oder Besserungsarbeit oder Geldstrafe bis zu zweihundert Lewa;
b) nach Art. 202 Abs. I Freiheitsentziehung bis zu zwei Jahren oder Besserungsarbeit.

Art. 205. (1) Werden die unterschlagenen Gelder, Sachen oder anderen Werte vor Abschluß des erstinstanzlichen Verfahrens zurückgegeben oder ersetzt, so ist die Strafe:

1. in den Fällen des Art. 201 Freiheitsentziehung bis zu drei Jahren oder Besserungsarbeit;
2. in den Fällen des Art. 202 Abs. I Freiheitsentziehung bis zu sechs Jahren;
3. in den Fällen des Art. 202 Abs. II Freiheitsentziehung von drei bis zu zehn Jahren;
4. in den Fällen des Art. 203 Freiheitsentziehung von fünf bis zu zwölf Jahren;
5. in den Fällen des Art. 204 Buchstabe „a“ Besserungsarbeit oder Geldstrafe bis zu einhundert Lewa;
6. in den Fällen des Art. 204 Buchstabe „b“ Freiheitsentziehung bis zu sechs Monaten oder Besserungsarbeit.

(2) In den Fällen der Ziff. 2, 3 und 4 des vorstehenden Absatzes ordnet das Gericht auch die Aberkennung der Rechte nach Art. 37 Ziff. 6 und 7 an.

Art. 206. (1) Wer eine staatliche, genossenschaftliche oder andere gesellschaftliche bewegliche Sache, die er in Besitz oder Gewahrsam hat, sich rechtswidrig zueignet, wird wegen Unterschlagung mit Freiheitsentziehung bis zu fünf Jahren bestraft.

(2) Unterschlagung liegt auch vor, wenn ein Teil der Sache dem Täter gehört.

(3) In unbedeutenden Fällen ist die Strafe Freiheitsentziehung bis zu einem Jahr oder Besserungsarbeit oder Geldstrafe bis zu zweihundert Lewa.

(4) Wird die Sache vor Abschluß des erstinstanzlichen gerichtlichen Verfahrens zurückgegeben oder ersetzt, so ist die Strafe:
1. nach Abs. I Freiheitsentziehung bis zu einem Jahr oder Besserungsarbeit;
2. nach Abs. III Besserungsarbeit oder Geldstrafe bis zu fünfzig Lewa.

Art. 207. (1) Wer eine staatliche, genossenschaftliche oder andere gesellschaftliche Sache findet, und dies nicht innerhalb einer Woche der Macht oder demjenigen, der sie verloren hat, meldet, wird mit Besserungsarbeit oder Geldstrafe bis zu fünfzig Lewa bestraft.

(2) Ebenso wird bestraft, wer sich rechtswidrig eine staatliche, genossenschaftliche oder andere gesellschaftliche Sache zueignet, die ihm durch Zufall oder Irrtum in die Hände gefallen ist.

Art. 208. (1) Wer einen Schatz entdeckt und innerhalb einer Woche nicht der Macht meldet, wird mit Besserungsarbeit oder Geldstrafe bis zu zweihundert Lewa bestraft.

(2) Stellt der Schatz einen wertvollen historischen Fund dar, so ist die Strafe Freiheitsentziehung bis zu zwei Jahren und Geldstrafe bis zu eintausend Lewa.

ABSCHNITT IV.

Betrug

Art. 209. (1) Wer in der Absicht, sich oder einem Dritten einen Vermögensvorteil zu verschaffen, den Irrtum eines anderen erregt oder unterhält und dadurch dem Staat, einer Genossenschaft, einer gesellschaftlichen Organisation oder einer anderen juristischen Person einen Vermögensschaden zufügt, wird wegen Betrugs mit Freiheitsentziehung bis zu fünf Jahren bestraft.

(2) Wer in der gleichen Absicht den Irrtum, die Unerfahrenheit oder Unkenntnis eines anderen ausnützt und dadurch dem Staat, einer Genossenschaft, einer gesellschaftlichen Organisation oder einer anderen juristischen Person einen Vermögensschaden zufügt, wird mit Freiheitsentziehung bis zu drei Jahren bestraft.

(3) In unbedeutenden Fällen der vorstehenden Absätze ist die Strafe Freiheitsentziehung bis zu einem Jahr oder Besserungsarbeit.

Art. 210. Betrug wird mit Freiheitsentziehung von einem bis zu acht Jahren bestraft:

1. wenn der Täter sich als Amtsperson ausgegeben hat oder als Person, die im Auftrag der Macht handelt;
2. wenn er von zwei oder mehr Personen begangen wird, die seine Begehung vorher verabredet haben;
3. wenn der Betrug durch eine Amtsperson oder einen Bevollmächtigten im Rahmen ihres Amtes oder ihrer Vollmacht begangen wird;
4. wenn er wiederholt in nicht unbedeutenden Fällen begangen wird.

Art. 211. Stellt der Betrug nach Art. 209 Abs. I und II und nach Art. 210 einen gefährlichen Rückfall dar, so ist die Strafe Freiheitsentziehung von drei bis zu zehn Jahren. Das Gericht kann auch Zwangsaufenthalt anordnen.

Art. 212. (1) Wer unter Benutzung einer Urkunde mit unwahrem Inhalt oder einer unechten oder verfälschten Urkunde ohne rechtliche Grundlage staatliches, genossenschaftliches oder anderes gesellschaftliches Vermögen in der Absicht erlangt, es sich zuzueignen, wird mit Freiheitsentziehung bis zu acht Jahren bestraft.

(2) Die Strafe nach dem vorstehenden Absatz trifft auch denjenigen, der durch Herstellung einer Urkunde mit unwahrem Inhalt oder einer unechten oder verfälschten Urkunde einem anderen wissentlich die Möglichkeit gibt, ohne rechtliche Grundlage ein solches Vermögen zu erlangen.

(3) Hat das Vermögen nach den vorstehenden Absätzen großes Ausmaß, so ist die Strafe Freiheitsentziehung bis zu fünfzehn Jahren.

(4) In unbedeutenden Fällen nach Abs. I und II ist die Strafe Freiheitsentziehung bis zu zwei Jahren oder Besserungsarbeit.

(5) Wird das erlangte Vermögen vor Abschluß des erstinstanzlichen gerichtlichen Verfahrens zurückgegeben oder ersetzt, so ist die Strafe:

1. nach Abs. I und II Freiheitsentziehung bis zu zwei Jahren oder Besserungsarbeit;
2. nach Abs. III Freiheitsentziehung bis zu acht Jahren;
3. nach Abs. IV Besserungsarbeit oder Geldstrafe bis zu zweihundert Lewa.

(6) In den Fällen der Abs. I, II und III kann das Gericht die Aberkennung des Rechts nach Art. 37 Ziff. 6 anordnen.

Art. 213. Wer sein versichertes Vermögen in betrügerischer Absicht zerstört, beschädigt oder vernichtet, wird mit Freiheitsentziehung bis zu drei Jahren und Geldstrafe bis zu dreihundert Lewa bestraft.

ABSCHNITT V.

Erpressung

Art. 214. (1) Wer in der Absicht, sich oder einem Dritten einen Vermögensvorteil zu verschaffen, einen anderen durch Gewalt oder Drohung nötigt, etwas gegen seinen Willen zu tun, zu unterlassen oder zu dulden und dadurch dem Staat, einer Genossenschaft, einer gesellschaftlichen Organisation oder einer anderen juristischen Person einen Vermögensschaden zufügt, wird wegen Erpressung mit Freiheitsentziehung bis zu fünf Jahren bestraft.

(2) Ist der zugefügte Schaden bedeutend, so ist die Strafe Freiheitsentziehung von einem bis zu acht Jahren.

ABSCHNITT VI.

Sachhehlerei

Art. 215. (1) Wer in der Absicht, sich einen Vermögensvorteil zu verschaffen, staatliche, genossenschaftliche oder andere gesellschaftliche Sachen, von denen er weiß oder annimmt, daß sie von einem anderen durch eine Straftat erlangt sind, verheimlicht, erwirbt oder bei ihrer Veräußerung mithilft, wird mit Freiheitsentziehung bis zu drei Jahren, jedoch nicht mit einer schwereren Strafe bestraft, als für die Straftat selbst vorgesehen ist.

(2) Wird die Hehlerei wiederholt begangen, so ist die Strafe Freiheitsentziehung bis zu fünf Jahren. Das Gericht kann die Aberkennung des Rechts nach Art. 37 Ziff. 8 anordnen.

ABSCHNITT VII.

Vermögensvernichtung und -beschädigung

Art. 216. (1) Die Vernichtung oder Beschädigung einer staatlichen, genossenschaftlichen oder anderen gesellschaftlichen Sache wird mit Freiheitsentziehung bis zu fünf Jahren bestraft.

(2) In unbedeutenden Fällen ist die Strafe Freiheitsentziehung bis zu sechs Monaten oder Geldstrafe bis zu zweihundert Lewa.

(3) Wird ein bedeutender Schaden zugefügt oder sind andere schwere Folgen eingetreten, so ist die Strafe Freiheitsentziehung bis zu zehn Jahren, wobei das Gericht auch die Aberkennung eines Rechts nach Art. 37 Ziff. 6 und 7 anordnen kann.

(4) Wird eine Handlung nach Abs. I und III fahrlässig begangen, so ist die Strafe Freiheitsentziehung bis zu zwei Jahren oder Geldstrafe bis zu dreihundert Lewa.

ABSCHNITT VIII.

Straftaten gegen das staatliche oder gesellschaftliche Eigentum anderer sozialistischer Staaten

Art. 217. Strafen, die für die Straftaten nach diesem Kapitel vorgesehen sind, treffen auch denjenigen, der eine dieser Straftaten gegen das Vermögen begeht, das einem anderen sozialistischen Staat oder einer genossenschaftlichen oder anderen gesellschaftlichen Organisation in einem solchen Staat gehört.

Sondervorschrift

Art. 218. Die Vorschriften dieses Kapitels finden auch dann Anwendung, wenn der Gegenstand der Straftat persönliches Vermögen ist, das einer staatlichen, genossenschaftlichen oder anderen gesellschaftlichen Organisation zur Verwahrung, zur Beförderung oder zur Verwaltung anvertraut oder übergeben ist.

SECHSTES KAPITEL

Straftaten gegen die sozialistische Wirtschaft

ABSCHNITT I.

Allgemeine Wirtschaftsstraftaten

Art. 219. (1) Eine Amtsperson, die bei der Leitung, Verwaltung, Bewirtschaftung oder Erhaltung des ihr anvertrauten Vermögens oder der ihr aufgetragenen Arbeit nicht genügend Sorgfalt anwendet und hierdurch einen schweren Schaden, die Vernichtung oder die Verschwendung des Vermögens oder andere bedeutende Schäden für das Unternehmen oder die Volkswirtschaft verursacht, wird mit Freiheitsentziehung bis zu drei Jahren oder Besserungsarbeit bestraft.

(2) Wer entgegen seinen Pflichten keine ausreichende Kontrolle über die Arbeit von Personen ausgeübt hat, die mit der Verwaltung, Verfügung oder Rechnungsführung über gesellschaftliches Vermögen beauftragt sind, wird, wenn deswegen bedeutende Schäden für die Volkswirtschaft eingetreten sind, mit Freiheitsentziehung bis zu drei Jahren oder Besserungsarbeit bestraft.

(3) Wird die Handlung nach den vorstehenden Absätzen vorsätzlich begangen und enthält sie nicht die Merkmale einer schwereren Straftat, so ist die Strafe Freiheitsentziehung bis zu acht Jahren, wobei das Gericht die Aberkennung des Rechts nach Art. 37 Ziff. 6 anordnen kann.

Art. 220. Eine Amtsperson, die wissentlich ein nachteiliges Geschäft abschließt, woraus der Volkswirtschaft oder der Behörde, dem Unternehmen oder der Organisation, die sie vertritt, bedeutender Schaden entsteht, wird mit Freiheitsentziehung bis zu fünf Jahren bestraft, wobei das Gericht auch die Aberkennung des Rechts nach Art. 37 Ziff. 6 anordnen kann.

Art. 221. Eine Amtsperson, die öffentliche Mittel (Geld, Materialien, Arbeit u. a.) für Zwecke verwendet, für die sie nicht bestimmt sind oder nicht vorschriftsmäßig bewilligt sind, wird in nicht unbedeutenden Fällen mit Freiheitsentziehung bis zu einem Jahr oder Besserungsarbeit oder Geldstrafe bis zu dreihundert Lewa bestraft.

Art. 222. (1) Eine Amtsperson, die in der Absicht, sich oder einem anderen einen Vermögensvorteil zu verschaffen, unwahre Ausgangsdaten oder Kalkulationen, die bei der Erstellung eines Wirtschaftsplanes zugrunde gelegt wurden, angibt oder zuläßt, daß sie angegeben werden, wird mit Freiheitsentziehung bis zu drei Jahren oder Besserungsarbeit bestraft.

(2) Das vom Täter durch eine Straftat nach dem vorstehenden Absatz Erlangte wird der entsprechenden Organisation zurückgegeben.

Art. 223. (1) Wer unwahre Angaben bezüglich der Menge, Qualität oder Art der Produktion oder der ausgeführten Arbeit macht in der Absicht, einen Vermögensvorteil, der ihm nicht zusteht, zu erlangen, wird mit Freiheitsentziehung bis zu drei Jahren oder Besserungsarbeit bestraft.

(2) Wer für sein Erzeugnis oder für die geleistete Arbeit eine Entlohnung bekommt, die ihm nicht zusteht, obwohl er weiß, daß sie aufgrund solcher unwahrer Angaben festgesetzt ist, wird, wenn dies keine schwerere Straftat darstellt, mit Besserungsarbeit oder Geldstrafe bis zu dreihundert Lewa bestraft.

(3) Das vom Täter durch die Straftaten nach den vorstehenden Absätzen Erlangte wird der entsprechenden Organisation zurückgegeben.

Art. 224. (1) Wer ein Geschenk oder einen anderen Vermögensvorteil dafür annimmt, daß er einem fremden Staat, einer ausländischen Organisation oder Vereinigung oder einem ausländischen Bürger Angaben übergibt oder übergeben hat, aus denen der Volkswirtschaft bedeutende Schäden entstanden sind oder entstehen könnten, wird, wenn das Begangene keine schwerere Straftat darstellt, mit Freiheitsentziehung bis zu fünf Jahren und Geldstrafe bis zu zweitausend Lewa bestraft.

(2) Die gleiche Strafe trifft denjenigen, der das Geschenk oder den Vermögensteil gegeben hat.

(3) Der Gegenstand der Straftat wird zugunsten des Staates eingezogen.

Art. 225. (1) Wer Waren zu einem höheren als dem festgesetzten Preis verkauft oder für Dienstleistungen eine höhere als die gesetzlich zulässige Entlohnung empfängt, wird mit Freiheitsentziehung bis zu zwei Jahren oder Geldstrafe bis zu fünfhundert Lewa bestraft.

(2) Wer für die Preisfestsetzung von Waren oder Dienstleistungen wissentlich unwahre Mitteilungen verfaßt oder unwahre Angaben vorweist, die für eine staatliche Behörde oder ein Unternehmen, für eine gesellschaftliche Organisation oder Bürger Verluste zur Folge gehabt haben oder gehabt haben können, wird mit Freiheitsentziehung bis zu einem Jahr oder Besserungsarbeit bestraft.

(3) In unbedeutenden Fällen des vorstehenden Absatzes ist die Strafe Geldstrafe bis zu zweihundert Lewa.

Art. 226. (1) Wer unter Ausnutzung einer staatlichen, genossenschaftlichen oder anderen gesellschaftlichen Organisation eine privatwirtschaftliche Tätigkeit entfaltet in Verletzung der festgesetzten Vorschriften und auf diese Weise bedeutende unrechtmäßige Einkünfte erhält, wird mit Freiheitsentziehung bis zu drei Jahren und Geldstrafe bis zu eintausend Lewa bestraft.

(2) Eine Amtsperson der entsprechenden staatlichen, genossenschaftlichen oder anderen gesellschaftlichen Organisation, die die Begehung einer Straftat nach dem vorstehenden Absatz zuläßt, wird mit Freiheitsentziehung bis zu drei Jahren oder Besserungsarbeit bestraft.

(3) Wer eine privatwirtschaftliche Tätigkeit entfaltet, die er unter der Form einer staatlichen, genossenschaftlichen oder anderen gesellschaftlichen Organisation tarnt, wird mit Freiheitsentziehung bis zu drei Jahren und Geldstrafe bis zu zweitausend Lewa bestraft.

(4) Das durch die Straftaten nach dem ersten und dritten Absatz Erlangte wird zugunsten des Staates eingezogen, ist es nicht vorhanden, so wird zur Zahlung des Gegenwertes verurteilt.

Art. 227. Wer in der Absicht des unlauteren Wettbewerbs rechtswidrig fremde Handelsmarken, Marken für Dienstleistungen, Ursprungsbezeichnungen oder Industriemuster benutzt, wird mit Freiheitsentziehung bis zu einem Jahr oder Besserungsarbeit oder mit Geldstrafe bis zu eintausend Lewa bestraft.

ABSCHNITT II.

Straftaten gegen einzelne Wirtschaftszweige

Art. 228. (1) Wer als Leiter oder Kontrollorgan anordnet oder zuläßt, daß minderwertige oder dem Standard nicht entsprechende oder unvollständige Industrieerzeugnisse oder Erzeugnisse, die den für sie festgesetzten Erfordernissen hinsichtlich der Qualität, des Typs oder der Eigenschaften nicht entsprechen, hergestellt werden, wird mit Freiheitsentziehung bis zu drei Jahren oder Besserungsarbeit bestraft.

(2) Wer in Verletzung seiner Dienstpflichten Ware, die den entsprechenden Erfordernissen nicht entspricht, als dem Standard entsprechend auszeichnet oder nicht kennzeichnet, wenn dies obligatorisch ist, wird mit Freiheitsentziehung bis zu einem Jahr oder Besserungsarbeit bestraft.

(3) In unbedeutenden Fällen ist die Strafe Geldstrafe, nach Abs. I bis zu vierhundert Lewa, nach Abs. II bis zu zweihundert Lewa.

Art. 229. Wer bei Übernahme von landwirtschaftlichen Erzeugnissen auf Rechnung einer Großankaufs- oder Handelsorganisation den Lieferanten bezüglich der Qualität oder der Menge dieser Erzeugnisse täuscht, wird mit Freiheitsentziehung bis zu drei Jahren oder Besserungsarbeit sowie auch mit gesellschaftlichem Tadel bestraft.

Art. 230. (1) Wer eine Anordnung verletzt, die gegen die Verbreitung oder das Auftreten einer Seuche bei Haustieren erlassen ist, wird mit Besserungsarbeit bis zu sechs Monaten oder Geldstrafe bis zu einhundert Lewa bestraft.

(2) Hat die Handlung eine Verseuchung zur Folge, so ist die Strafe Freiheitsentziehung bis zu einem Jahr oder Besserungsarbeit.

(3) Wird die Seuche weit verbreitet, so ist die Strafe Freiheitsentziehung bis zu drei Jahren.

(4) Entsprechend den Unterscheidungen in den vorstehenden Absätzen wird auch bestraft, wer eine Anordnung verletzt, die zum Schutz gegen Pflanzenkrankheiten oder -schädlinge erlassen ist.

Art. 231. (1) Ein Leiter eines Handels- oder Versorgungsunternehmens, ein Lagerchef eines Engrosunternehmens, ein Warensachbearbeiter oder Verwalter eines Magazins, der mehrmals oder in großem Ausmaß industrielle oder landwirtschaftliche Waren, die offenkundig den in Art. 228 Abs. I geforderten Kennzeichen oder Eigenschaften nicht entsprechen, in den Verkauf läßt, ohne auf diese ihre Mängel ausdrücklich hinzuweisen, wird mit Freiheitsentziehung bis zu zwei Jahren oder Besserungsarbeit bestraft.

(2) In unbedeutenden Fällen des vorstehenden Absatzes ist die Strafe Geldstrafe bis zu dreihundert Lewa.

Art. 232. (1) Ein Verkäufer, der den Käufer beim Wiegen oder Messen der Ware täuscht oder sich falscher Maße und Waagen bedient, wird mit Freiheitsentziehung bis zu zwei Jahren oder Besserungsarbeit bestraft.

(2) Ebenso wird bestraft:

a) wer den Käufer täuscht durch Beimischung von Fremdstoffen oder durch Verschlechterung der Ware auf andere Weise;

b) wer den Kunden über die Qualität der Waren, Materialien oder Dienstleistungen täuscht.

(3) In geringfügigen Fällen der vorstehenden Absätze ist die Strafe Geldstrafe bis zu zweihundert Lewa.

Art. 233. (1) Wer ohne entsprechende Erlaubnis landwirtschaftliche Erzeugnisse oder andere Waren in der Absicht, sie zu verkaufen, ankauft und das in dieser Absicht Gekaufte verkauft, wird mit Besserungsarbeit oder Geldstrafe bis zu zweihundert Lewa bestraft.

(2) Haben die Waren einen großen Wert oder wird die Handlung systematisch oder wiederholt begangen, so ist die Strafe Freiheitsentziehung bis zu drei Jahren.

(3) Die zum Zwecke des Verkaufs gekauften Waren werden zugunsten des Staates eingezogen, sind sie nicht vorhanden oder veräußert, so wird zur Zahlung ihres Gegenwertes nach den entsprechenden staatlichen Einzelhandelspreisen verurteilt.

Art. 234. (1) Wer ohne Erlaubnis eine Handelsvertretung gewerbsmäßig oder in der Absicht ausübt, einen bedeutenden materiellen Vorteil zu erlangen, wird mit Freiheitsentziehung bis zu einem Jahr oder Geldstrafe bis zu fünfhundert Lewa bestraft.

(2) Wer ohne Berechtigung einen Wohnungsbau organisiert oder als Unternehmer ausführt, wird mit Freiheitsentziehung bis zu zwei Jahren und Geldstrafe bis zu dreihundert Lewa oder nur mit Geldstrafe bis zu eintausend Lewa bestraft.

Art. 235. (1) Wer ohne ordnungsgemäße schriftliche Erlaubnis oder zwar mit ordnungsgemäßer Erlaubnis, jedoch entgegen den in ihr erteilten Anweisungen über die Stellen, die Fristen, die Mengen und die Holzsorten, aus dem staatlichen Holzfonds irgendwelches Holz oder Teile davon, einschließlich des geschlagenen oder gefallenen Holzes, schlägt, an sich nimmt oder abführt, wird, wenn dadurch nicht unbedeutende Schäden entstanden sind, mit Freiheitsentziehung bis zu zwei Jahren oder Besserungsarbeit, sowie auch mit Geldstrafe bis zu zweihundert Lewa bestraft; in besonders schweren Fällen ist die Strafe Freiheitsentziehung von zwei bis zu fünf Jahren.

(2) Wer das von einem anderen rechtswidrig gewonnene Holzmaterial verbirgt, verkauft oder befördert, wird in nicht unbedeutenden Fällen mit Freiheitsentziehung bis zu einem Jahr oder Besserungsarbeit bestraft.

Art. 236. Wer auf irgendeine Weise Waldbäume, Setzlinge, Jungwuchs, eine Forstkultur oder eine forstliche Baumschule vernichtet oder beschädigt, wird, wenn dadurch nicht unbedeutende Schäden zugefügt werden, mit Freiheitsentziehung bis zu zwei Jahren oder Besserungsarbeit, sowie auch mit Geldstrafe bis zweihundert Lewa bestraft; in besonders schweren Fällen ist die Strafe Freiheitsentziehung bis zu fünf Jahren.

Art. 237. (1) Wer ohne gehörige Erlaubnis Großwild tötet oder fängt, wird mit Freiheitsentziehung bis zu einem Jahr oder Geldstrafe von fünfzig bis zu fünfhundert Lewa bestraft.

(2) Wer ohne Besitz eines Jagdscheins Kleinwild, das im Jagdgesetz speziell genannt ist, tötet oder fängt, sowie wer, zwar in Besitz eines Jagdscheins, jedoch zu einer verbotenen Zeit, an einem verbotenen Ort oder mit verbotenen Mitteln solches Wild tötet oder fängt, wird mit Besserungsarbeit bis zu sechs Monaten oder Geldstrafe bis zu zweihundert Lewa bestraft.

(3) Das getötete oder gefangene Wild wird zugunsten des Staates eingezogen; ist es nicht vorhanden oder veräußert, so wird zur Zahlung seines Gegenwertes verurteilt.

Art. 238. Wer Fisch fängt:

a) in wirtschaftlichen Fischereigewässern mit Sprengstoff, Giftstoff oder Betäubungsmitteln;

b) an geschützten Orten oder bei niedrigem Wasserstand;

c) in nicht gewerblichen Gewässern während der Vermehrungszeit der Fische oder

d) von Arten, die von Ausrottung bedroht sind,

wird in schweren Fällen mit Freiheitsentziehung bis zu einem Jahr oder Geldstrafe bis zu fünfhundert Lewa bestraft.

Art. 239. (1) Der Leiter eines Unternehmens, einer Behörde, einer Organisation oder eine andere Amtsperson, die die Vorschriften verletzt, die in einem Spezialgesetz über den Schutz der Fische und anderer nützlicher Wassertiere und die ordnungsmäßige Entwicklung der Fischzucht im Lande festgesetzt sind, oder die Begehung einer solchen Verletzung zuläßt, wird mit Freiheitsentziehung bis zu drei Jahren oder Besserungsarbeit oder Geldstrafe bis fünfhundert Lewa bestraft.

(2) Die gleiche Strafe trifft jede Person, die in wirtschaftlich genutzte Fischereigewässer verschmutztes Wasser einfließen läßt oder Sachen hineinwirft, die nach ihrer Menge und Beschaffenheit den Fischen und anderen nützlichen Wassertieren schaden können.

Art. 240. (1) Ein ausländischer Bürger, der mit einem Wasserfahrzeug in die Territorialgewässer[22] der Volksrepublik Bulgarien im

[22] Wörtliche Übersetzung von „teritorialnite vodi". Gem. Dekret Nr. 514 des Präsidiums der Volksversammlung über die territorialen und die Binnengewässer der Volksrepublik Bulgarien von 1951 (Izvestija na Prezidiuma na Narodnoto Sûbranie — Anzeiger des Präsidiums der Volksversammlung — Nr. 85 v. 23. Oktober 1951; Berichtigung in Nr. 90 v. 9. November 1951) umfassen die Territorialgewässer den Seewasserstreifen in einer Breite von zwölf Meilen (22.224 m), gerechnet von der äußersten Wasserlinie an der Küste und an den Inseln, von den äußersten Punkten der hydraulischen Hafenanlagen und von der Linie der Binnengewässer

Schwarzen Meer eindringt und ohne Erlaubnis der entsprechenden Grenzbehörden den gewerbsmäßigen Fischfang ausübt, wird, wenn er keine schwerere Strafe nach einem anderen Gesetz verwirkt hat, mit Freiheitsentziehung bis zu drei Jahren bestraft, unabhängig von der Verantwortlichkeit nach dem Gesetz über Fischfang.

(2) Wird dies von einer Gruppe ausländischer Bürger begangen, die bewaffnet sind, so ist die Strafe Freiheitsentziehung bis zu fünf Jahren.

(3) Das gefangene Fischgut, andere gefangene Wassertiere sowie auch die Geräte und Mittel, mit denen die Straftat begangen wird, werden zugunsten des Staates eingezogen.

ABSCHNITT III.

Straftaten gegen das Außenhandelsmonopol

Art. 241. Wer eine Anordnung eines Gesetzes oder anderen Normativaktes bezüglich des Außenhandelsmonopols verletzt, wird, wenn daraus der Volkswirtschaft bedeutende Schäden entstanden sind oder entstehen können, mit Freiheitsentziehung bis zu drei Jahren bebestraft.

Art. 242. (1) Wer ohne Wissen und Erlaubnis des Zollamts Waren über die Landesgrenze bringt und dies begangen wird:

a) von einer Person, die sich systematisch mit einer solchen Tätigkeit befaßt;

b) unter Benutzung einer fremden oder gefälschten amtlichen Urkunde oder einer amtlichen Urkunde mit unwahrem Inhalt;

c) von einer Amtsperson, die in unmittelbarer Verbindung mit dem Zolldienst steht;

d) wenn stark wirkende Giftstoffe oder Rauschmittel, Sprengstoff, Waffen oder Munition oder

e) Waren und Gegenstände zu Handels- oder Produktionszwecken in großer Menge überbracht werden,

wird wegen qualifizierten Schmuggels mit Freiheitsentziehung bis zu sechs Jahren und Geldstrafe bis zu zweitausend Lewa, jedoch nicht unter der gebührenden Zollabgabe, bestraft.

(„vůtrešni vodi") an bis zum Hohen Meer (Art. 1). Die Binnengewässer bestehen aus der Wasserfläche zwischen der Küste und der geraden Linie vom Kap St. Konstantin zum Kap Ilandžik für die Bucht von Warna sowie in der geraden Linie vom Kap Emina zum Kap Maslenija nos für die Bucht von Burgas (Art. 2). Vgl. *M. Genovski*, Osnovi na meždunarodnoto pravo (Grundzüge des Völkerrechts), Sofia 1966, S. 196-198. — S. auch Anm. zu Art. 352.

(2) In den Fällen der Buchstaben „a“, „d“ und „e“ des vorstehenden Abatzes kann das Gericht anstelle einer Geldstrafe Vermögenseinziehung bis zur Hälfte des Vermögens des Schuldigen verhängen.

(3) In unbedeutenden Fällen nach Abs. I Buchstaben „b“, „c“ und „d“ ist die Strafe Geldstrafe bis zu fünfhundert Lewa, jedoch nicht weniger als die gebührende Zollabgabe.

(4) Der Gegenstand des Schmuggels wird zugunsten des Staates eingezogen, ist er nicht vorhanden oder veräußert, so wird zur Zahlung seines Gegenwertes nach den entsprechenden staatlichen Einzelhandelspreisen verurteilt.

(5) Transport- und Beförderungsmittel, die vornehmlich dem Transport oder der Beförderung der Waren gedient haben, und der Gegenstand des Schmuggels werden zugunsten des Staates unabhängig davon eingezogen, wessen Eigentum sie sind.

ABSCHNITT IV.

Straftaten gegen das Geld- und Kreditsystem

Art. 243. (1) Wer falsche Geldzeichen anfertigt oder echte Geldzeichen abändert, die im Inland oder Ausland im Umlauf sind, wird wegen Fälschung von Geldzeichen mit Freiheitsentziehung von fünf bis zu fünfzehn Jahren bestraft.

(2) Die gleiche Strafe trifft auch denjenigen, der fälscht:

a) Gebühren- oder Postmarken und

b) Obligationen, die vom Staat ausgegeben sind, oder andere staatliche Wertpapiere.

Art. 244. Wer gefälschte Geldzeichen oder andere im vorstehenden Artikel genannte Zeichen, wissend, daß sie gefälscht sind, in Umlauf setzt oder sich ihrer bedient oder solche Zeichen in das Land bringt, um sie in Umlauf zu setzen, wird mit Freiheitsentziehung bis zu acht Jahren bestraft.

Art. 245. Wer ein gefälschtes Geldzeichen oder ein anderes Zeichen nach Art. 243 empfängt und, nachdem er es als solches erkannt hat, wissentlich als echt in Umlauf setzt, wird mit Freiheitsentziehung bis zu sechs Monaten oder Geldstrafe bis zu einhundert Lewa bestraft.

Art. 246. (1) Die Vorbereitung zur Begehung einer Straftat nach Art. 243 oder eine Vereinigung zu diesem Zweck oder zur Verbreitung von gefälschten Geldzeichen oder anderen in diesem Artikel genannten Zeichen, wird mit Freiheitsentziehung bis zu drei Jahren bestraft.

(2) Nicht bestraft wird der Teilnehmer einer Vereinigung, der, bevor die Fälschung vollendet ist (wenn die Vereinigung zu diesem Zweck gebildet wurde) oder bevor die Verbreitung der gefälschten Zeichen begonnen hat (wenn die Vereinigung deswegen gebildet wurde), von der Tat absteht und sie der Macht meldet.

(3) Wer Gegenstände, Materialien oder Werkzeuge, von denen er weiß, daß sie zur Fälschung von Geldzeichen oder anderen in Art. 243 genannten Zeichen bestimmt sind oder gedient haben, anfertigt, aufbewahrt oder verbirgt, wird mit Freiheitsentziehung bis zu drei Jahren bestraft.

Art. 247. Wer Gebühren- oder Postmarken wiederholt gebraucht, indem er die Zeichen auf ihnen, die anzeigen, daß sie schon einmal gebraucht sind, tilgt oder verdeckt, wird mit Freiheitsentziehung bis zu drei Monaten oder Geldstrafe bis zu einhundert Lewa bestraft.

Art. 248. (1) Wer weiß, daß eine Straftat nach Art. 243 und 244 begangen wird und dies der Macht nicht meldet, wird mit Besserungsarbeit oder Geldstrafe bis zu zweihundert Lewa bestraft.

(2) Der vorstehende Absatz findet keine Anwendung auf den Ehegatten, die Verwandten absteigender und aufsteigender Linie, die Brüder und die Schwestern des Täters und deren Ehegatten.

Art. 249. Wer einen Scheck ausstellt, ohne beim Bezogenen Deckung für die Schecksumme zu haben, wird mit Freitheitsentziehung bis zu zwei Jahren und Geldstrafe bis zum zweifachen Wert der Schecksumme bestraft.

Art. 250. (1) Wer eine Anordnung des Gesetzes über Valutawerte und Valutakontrolle oder eines Normativaktes des Ministerrates über seine Anwendung verletzt hinsichtlich:

a) der Ordnung über Geschäfte und andere Handlungen mit Valutawerten oder anderem Vermögen unter Valutakontrolle;
b) der Ordnung über Einfuhr und Ausfuhr von solchen Werten oder Vermögen oder
c) der Verpflichtungen zur Deklaration von solchen Valutawerten oder Vermögen oder zu ihrer Freistellung zum Kauf,

wird mit Freiheitsentziehung bis zu drei Jahren und Geldstrafe von fünfhundert bis zu zweitausend Lewa bestraft.

(2) Wird eine Handlung nach den vorstehenden Absätzen systematisch begangen oder ist der Wert des Gegenstandes der Handlung von großem Ausmaß, so ist die Strafe Freiheitsentziehung von einem bis zu sechs Jahren und Geldstrafe von eintausend bis zu viertausend Lewa.

(3) Beträgt der Wert des Gegenstandes der Handlung zwanzig bis einhundertfünfzig Lewa, so ist die Strafe Geldstrafe im dreifachen Ausmaß des Wertes.

(4) Der Gegenstand der Straftat wird zugunsten des Staates eingezogen, ist er nicht vorhanden oder veräußert, so wird zur Zahlung seines Gegenwertes verurteilt.

SIEBTES KAPITEL

Straftaten gegen das persönliche Eigentum

ABSCHNITT I.

Diebstahl

Art. 251. Diebstahl einer fremden beweglichen Sache, die nicht gesellschaftliches Eigentum ist, wird mit Freiheitsentziehung bis zu drei Jahren bestraft.

Art. 252. (1) Wird der Diebstahl einer Sache nach dem vorstehenden Artikel unter den Bedingungen des Art. 195 Abs. I begangen, so ist die Strafe Freiheitsentziehung von einem bis zu sechs Jahren, in den Fällen des Abs. II Freiheitsentziehung von zwei bis zu acht Jahren, wobei das Gericht im letzteren Fall auch Vermögenseinziehung bis zur Hälfte des Vermögens des Schuldigen anordnen kann.

(2) Die Vorbereitung eines Diebstahls einer Sache nach dem vorstehenden Artikel unter den Bedingungen des Art. 195 Abs. I Ziff. 3 und 4 wird mit Freiheitsentziehung bis zu einem Jahr oder Besserungsarbeit bestraft.

Art. 253. (1) Diebstahl, der einen gefährlichen Rückfall darstellt, wird bestraft:

1. in den Fällen des Art. 251 mit Freiheitsentziehung von einem bis zu fünf Jahren;
2. in den Fällen des Art. 252 mit Freiheitsentziehung von zwei bis zu zehn Jahren.

(2) Das Gericht kann Vermögenseinziehung bis zur Hälfte des Vermögens des Schuldigen und Zwangsaufenthalt anordnen.

Art. 254. In unbedeutenden Fällen des Art. 251 und des Art. 252 in Verbindung mit Art. 195 Abs. I Ziff. 2 und 6 ist die Strafe Besserungsarbeit oder Geldstrafe bis zu zweihundert Lewa.

Art. 255. Wird bis zum Abschluß des erstinstanzlichen gerichtlichen Verfahrens die gestohlene Sache zurückgegeben oder ersetzt, so ist die Strafe:

1. in den Fällen des Art. 251 Freiheitsentziehung bis zu zwei Jahren;
2. in den Fällen des Art. 252 in Verbindung mit Art. 195 Abs. I Ziff. 2 und 6 Freiheitsentziehung bis zu fünf Jahren;
3. in den Fällen des Art. 252 in Verbindung mit Art. 195 Abs. II Freiheitsentziehung von einem bis zu sechs Jahren;
4. in den Fällen des Art. 254 Besserungsarbeit bis zu sechs Monaten oder Geldstrafe bis zu einhundert Lewa.

ABSCHNITT II.

Raub

Art. 256. (1) Raub einer beweglichen Sache, die nicht gesellschaftliches Eigentum ist, wird mit Freiheitsentziehung von drei bis zu acht Jahren bestraft.

(2) Auf Raub, der unter den Bedingungen des Art. 199 begangen wird, finden die in jenem Artikel vorgesehenen Strafen Anwendung.

Art. 257. Die Vorbereitung eines Raubes nach Art. 256 Abs. I wird mit Freiheitsentziehung bis zu zwei Jahren und nach Abs. II mit Freiheitsentziehung bis zu drei Jahren bestraft.

ABSCHNITT III.

Unterschlagung

Art. 258. (1) Wer eine fremde bewegliche Sache, die er in Besitz oder Gewahrsam hat, sich rechtswidrig zueignet, wird wegen Unterschlagung mit Freiheitsentziehung bis zu drei Jahren bestraft.

(2) Unterschlagung liegt auch vor, wenn ein Teil der Sache dem Täter gehört.

(3) In unbedeutenden Fällen ist die Strafe Besserungsarbeit oder Geldstrafe bis zu zweihundert Lewa.

Art. 259. Wird die Sache bis zum Abschluß des erstinstanzlichen gerichtlichen Verfahrens zurückgegeben oder ersetzt, so ist die Strafe:

1. nach Art. 258 Abs. I Freiheitsentziehung bis zu sechs Monaten oder Besserungsarbeit;
2. nach Art. 258 Abs. II Geldstrafe bis zu fünfzig Lewa oder gesellschaftlicher Tadel.

Art. 260. (1) Wer eine fremde bewegliche Sache, die nicht gesellschaftliches Eigentum ist, findet und sie innerhalb einer Woche nicht der Macht oder der Person, die sie verloren hat, meldet, wird mit Besserungsarbeit bis zu drei Monaten oder Geldstrafe bis zu einhundert Lewa bestraft.

(2) Die gleiche Strafe trifft auch denjenigen, der sich widerrechtlich eine fremde Sache zueignet, die ihm durch Zufall oder Irrtum in die Hände gefallen ist.

ABSCHNITT IV.

Betrug

Art. 261. (1) Wer in der Absicht, sich oder einem Dritten einen Vermögensvorteil zu verschaffen, den Irrtum eines anderen erregt oder unterhält und dadurch diesem oder einem anderen einen Vermögensschaden zufügt, wird mit Freiheitsentziehung bis zu fünf Jahren bestraft.

(2) Wer in der gleichen Absicht den Irrtum, die Unerfahrenheit oder Unkenntnis eines anderen ausnützt und dadurch diesem einen Vermögensschaden zufügt, wird mit Freiheitsentziehung bis zu zwei Jahren bestraft.

(3) In unbedeutenden Fällen der vorstehenden Absätze ist die Strafe Freiheitsentziehung bis zu einem Jahr oder Besserungsarbeit.

Art. 262. Betrug, unter den Bedingungen des Art. 210 begangen, wird mit Freiheitsentziehung von einem bis zu sechs Jahren bestraft.

Art. 263. In den Fällen eines gefährlichen Rückfalls ist die Strafe Freiheitsentziehung von zwei bis zu acht Jahren, wobei das Gericht auch Zwangsaufenthalt anordnen kann.

ABSCHNITT V.

Erpressung

Art. 264. (1) Wer in der Absicht, sich oder einem Dritten einen Vermögensvorteil zu verschaffen, einen anderen durch Gewalt oder Drohung nötigt, etwas gegen seinen Willen zu tun, zu unterlassen oder zu dulden, und dadurch diesem oder einem anderen einen Vermögensschaden zufügt, wird mit Freiheitsentziehung bis zu drei Jahren oder Besserungsarbeit bestraft.

(2) Ist der zugefügte Vermögensschaden bedeutend, so ist die Strafe Freiheitsentziehung von einem bis zu fünf Jahren.

ABSCHNITT VI.

Vertrauensmißbrauch

Art. 265. (1) Wer wissentlich fremdes Vermögen, das ihm zur Verwaltung oder Verwahrung anvertraut ist, schädigt, wird mit Freiheitsentziehung bis zu drei Jahren oder Besserungsarbeit bestraft.

(2) Ebenso wird ein Vertreter oder Bevollmächtigter bestraft, der wissentlich gegen die rechtmäßigen Interessen des Vertretenen handelt.

ABSCHNITT VII.

Sachhehlerei

Art. 266. (1) Wer in der Absicht, sich einen Vermögensvorteil zu verschaffen, Sachen, von denen er weiß oder annimmt, daß sie von einem anderen mittels einer Straftat erlangt sind, verheimlicht oder erwirbt oder zur Veräußerung solcher Sachen mithilft, wird mit Freiheitsentziehung bis zu drei Jahren oder Besserungsarbeit bestraft, jedoch nicht mit einer schwereren Strafe, als sie für die Straftat selbst vorgesehen ist.

(2) Wird die Hehlerei wiederholt begangen, so ist die Strafe Freiheitsentziehung bis zu sechs Jahren, wobei das Gericht auch die Aberkennung des Rechts nach Art. 37 Ziff. 8 anordnen kann.

ABSCHNITT VIII.

Vermögensvernichtung oder -beschädigung

Art. 267. (1) Wer rechtswidrig eine fremde bewegliche oder unbewegliche Sache vernichtet oder beschädigt, wird mit Freiheitsentziehung bis zu zwei Jahren oder Besserungsarbeit oder Geldstrafe bis zu zweihundert Lewa bestraft.

(2) In unbedeutenden Fällen ist die Strafe Besserungsarbeit oder Geldstrafe bis zu fünfzig Lewa.

Sondervorschrift

Art. 268. (1) Bei Straftaten nach Art. 267 wird die Strafverfolgung auf Klage des Geschädigten eingeleitet.

(2) Bei Diebstahl, Unterschlagung, Betrug, Erpressung und Vertrauensmißbrauch wird die Strafverfolgung auf Klage des Geschädigten eingeleitet, wenn dieser der Ehegatte, ein Verwandter aufsteigender oder absteigender Linie oder ein Verwandter der Seitenlinie bis zum zweiten Grade des Schuldigen ist oder in gemeinsamem

Haushalt mit diesem lebt, oder wenn der Geschädigte der Vormund oder Pfleger des Schuldigen ist.

ACHTES KAPITEL

Straftaten gegen die Tätigkeit der staatlichen Organe und gesellschaftlichen Organisationen

ABSCHNITT I.

Straftaten gegen die Verwaltungsordnung

Art. 269. (1) Wer Gewalt oder Drohung anwendet in der Absicht, ein Organ der Macht zu nötigen, etwas im Dienst zu tun oder zu unterlassen, wird mit Freiheitsentziehung bis zu drei Jahren oder Besserungsarbeit bestraft.

(2) Die gleiche Strafe findet auch auf eine Handlung nach dem vorstehenden Absatz Anwendung, die gegen einen Vertreter der Gesellschaft gerichtet ist.

(3) Wird die Straftat nach den vorstehenden Absätzen von Teilnehmern an einer Rotte begangen, so werden die Anstifter und Anführer mit Freiheitsentziehung von einem bis zu acht Jahren bestraft.

Art. 270. Wer rechtswidrig ein Organ der Macht an der Erfüllung seiner Verpflichtungen hindert, wird mit Freiheitsentziehung bis zu drei Monaten oder Geldstrafe bis zu einhundert Lewa bestraft.

Art. 271.* Wer eine Verordnung, Anordnung oder einen anderen vom Ministerrat erlassenen oder angenommenen Akt nicht ausführt oder verletzt, wird, wenn der Akt sich ausdrücklich auf diesen Artikel beruft, mit Besserungsarbeit bis zu sechs Monaten oder Geldstrafe bis zu vierhundert Lewa bestraft.

Art. 272. Wer eigenmächtig den Wohnort aufgibt, an dem er nach den Vorschriften der Verwaltungsordnung niedergelassen ist, wird mit Freiheitsentziehung bis zu einem Jahr und Zwangsaufenthalt bestraft.

Art. 273. Wer wissentlich unwahre Behauptungen verbreitet, die geeignet sind, Mißtrauen gegen die Macht oder ihre Maßnahmen zu schaffen oder Verwirrung in die Gesellschaft zu bringen, wird mit Freiheitsentziehung bis zu zwei Jahren oder Besserungsarbeit bestraft.

---

* Abgeändert durch das Gesetz über administrative Übertretungen und Strafen (Dŭrżaven Vestnik Nr. 92 vom 28. November 1969).

Art. 274. (1) Wer eigenmächtig eine Handlung vornimmt, die zum Dienstbereich einer Amtsperson gehört, wenn er dieses Amt nicht bekleidet oder wenn es ihm entzogen wurde, wird mit Freiheitsentziehung bis zu einem Jahr oder Besserungsarbeit bestraft.

(2) Die gleiche Strafe trifft auch denjenigen, der eigenmächtig eine Handlung vornimmt, die zu dem Kreis der Funktionen eines Vertreters der Gesellschaft gehört, sofern er mit dieser Funktion nicht beauftragt ist oder sie ihm entzogen wurde, und damit rechtswidrig gesellschaftliche oder private Interessen verletzt.

(3) Wer unberechtigt Dienstkleidung oder ein Dienstabzeichen trägt, wird mit Freiheitsentziehung bis zu einem Jahr oder Besserungsarbeit sowie auch mit gesellschaftlichem Tadel bestraft.

Art. 275. (1) Wer gesetzlich verpflichtet ist, einem Organ der Macht Beistand zu leisten, und dies nach ordnungsgemäßer Aufforderung nicht tut, wird mit Besserungsarbeit oder Geldstrafe bis zu einhundert Lewa bestraft.

(2) Wer bei Gefahr für das Leben, die Gesundheit oder das Vermögen eines anderen, von einer zuständigen Amtsperson aufgefordert, die Hilfe verweigert, die er ohne Gefahr für sich oder einen anderen leisten kann, wird mit Besserungsarbeit oder mit Geldstrafe bis zu zweihundert Lewa bestraft.

Art. 276. (1) Wer amtliche Bescheinigungszeichen, wie Siegel, Qualitätszeichen an Edelmetallen, Eintrittskarten, Fahrkarten und dergleichen, fälscht oder gefälschte in Umlauf setzt, wird mit Freiheitsentziehung bis zu zwei Jahren oder Besserungsarbeit bestraft.

(2) Wer von einem solchen gefälschten Zeichen wissentlich Gebrauch macht, wird mit Geldstrafe bis zu einhundert Lewa bestraft.

(3) Wer amtliche Bescheinigungszeichen, die zur Feststellung, Zahlung oder Abrechnung von Werten bestimmt sind, rechtswidrig wegnimmt, vernichtet oder verbirgt, wird, wenn die Handlung keine schwerere Straftat darstellt, mit Freiheitsentziehung bis zu zwei Jahren oder Besserungsarbeit bestraft.

(4) Wer ohne entsprechende Erlaubnis ein Siegel einer staatlichen oder gesellschaftlichen Organisation herstellt, wird mit Freiheitsentziehung bis zu einem Jahr oder Besserungsarbeit bestraft.

(5) Die gleiche Strafe trifft auch denjenigen, der ein Siegel einer staatlichen oder gesellschaftlichen Organisation in der Absicht wegnimmt, es rechtswidrig zu gebrauchen.

Art. 277. (1) Wer wissentlich ein Siegel entfernt oder beschädigt, das aufgrund des Gesetzes von einem Organ der Macht an einer beweglichen oder unbeweglichen Sache angebracht ist als Zeichen, daß der Zugang oder die Verfügung über sie beschränkt ist, wird mit Freiheitsentziehung bis zu sechs Monaten oder Geldstrafe bis zu einhundert Lewa bestraft.

(2) Wer über eine Sache verfügt, die in Beschlag genommen und ihm zur Verwahrung belassen ist, wird mit Freiheitsentziehung bis zu drei Monaten oder Geldstrafe bis zu einhundert Lewa bestraft.

Art. 278. (1) Wer ein Kulturdenkmal, ein Naturobjekt, das unter speziellen Schutz gestellt ist, oder in das Staatsarchiv eingegangenes Archivmaterial vernichtet, zerstört oder beschädigt, wird, wenn die Handlung keine schwerere Straftat darstellt, mit Freiheitsentziehung bis zu zwei Jahren oder Geldstrafe bis zu fünfhundert Lewa sowie auch mit gesellschaftlichem Tadel bestraft.

(2) Wer eine Sache, die nach einem Sondergesetz oder einem anderen Normativakt ein Kulturdenkmal darstellt, oder Archivmaterial, das in das Staatsarchiv eingegliedert ist, ohne entsprechende Erlaubnis außer Landes bringt, wird mit Freiheitsentziehung bis zu zwei Jahren oder Geldstrafe bis zu zweitausend Lewa sowie auch mit gesellschaftlichem Tadel bestraft.

(3) Wer eine Sache nach dem vorstehenden Absatz ohne ordnungsgemäße Erlaubnis veräußert, wenn er weiß oder annimmt, daß sie ins Ausland ausgeführt werden kann, wird mit Freiheitsentziehung bis zu einem Jahr oder Geldstrafe bis zu eintausend Lewa sowie auch mit gesellschaftlichem Tadel bestraft.

(4) In besonders schweren Fällen ist die Strafe: nach Abs. I Freiheitsentziehung von einem bis zu fünf Jahren und gesellschaftlicher Tadel, nach Abs. II Freiheitsentziehung bis zu fünf Jahren, Geldstrafe bis zu dreitausend Lewa und gesellschaftlicher Tadel und nach Abs. III Freiheitsentziehung bis zu drei Jahren, Geldstrafe bis zu eintausend Lewa und gesellschaftlicher Tadel.

Art. 279. (1) Wer ohne Erlaubnis der zuständigen Organe der Macht die Landesgrenze überschreitet oder, wenn auch mit Erlaubnis, jedoch nicht an den dafür bestimmten Stellen, wird mit Freiheitsentziehung bis zu fünf Jahren und Geldstrafe bis zu dreitausend Lewa bestraft. Das Gericht kann auch Zwangsaufenthalt anordnen.

(2) In den Fällen des vorstehenden Absatzes kann das Gericht anstelle der Geldstrafe die Einziehung eines Teiles oder des ganzen Vermögens des Schuldigen anordnen.

(3) Die Vorbereitung einer Straftat nach Abs. I wird mit Freiheitsentziehung bis zu zwei Jahren oder Besserungsarbeit bestraft.

(4) Nicht bestraft wird, wer das Land betritt, um vom Asylrecht gemäß der Verfassung Gebrauch zu machen.

Art. 280. Ein bulgarischer Bürger, der mit Erlaubnis der zuständigen Organe der Macht aus dem Land gereist ist und ohne triftige Gründe innerhalb von drei Monaten nach Ablauf der Frist der Erlaubnis nicht zurückkehrt, wird mit Freiheitsentziehung bis zu drei Jahren und Geldstrafe bis zu zweitausend Lewa bestraft, wobei das Gericht die Einziehung eines Teils oder seines ganzen Vermögens anordnen kann.

Art. 281. (1) Ein bulgarischer Bürger, der mit einem Gruppenpaß aus dem Land gereist ist und ohne triftige Gründe nicht mit der Gruppe zurückkehrt, wird mit Freiheitsentziehung bis zu einem Jahr oder Besserungsarbeit bestraft.

(2) Dauert die Nichtrückkehr über drei Monate, so wird die Strafe nach Art. 280 verhängt.

ABSCHNITT II.

Straftaten im Amt

Art. 282. (1) Eine Amtsperson, die ihre Dienstpflichten verletzt oder nicht erfüllt oder ihre Macht oder Rechte überschreitet in der Absicht, sich oder einem anderen einen Vorteil zu verschaffen oder einem anderen einen Schaden zuzufügen, wird, wenn daraus nicht unbedeutende Schadensfolgen entstehen können, mit Freiheitsentziehung bis zu drei Jahren, wobei das Gericht auch die Aberkennung des Rechts nach Art. 37 Ziff. 6 anordnen kann, oder mit Besserungsarbeit bestraft.

(2) Sind aus der Handlung erhebliche Schadensfolgen entstanden, so ist die Strafe Freiheitsentziehung bis zu fünf Jahren, wobei das Gericht auch die Aberkennung des Rechts nach Art. 37 Ziff. 6 anordnen kann.

Art. 283. Eine Amtsperson, die ihre Dienststellung ausnützt, um sich oder einem anderen einen rechtswidrigen Vorteil zu verschaffen, wird mit Freiheitsentziehung bis zu zwei Jahren oder Besserungsarbeit bestraft.

Art. 284. (1) Eine Amtsperson, die zum Nachteil des Staates, eines Unternehmens, einer Organisation oder einer Privatperson Angaben einem anderen mitteilt oder veröffentlicht, die ihr anvertraut oder dienstlich zugänglich sind und von denen sie weiß, daß sie ein Dienstgeheimnis darstellen, wird mit Freiheitsentziehung bis zu zwei Jahren oder Besserungsarbeit bestraft.

(2) Die Strafe für eine Handlung nach dem vorstehenden Absatz trifft auch eine Person, die — ohne eine Amtsperson zu sein — in einer staatlichen Behörde, einem Unternehmen oder einer gesell-

schaftlichen Organisation arbeitet, und die in Verbindung mit ihrer Arbeit Kenntnis von bestimmten Angaben erhalten hat, die ein Dienstgeheimnis darstellen.

(3) Wird die Handlung nach Abs. I von einem Sachverständigen, Übersetzer oder Dolmetscher in bezug auf Angaben begangen, die ihm in Verbindung mit der ihm gestellten Aufgabe bekannt geworden sind und zu deren Geheimhaltung er verpflichtet ist, so ist die Strafe Freiheitsentziehung bis zu zwei Jahren oder Besserungsarbeit.

Art. 285. Eine Amtsperson, die wissentlich zuläßt, daß eine ihr unterstellte Person eine Straftat begeht, die in Zusammenhang mit ihrem Dienst oder ihrer Arbeit steht, wird mit der Strafe bestraft, die für die begangene Straftat vorgesehen ist.

ABSCHNITT III.

Straftaten gegen die Rechtspflege

Art. 286. (1) Wer vor einem zuständigen Organ der Macht jemanden einer Straftat bezichtigt, obwohl er weiß, daß dieser unschuldig ist, oder gegen ihn falsche Beweise vorbringt, wird wegen falscher Anschuldigung mit Freiheitsentziehung bis zu drei Jahren und gesellschaftlichem Tadel bestraft.

(2) Falsche Anschuldigung einer schweren Straftat wird mit Freiheitsentziehung bis zu fünf Jahren und öffentlichem Tadel bestraft.

(3) Wird der Angeschuldigte zur strafrechtlichen Verantwortlichkeit gezogen, so ist die Strafe Freiheitsentziehung: in den Fällen des Abs. I bis zu fünf Jahren und in den Fällen des Abs. II von einem bis zu zehn Jahren.

Art. 287. Ein Organ der Macht, das in seinem Dienstbereich selbst oder durch einen anderen rechtswidrige Zwangsmittel anwendet, um von einem Beschuldigten, Zeugen oder Sachverständigen ein Geständnis, eine Aussage oder ein Gutachten zu erpressen, wird mit Freiheitsentziehung bis zu zehn Jahren und Aberkennung des Rechts nach Art. 37 Ziff. 6 bestraft.

Art. 288. Ein Organ der Macht, das es unterläßt, seine Pflicht, die ihm sein Amt bezüglich der Strafverfolgung auferlegt, rechtzeitig zu erfüllen, oder auf andere Weise eine solche Verfolgung vereitelt in der Absicht, einen anderen einer Strafe zu entziehen, die ihm aufgrund des Gesetzes gebührt, wird mit Freiheitsentziehung bis zu drei Jahren und Aberkennung des Rechts nach Art. 37 Ziff. 6 bestraft.

Art. 289. Wer eine Amtsperson der Ermittlungsorgane oder der staatsanwaltschaftlichen oder gerichtlichen Organe dazu bewegt, ihre

Dienstpflichten in Verbindung mit der Rechtspflege zu verletzen, wird mit Freiheitsentziehung bis zu zwei Jahren oder Besserungsarbeit oder gesellschaftlichem Tadel bestraft.

Art. 290. (1) Wer als Zeuge vor einem Gericht oder einem anderen zuständigen Organ der Macht mündlich oder schriftlich wissentlich die Unwahrheit bestätigt oder die Wahrheit verschweigt, wird wegen falschen Zeugnisses mit Freiheitsentziehung bis zu fünf Jahren bestraft.

(2) Die gleiche Strafe trifft auch einen Übersetzer oder Dolmetscher, der vor einem Gericht oder einem anderen zuständigen Organ der Macht schriftlich oder mündlich wissentlich falsch übersetzt oder dolmetscht.

Art. 291. (1) Wer als Sachverständiger vor Gericht oder einem anderen zuständigen Organ der Macht mündlich oder schriftlich ein falsches Gutachten abgibt, wird mit Freiheitsentziehung von einem bis zu fünf Jahren und Aberkennung des Rechts nach Art. 37 Ziff. 7 bestraft.

(2) Wird die Handlung nach dem vorstehenden Absatz fahrlässig begangen, so ist die Strafe Freiheitsentziehung bis zu einem Jahr oder Besserungsarbeit. Das Gericht kann die Aberkennung des Rechts nach Art. 37 Ziff. 7 anordnen.

Art. 292. Wegen einer Straftat nach Art. 290 und 291 entfällt die Strafbarkeit:

1. wenn die Person bei Aussage der Wahrheit sich selbst einer Straftat beschuldigt hätte, und
2. wenn die Person ihr falsches Zeugnis, ihre Übersetzung, ihre Verdolmetschung oder ihr Gutachten vor einem zuständigen Organ widerruft, ehe das Urteil oder die Entscheidung rechtskräftig geworden ist und bevor deswegen die Strafverfolgung gegen sie eingeleitet worden ist.

Art. 293. Wer einen anderen zu einer Straftat nach Art. 290 und 291 anstiftet, wird mit Freiheitsentziehung bis zu einem Jahr oder Besserungsarbeit bestraft.

Art. 294. (1) Wer einer Person, die eine Straftat begangen hat, Hilfe leistet, damit sie entflieht oder die Strafverfolgung gegen sie vereitelt wird oder sie unbestraft bleibt, ohne sich mit dieser Person vor der Begehung der Straftat selbst verständigt zu haben, wird wegen Personenhehlerei mit Freiheitsentziehung bis zu drei Jahren bestraft, jedoch nicht mit einer schwereren Strafe, als sie für den Begünstigten vorgesehen ist.

(2) Wird dies zum Zwecke eines Vermögensvorteils begangen, so ist die Strafe Freiheitsentziehung bis zu fünf Jahren, jedoch nicht eine schwerere Strafe als sie für den Begünstigten vorgesehen ist.

(3) Die obigen Bestimmungen finden keine Anwendung auf Ehegatten, Verwandte aufsteigender und absteigender Linie, Brüder und Schwestern des Begünstigten sowie deren Ehegatten.

Art. 295. Ein Organ der Macht, das in der Absicht, einen anderen der Strafe zu entziehen oder die Strafvollstreckung zu verzögern, die Vollstreckung eines rechtskräftigen Urteils unterläßt, obwohl es dienstlich verpflichtet ist, die erforderlichen Maßnahmen zur Urteilsvollstreckung zu treffen, wird mit Freiheitsentziehung bis zu drei Jahren, wobei das Gericht ihm das Recht nach Art. 37 Ziff. 6 aberkennen kann, oder mit Besserungsarbeit bestraft.

Art. 296. Wer in der Absicht, die Vollstreckung einer gerichtlichen Entscheidung zu behindern oder zu vereiteln, die Sache, auf die sich die Entscheidung bezieht, zerstört, beschädigt, verbirgt oder veräußert, wird mit Freiheitsentziehung bis zu einem Jahr bestraft, wenn die Handlung keine schwerere Straftat darstellt.

Art. 297. (1) Ein Gefangener, der entweicht, wird mit Freiheitsentziehung bis zu drei Jahren bestraft.

(2) Hat der Gefangene die Flucht durch Untergraben, Einreißen, Zertrümmern von Wänden, Türen, Fenstern und anderem bewirkt, so ist die Strafe Freiheitsentziehung bis zu fünf Jahren.

(3) Gefangener ist jeder, der nach den Bestimmungen des Gesetzes unter Bewachung festgehalten wird.

Art. 298. (1) Gefangene, die sich verabreden, mit vereinten Kräften zu entweichen, werden mit Freiheitsentziehung bis zu zwei Jahren bestraft.

(2) Haben die Gefangenen die Ausführung der geplanten Flucht begonnen, so ist die Strafe Freiheitsentziehung bis zu fünf Jahren.

Art. 299. Eine Amtsperson, die eigenmächtig einen Gefangenen befreit oder fliehen läßt, wird mit Freiheitsentziehung bis zu fünf Jahren bestraft, wobei das Gericht dem Schuldigen das Recht nach Art. 37 Ziff. 6 aberkennen kann.

Art. 300. (1) Wer eigenmächtig den Ort verläßt, an dem er die Strafe des Zwangsaufenthaltes verbüßt, wird mit Freiheitsentziehung bis zu einem Jahr bestraft.

(2) Nach der Entlassung vom Ort der Freiheitsentziehung verbüßt die Person noch die restliche Dauer des Zwangsaufenthaltes aus dem ersten Urteil.

ABSCHNITT IV.

Bestechung

Art. 301. (1) Eine Amtsperson, die ein Geschenk oder irgendeinen anderen Vermögensvorteil, der ihr nicht zusteht, annimmt, damit sie eine dienstliche Handlung vornimmt oder unterläßt, oder weil sie eine solche Handlung vorgenommen hat oder unterlassen hat, wird wegen Bestechung mit Freiheitsentziehung bis zu fünf Jahren bestraft.

(2) Hat die Amtsperson eine Bestechung erhalten, damit sie ihren Dienst verletzt oder weil sie ihn verletzt hat, so ist die Strafe Freiheitsentziehung bis zu sechs Jahren, wenn diese Verletzung keine Straftat darstellt.

(3) Hat die Amtsperson eine Bestechung erhalten, damit sie eine andere Straftat in Verbindung mit dem Dienst begeht oder weil sie eine solche begangen hat, so ist die Strafe Freiheitsentziehung von einem bis zu acht Jahren.

(4) In den Fällen der vorstehenden Absätze kann das Gericht auch die Aberkennung eines Rechts nach Art. 37 Ziff. 6 und 7 anordnen.

Art. 302. Bestechung, die begangen wird:

1. von einer Person, die eine verantwortliche Dienststellung bekleidet;
2. durch Erpressung mittels Mißbrauch der Dienststellung;
3. wiederholt oder mehrmals und
4. in großem Ausmaß,

wird bestraft:

a) in den Fällen des Art. 301 Abs. I und II mit Freiheitsentziehung bis zu acht Jahren;

b) in den Fällen des Art. 301 Abs. III mit Freiheitsentziehung von drei bis zu fünfzehn Jahren und Vermögenseinziehung bis zur Hälfte des Vermögens des Schuldigen, wobei das Gericht auch die Aberkennung eines Rechts nach Art. 37 Ziff. 6 und 7 anordnen kann.

Art. 303. Entsprechend den Unterscheidungen der vorstehenden Artikel wird die Amtsperson auch dann bestraft, wenn mit ihrem Einverständnis einem anderen das Geschenk oder der Vermögensvorteil gegeben wird.

Art. 304. (1) Wer einer Amtsperson ein Geschenk oder einen anderen Vermögensvorteil gibt, damit sie eine dienstliche Handlung vornimmt oder unterläßt oder weil sie eine solche Handlung vorgenommen hat oder unterlassen hat, wird mit Freiheitsentziehung bis zu drei Jahren bestraft.

(2) Hat die Amtsperson in Verbindung mit der Bestechung ihre dienstlichen Verpflichtungen verletzt, so ist die Strafe Freiheitsentziehung bis zu fünf Jahren, falls diese Verletzung nicht eine schwerer strafbare Straftat darstellt.

Art. 305. Die Strafen für Bestechung nach den vorstehenden Artikeln treffen auch einen Sachverständigen, der von einem Gericht, einer Behörde, einem Unternehmen oder einer Organisation bestellt ist, wenn er eine solche Handlung in Verbindung mit der ihm gestellten Aufgabe begeht, ebenso wie denjenigen, der eine solche Bestechung gibt.

Art. 306. Wer eine Bestechung gegeben hat, wird nicht bestraft:
a) wenn er von der Amtsperson oder dem Sachverständigen dazu erpreßt wurde oder
b) wenn er unverzüglich und freiwillig der Macht Anzeige erstattet hat.

Art. 307. (1) Wer mit Vorbedacht Umstände oder Bedingungen schafft, die zum Geben oder Annehmen einer Bestechung herausfordern, in der Absicht, denjenigen zu überführen, der die Bestechung gegeben oder erhalten hat, wird mit Freiheitsentziehung bis zu einem Jahr oder Besserungsarbeit bestraft.

(2) In diesen Fällen wird der Provozierte nicht bestraft.

NEUNTES KAPITEL

Urkundsdelikte

Art. 308. Wer eine unechte amtliche Urkunde herstellt oder den Inhalt einer amtlichen Urkunde fälscht in der Absicht, sie zu gebrauchen, wird wegen Urkundenfälschung mit Freiheitsentziehung bis zu drei Jahren bestraft.

Art. 309. (1) Wer selbst oder durch einen anderen eine unechte private Urkunde herstellt oder den Inhalt einer privaten Urkunde fälscht und diese gebraucht, um zu beweisen, daß ein Recht oder eine Verpflichtung oder ein Rechtsverhältnis besteht oder nicht besteht oder beendigt oder geändert wurde, wird wegen Urkundenfälschung mit Freiheitsentziehung bis zu zwei Jahren bestraft.

(2) Hat die Straftat ein Wertpapier zum Gegenstand, so ist die Strafe Freiheitsentziehung bis zu drei Jahren.

(3) In unbedeutenden Fällen der vorstehenden Absätze ist die Strafe Besserungsarbeit oder Geldstrafe bis zu einhundert Lewa.

Art. 310. Wird eine Straftat nach Art. 308 Abs. I und 309 Abs. I und II von einer Amtsperson in ihrem Dienstbereich begangen, so ist die Strafe Freiheitsentziehung bis zu fünf Jahren, wobei das Gericht auch die Aberkennung des Rechts nach Art. 37 Ziff. 6 anordnen kann.

Art. 311. (1) Eine Amtsperson, die in ihrem Dienstbereich eine amtliche Urkunde herstellt, in der sie unwahre Tatsachen oder Erklärungen beglaubigt in der Absicht des Gebrauchs dieser Urkunde als Beweis für diese Tatsachen oder Erklärungen, wird mit Freiheitsentziehung bis zu fünf Jahren bestraft, wobei das Gericht auch die Aberkennung des Rechts nach Art. 37 Ziff. 6 anordnen kann.

(2) In unbedeutenden Fällen ist die Strafe Freiheitsentziehung bis zu einem Jahr oder Besserungsarbeit.

Art. 312. (1) Ein Arzt, der jemandem ein falsches Zeugnis über seinen Gesundheitszustand ausstellt, wird, wenn er nicht als Amtsperson gehandelt hat, mit Freiheitsentziehung bis zu zwei Jahren oder Besserungsarbeit bestraft.

(2) Unter den gleichen Bedingungen wird ein Tierarzt, der eine Urkunde mit unwahrem Inhalt über den Gesundheitszustand eines Tieres ausstellt, mit Freiheitsentziehung bis zu einem Jahr oder Besserungsarbeit bestraft.

Art. 313. (1) Wer in einer schriftlichen Erklärung, die kraft des Gesetzes vor einem Organ der Macht zur Beglaubigung der Wahrheit einer Tatsache abgegeben wird, die Unwahrheit bestätigt oder die Wahrheit verschweigt, wird mit Freiheitsentziehung bis zu drei Jahren oder Besserungsarbeit bestraft.

(2) Die gleiche Strafe trifft denjenigen, der in einer privaten Urkunde, bezüglich der er nach einer ausdrücklichen Anordnung des Gesetzes zur Beglaubigung der Wahrheit speziell verpflichtet ist, die Unwahrheit bestätigt oder die Wahrheit verschweigt und diese Urkunde als Beweis für die Tatsachen und Erklärungen gebraucht, die er wahrheitswidrig bestätigt hat.

Art. 314. Wer vorsätzlich bewirkt, daß unwahre Tatsachen oder Erklärungen in eine amtliche Urkunde eingetragen werden, die nach der festgesetzten Ordnung aufgrund der Erklärung einer Privatperson hergestellt wird, wird mit Freiheitsentziehung bis zu zwei Jahren oder Besserungsarbeit bestraft.

Art. 315. (1) Wer eine Urkunde herstellt, indem er das Blatt, das die Unterschrift des Ausstellers trägt, mit einem Inhalt ausfüllt, der dem Willen des Unterzeichners nicht entspricht, wird entsprechend den Unterscheidungen nach Art. 308 und 309 bestraft.

(2) Den gleichen Unterscheidungen entsprechend wird bestraft, wer durch Täuschung einen anderen veranlaßt, eine Urkunde mit einem Inhalt zu unterschreiben, der nicht dem Willen des Unterzeichners entspricht.

Art. 316. Die Strafe, die von den vorstehenden Artikeln dieses Kapitels vorgesehen ist, trifft auch denjenigen, der wissentlich Gebrauch macht von einer unechten oder gefälschten Urkunde, von einer Urkunde mit falschem Inhalt oder von einer solchen des vorstehenden Artikels, wenn er nicht für ihre Herstellung selbst strafrechtlich belangt werden kann.

Art. 317. Wer rechtswidrig von einer Urkunde Gebrauch macht, von der er weiß, daß der Aussteller sie unterzeichnet hat ohne die Absicht, sich durch sie zu verpflichten, wird mit Freiheitsentziehung bis zu zwei Jahren oder Besserungsarbeit bestraft.

Art. 318. Wer rechtswidrig sich einer amtlichen Urkunde bedient, die für eine andere Person ausgestellt ist, um ein Organ der Macht oder einen Vertreter der Gesellschaft zu täuschen, wird mit Freiheitsentziehung bis zu zwei Jahren oder Besserungsarbeit oder mit Geldstrafe bis zu dreihundert Lewa bestraft.

Art. 319. Wer eine fremde oder ihm nicht ausschließlich gehörende Urkunde vernichtet, verheimlicht oder beschädigt in der Absicht, einem anderen einen Schaden zuzufügen, oder für sich oder einen anderen einen Vorteil zu erlangen, wird mit Freiheitsentziehung bis zu drei Jahren oder Besserungsarbeit bestraft.

ZEHNTES KAPITEL

Straftaten gegen die Ordnung und die öffentliche Ruhe

Art. 320. Wer in einer Ansprache vor einer Menschenmenge, durch Verbreitung von Druckerzeugnissen oder auf andere ähnliche Weise öffentlich zur Begehung einer Straftat anstiftet, wird mit Freiheitsentziehung bis zu drei Jahren bestraft, jedoch nicht mit einer schwereren Strafe als sie für die Straftat selbst vorgesehen ist.

Art. 321. (1) Wer eine Gruppe gründet oder leitet, die zu dem Zweck gebildet ist, im In- oder Ausland Straftaten zu begehen, wird mit Freiheitsentziehung von einem bis zu fünf Jahren bestraft.

(2) Wer sich an einer solchen Gruppe beteiligt, wird mit Freiheitsentziehung bis zu drei Jahren bestraft.

Art. 322. Wer die Begehung einer offensichtlich schweren Straftat nicht verhindert, obwohl er dies ohne bedeutende Schwierigkeit und ohne Gefahr für sich oder einen anderen tun könnte, wird mit Freiheitsentziehung bis zu einem Jahr oder Besserungsarbeit bestraft.

Art. 323. (1) Wer sein wirkliches Recht, das ihm von einem anderen bestritten wird, oder sein vermeintliches Recht eigenmächtig, nicht gemäß der vom Gesetz festgesetzten Ordnung ausübt, wird, wenn daraus nicht unbedeutende Schäden für einen Bürger, eine gesellschaftliche Organisation oder den Staat entstanden sind, mit Freiheitsentziehung bis zu einem Jahr oder Geldstrafe bis zu zweihundert Lewa bestraft.

(2) Wer eigenmächtig unbewegliches Vermögen in Besitz nimmt, dessen Besitz ihm ordnungsgemäß entzogen ist, wird mit Freiheitsentziehung bis zu drei Monaten oder Geldstrafe bis zu einhundert Lewa bestraft.

(3) Der Täter wird nicht bestraft, wenn er nach Warnung durch das zuständige Staatsorgan den ursprünglichen faktischen Zustand unverzüglich wieder herstellt.

(4) Die Vorschrift des vorstehenden Absatzes findet keine Anwendung, wenn der Täter nach der Wiederherstellung erneut die gleiche Handlung begeht.

Art. 324. (1) Wer einen Beruf oder ein Gewerbe ausübt, ohne die entsprechende Berechtigung zu haben, wird mit Freiheitsentziehung bis zu einem Jahr oder Geldstrafe bis zu dreihundert Lewa bestraft.

(2) Ist der Beruf oder das Gewerbe mit dem Gesundheitsschutz der Bevölkerung verbunden, so ist die Strafe Freiheitsentziehung bis zu zwei Jahren oder Geldstrafe bis zu fünfhundert Lewa.

Art. 325. (1) Wer ungebührliche Handlungen begeht, welche die öffentliche Ordnung grob verletzen und offenkundige Mißachtung der Gesellschaft zum Ausdruck bringen, wird wegen Chuliganismus[23] mit Freiheitsentziehung bis zu zwei Jahren oder Besserungsarbeit sowie auch mit gesellschaftlichem Tadel bestraft.

---

[23] Der Straftatbestand und das Wort Chuliganismus sind — nach dem sowjetischen Vorbild — bereits in das StGB von 1951 aufgenommen worden. Der entsprechende Art. 283 bestimmte jedoch, daß der Chuliganismus nur dann als selbständige Straftat vorliegt, wenn durch die Handlung keine schwerere Straftat verwirklicht wurde. Wie die sowjetische Strafrechtslehre (in Anlehnung an ein Zitat von *Lenin)* sieht auch die bulgarische darin „negative Gesellschaftserscheinungen, die ihre Wurzel in der Vergangenheit haben". Vgl. *I. Nenov,* Nakazatelno pravo. Osobena čast (Strafrecht Bes. Teil), S. 280, „Die bourgeoisen Reste im Bewußtsein

(2) Ist die Handlung mit Widerstand gegen ein Organ der Macht oder einen Vertreter der Gesellschaft verbunden, der seine Verpflichtungen zum Schutz der öffentlichen Ordnung erfüllt, oder zeichnet sie sich nach ihrem Inhalt durch außergewöhnlichen Zynismus oder außergewöhnliche Frechheit aus, so ist die Strafe Freiheitsentziehung bis zu fünf Jahren.

(3) Stellt die Handlung nach Abs. II einen gefährlichen Rückfall dar, so ist die Strafe Freiheitsentziehung von einem bis zu fünf Jahren, wobei das Gericht auch Zwangsaufenthalt anordnen kann.

Art. 326. Wer durch den Rundfunk, das Telefon oder auf andere Weise falsche Aufrufe oder irreführende Hilfs-, Unfalls- oder Alarmzeichen gibt, wird mit Besserungsarbeit oder Geldstrafe bis zu dreihundert Lewa bestraft.

Art. 327. (1) Wer ein Glücksspiel veranstaltet oder sich an einem solchen Spiel beteiligt, wird mit Besserungsarbeit oder Geldstrafe bis zu eintausend Lewa bestraft.

(2) Gelder und Sachen, die Gegenstand des Glückspiels sind, werden zugunsten des Staates eingezogen.

Art. 328. (1) Wer sein Leben in einer Landstreichergruppe führt, wird mit Zwangsaufenthalt bis zu zwei Jahren oder Geldstrafe bis zu einhundert Lewa bestraft.

(2) Wer eine solche Gruppe organisiert oder leitet, wird mit Freiheitsentziehung bis zu einem Jahr und Zwangsaufenthalt bestraft.

(3) Wer ein Landstreicherleben führt, indem er nicht an einem ständigen Wohnort niedergelassen ist und keine gesellschaftlich nützliche Arbeit leistet, wird mit Zwangsaufenthalt bis zu zwei Jahren bestraft.

Art. 329. (1) Eine volljährige, arbeitsfähige Person, die längere Zeit keiner gesellschaftlich nützlichen Arbeit nachgeht und von arbeitslosen Einkünften lebt, die durch Ausnutzung fremder Arbeit, unerlaubte Ausnutzung von unbeweglichem Vermögen oder eines Verkehrsmittels, durch Spekulation oder auf andere unerlaubte oder unmoralische Weise erworben sind, wird mit Zwangsaufenthalt oder Besserungsarbeit bestraft.

(2) Wer systematisch der Bettelei nachgeht, wird mit Zwangsaufenthalt bis zu zwei Jahren bestraft.

---

von Menschen und die bourgeoisen Einflüsse als Ergebnis kapitalistischer Einkreisung sind die Ursachen der Kriminalität und der chuliganischen Erscheinungen". Sie kann nur vorsätzlich begangen werden. Vgl. *K. Georgiev*, Prestûplenija protiv obštestvenija red (Straftaten gegen die öffentliche Ordnung), Sofia 1958, S. 37-41.

ELFTES KAPITEL

Gemeingefährliche Straftaten

ABSCHNITT I.

Straftaten, die auf gemeingefährliche Weise oder mit gemeingefährlichen Mitteln begangen werden

Art. 330. (1) Wer ein Gebäude, Inventar, Waren, landwirtschaftliche oder andere Erzeugnisse, Wald, Maschinen, ein Bergwerk oder anderes Vermögen von bedeutendem Wert in Brand setzt, wird wegen Brandstiftung mit Freiheitsentziehung von einem bis zu acht Jahren bestraft.

(2) Die Strafe ist Freiheitsentziehung von drei bis zu zehn Jahren:

1. wenn der Brand eine Gefahr für das Leben eines Menschen dargestellt hat;
2. wenn eine Gefahr der Ausbreitung auch auf anderes wie oben bezeichnetes Vermögen bestanden hat;
3. wenn das in Brand gesteckte Vermögen historischen, wissenschaftlichen oder künstlerischen Wert hat oder wenn in den in Brand gesetzten Räumlichkeiten Gegenstände aufbewahrt werden, die historischen, wissenschaftlichen oder künstlerischen Wert haben.

(3) Waren in den Fällen des vorstehenden Absatzes bedeutende Schäden die Folge, so ist die Strafe Freiheitsentziehung von drei bis zu zwölf Jahren, war aber der Tod eines Menschen die Folge, so ist die Strafe, wenn der Täter dies weder gewollt noch zugelassen hat, Freiheitsentziehung von fünf bis zu fünfzehn Jahren.

Art. 331. (1) Wer aus Fahrlässigkeit fremdes Vermögen nach dem vorstehenden Artikel in Brand setzt, wird mit Freiheitsentziehung bis zu drei Jahren bestraft.

(2) War der Tod eines Menschen oder waren bedeutende Schäden die Folge, so ist die Strafe Freiheitsentziehung bis zu fünf Jahren.

Art. 332. Wegen Brandstiftung wird der Täter nicht bestraft, wenn er vor dem Eintreten bedeutender Schäden aus eigenem Entschluß den Brand unverzüglich gelöscht hat.

Art. 333. Werden die Objekte nach Art. 330 durch eine Explosion beschädigt oder vernichtet, so werden die in jenem Artikel vorgesehenen Strafen entsprechend verhängt.

Art. 334. (1) Wer eine Überschwemmung herbeiführt und dadurch das Leben oder das Vermögen eines anderen in Gefahr bringt, wird mit Freiheitsentziehung von drei bis zu zwölf Jahren bestraft.

(2) Waren in diesem Fall bedeutende Schäden die Folge, so ist die Strafe Freiheitsentziehung von fünf bis zu fünfzehn Jahren, war aber der Tod eines Menschen die Folge, so ist die Strafe, wenn der Täter dies weder gewollt noch zugelassen hat, Freiheitsentziehung von zehn bis zu fünfzehn Jahren.

Art. 335. (1) Wer eine Überschwemmung aus Fahrlässigkeit herbeiführt und dadurch das Leben oder das Vermögen eines anderen in Gefahr bringt, wird mit Freiheitsentziehung bis zu drei Jahren bestraft.

(2) War der Tod eines Menschen oder waren bedeutende Schäden die Folge, so ist die Strafe Freiheitsentziehung bis zu fünf Jahren.

Art. 336. Die Vorbereitung einer Straftat nach Art. 330, 333 und 334 wird mit Freiheitsentziehung bis zu drei Jahren bestraft.

Art. 337. Wer Sprengstoff, Feuerwaffen oder Munition herstellt, umarbeitet, ausbessert, handelt, befördert, ein- oder ausführt, ohne dazu durch ein Gesetz oder eine Erlaubnis des zuständigen Organs der Macht berechtigt zu sein, oder dies nicht gemäß der ihm erteilten Erlaubnis durchführt, wird mit Freiheitsentziehung bis zu drei Jahren oder Geldstrafe bis zu eintausend Lewa bestraft.

Art. 338. (1) Wer bei der Aufbewahrung, der Beförderung, dem Versand von Sprengstoff, Feuerwaffen oder Munition oder bei der Arbeit mit denselben nicht die notwendigen Sicherheitsmaßnahmen und insbesondere die in den diesbezüglichen Reglements, Verordnungen oder Anweisungen vorgesehenen Maßnahmen trifft, wird mit Freiheitsentziehung bis zu zwei Jahren oder mit Geldstrafe bis zu eintausend Lewa bestraft.

(2) Ist eine Explosion die Folge und wird einer oder mehreren Personen eine mittlere oder schwere Körperverletzung oder der Tod oder ein bedeutender Vermögensschaden zugefügt, so ist die Strafe Freiheitsentziehung von zwei bis zu acht Jahren, in besonders schweren Fällen aber ist die Strafe Freiheitsentziehung von fünf bis zu fünfzehn Jahren.

Art. 339. (1) Wer Sprengstoff, Feuerwaffen oder Munition auf irgendeine Weise erwirbt, aufbewahrt oder einem anderen übergibt, ohne dafür die gehörige Erlaubnis zu haben, wird mit Freiheitsentziehung bis zu zwei Jahren oder Geldstrafe bis zu dreihundert Lewa bestraft.

(2) Handelt es sich um Sprengstoff, Feuerwaffen oder Munition in großer Menge, so ist die Strafe Freiheitsentziehung bis zu fünf Jahren.

(3) Wer Sprengstoff oder Feuerwaffen an eine Person veräußert oder übergibt, die keine Erlaubnis zu deren Erwerb hat, wird mit Freiheitsentziehung bis zu zwei Jahren oder Geldstrafe bis zu dreihundert Lewa bestraft.

(4) Die Strafe des vorstehenden Absatzes trifft auch denjenigen, der einem anderen Munition veräußert oder übergibt, ohne daß dieser die Erlaubnis zum Tragen der entsprechenden Waffe hat.

ABSCHNITT II.

Straftaten gegen das Verkehrs- und Nachrichtenwesen

Art. 340. (1) Wer rollendes Material der Eisenbahn oder einen Schienenweg, ein Flugzeug, ein Kraftfahrzeug, ein elektrisches Verkehrsmittel (Trolleybus, Straßenbahn und andere solche zum Massenverkehr bestimmte Mittel) oder deren Ausrüstung oder Zubehör, einen Tunnel, eine Brücke oder Stützmauer eines Verkehrsweges beschädigt oder ein Schiff beschädigt oder zuläßt, daß es beschädigt wird, aufläuft oder untergeht, und damit Gefahr für das Leben eines anderen oder die Gefahr einer bedeutenden Beschädigung fremden Vermögens herbeiführt, wird mit Freiheitsentziehung von fünf bis zu fünfzehn Jahren bestraft.

(2) War in diesen Fällen die Folge:

a) eine mittlere oder schwere Körperverletzung einer oder mehrerer Personen, so ist die Strafe Freiheitsentziehung von acht bis zu fünfzehn Jahren;

b) der Tod einer oder mehrerer Personen, unabhängig vom Eintritt der Folgen nach Buchstabe „a", so ist die Strafe Freiheitsentziehung von zehn bis zu zwanzig Jahren oder der Tod.

Art. 341. Wird eine Handlung nach dem vorstehenden Absatz aus Fahrlässigkeit begangen und:

a) ist der dem Verkehrsmittel, der Ausrüstung oder dem Zubehör zugefügte Schaden bedeutend oder war eine bedeutende Beschädigung eines anderen fremden Vermögens die Folge, oder

b) ist als Folge der Beschädigung, unabhängig von den Folgen nach Buchstabe „a", eine schwere oder mittlere Körperverletzung eines anderen eingetreten,

so ist die Strafe Freiheitsentziehung bis zu drei Jahren, war aber, unabhängig vom Eintritt der Folgen nach Buchstabe „a", der Tod eines anderen die Folge, so ist die Strafe Freiheitsentziehung bis zu fünf Jahren.

Art. 342. (1) Ein Arbeiter oder Angestellter des Verkehrswesens sowie ein Eigentümer oder Mieter eines Kraftfahrzeuges, das zum allgemeinen Gebrauch in das Verkehrswesen eingegliedert ist, der die Regeln für den Verkehr und die Nutzung von Verkehrsmitteln sowie für die Erfordernisse hinsichtlich der Qualität der Instandhaltung des Fahrzeugbestandes, von Straßen und Anlagen in der Absicht verletzt, die Zufügung bedeutender Schäden am Fahrzeugbestand, an Straßen, Anlagen oder anderem Vermögen oder die Zufügung einer Körperverletzung oder den Tod von Menschen herbeizuführen oder solches zuläßt, wird mit Freiheitsentziehung bis zu zwei Jahren oder Besserungsarbeit bestraft.

(2) Sind in den Fällen des vorstehenden Absatzes die beabsichtigten oder zugelassenen Folgen eingetreten, so ist die Strafe:

a) bei der Zufügung bedeutender Vermögensschäden Freiheitsentziehung von einem bis zu zehn Jahren;

b) bei der Zufügung einer mittelschweren oder schweren Körperverletzung einer oder mehrerer Personen mit oder ohne Vermögensschäden, Freiheitsentziehung von drei bis zu zwölf Jahren;

c) bei der Verursachung des Todes von einer oder mehreren Personen mit oder ohne Folgen nach Buchstabe „a“ und „b“ Freiheitsentziehung von zehn bis zu zwanzig Jahren, in besonders schweren Fällen aber von fünfzehn bis zu zwanzig Jahren oder der Tod.

(3) In den Fällen des Abs. II erkennt das Gericht dem Schuldigen die Rechte nach Art. 37 Ziff. 6 und 7 ab.

Art. 343. (1) Wird die Handlung nach dem vorstehenden Artikel aus Fahrlässigkeit begangen und sind infolgedessen eingetreten:

a) bedeutende Vermögensschäden;

b) eine mittelschwere Körperverletzung mit oder ohne Vermögensschäden;

c) eine schwere Körperverletzung mit oder ohne Folgen nach Buchstabe „a“ und „b“;

d) der Tod eines Menschen mit oder ohne Folgen nach Buchstabe „a“, „b“ und „c“,

so ist die Strafe: nach Buchstabe „a“ Freiheitsentziehung bis zu zwei Jahren; nach Buchstabe „b“ Freiheitsentziehung bis zu drei Jahren; nach Buchstabe „c“ Freiheitsentziehung bis zu vier Jahren; nach Buchstabe „d“ Freiheitsentziehung bis zu sechs Jahren.

(2) Wird die Handlung nach dem vorstehenden Absatz in betrunkenem Zustand begangen oder hat sie eine Körperverletzung oder den Tod von mehr als einer Person zur Folge gehabt, so ist die Strafe: nach Buchstabe „b“ Freiheitsentziehung bis zu fünf Jahren; nach Buchstabe „c“ Freiheitsentziehung bis zu sieben Jahren; nach

Buchstabe „d“ Freiheitsentziehung von drei bis zu zehn Jahren, in besonders schweren Fällen aber von fünf bis zu fünfzehn Jahren.

(3) Hat der Täter nach der Handlung das ihm Mögliche zur Hilfeleistung für die Geschädigten getan, so ist die Strafe: nach Abs. I Buchstabe „d“ Freiheitsentziehung bis zu vier Jahren; nach Abs. II in Verbindung mit Abs. I Buchstabe „d“ Freiheitsentziehung bis zu acht Jahren, in besonders schweren Fällen aber von drei bis zu zehn Jahren.

(4) In den Fällen des Abs. I Buchstabe „b“, „c“ und „d“ und des Abs. II kann das Gericht dem Schuldigen die Rechte nach Art. 37 Ziff. 6 und 7 aberkennen.

Art. 344. (1) Wer ein Zeichen, das für die Betriebssicherheit des Eisenbahn-, Wasser- oder Luftverkehrs und des elektrischen Verkehrs bestimmt ist, beseitigt oder versetzt, ein solches falsches Zeichen oder ein falsches Signal gibt und dadurch das Leben oder das Vermögen eines anderen in Gefahr bringt, wird mit Freiheitsentziehung bis zu fünf Jahren bestraft.

(2) Betrifft die Handlung nach Abs. I Zeichen für den Kraftfahrzeugverkehr, so ist die Strafe Freiheitsentziehung bis zu zwei Jahren oder Geldstrafe bis zu dreihundert Lewa.

Art. 345. Wer sich eines Kontrollzeichens bedient, das für ein anderes Kraftfahrzeug ausgegeben ist, oder eines Zeichens, das nicht von den zuständigen Organen ausgegeben ist, wird mit Freiheitsentziehung bis zu einem Jahr oder Geldstrafe bis zu einhundert Lewa bestraft.

Art. 346. (1) Wer rechtswidrig ein fremdes Kraftfahrzeug aus dem Besitz eines anderen ohne dessen Einwilligung wegnimmt in der Absicht, es zu benutzen, wird mit Freiheitsentziehung bis zu zwei Jahren oder Besserungsarbeit bestraft.

(2) Die Strafe ist Freiheitsentziehung bis zu drei Jahren, wenn:

a) das Kraftfahrzeug beschädigt oder ohne Aufsicht stehen gelassen wird oder

b) wenn die Handlung mehr als zweimal oder wiederholt begangen wird.

(3) In den Fällen der vorstehenden Absätze findet die Vorschrift des Art. 268 Abs. II entsprechende Anwendung.

Art. 347. (1) Wer eine Telegraphen-, Telefon- oder Fernschreibeinrichtung oder -leitung, eine Fernseh- oder Rundfunkeinrichtung oder eine Stromversorgungseinrichtung oder -leitung beschädigt und dadurch die Verbindung unterbricht oder behindert, wird mit Freiheitsentziehung bis zu fünf Jahren bestraft.

(2) Wird die Handlung aus Fahrlässigkeit begangen, so ist die Strafe Freiheitsentziehung bis zu einem Jahr oder Besserungsarbeit oder Geldstrafe bis zu einhundert Lewa.

Art. 348. Wer:

a) eine Funksendeanlage errichtet, unterhält oder benutzt ohne dafür eine schriftliche Erlaubnis zu haben;

b) eine Funksendeanlage gebraucht ohne vorherige Registrierung der vollständigen festgesetzten Daten oder sie zu Zwecken gebraucht, die nach der ihm gegebenen Erlaubnis nicht gestattet sind;

c) ohne vorherige schriftliche Erlaubnis eigenmächtig die registrierten Daten der Funksendeanlage abändert;

d) den Betrieb einer Funkverkehrsstation, Rundfunk-, Fernseh- oder Relaisstation oder einer Funkzentrale hindert oder stört,

wird mit Freiheitsentziehung bis zu fünf Jahren und Geldstrafe bis zu vierhundert Lewa bestraft, wobei die Funkanlage zugunsten des Staates eingezogen wird.

ABSCHNITT III.

Straftaten gegen die Volksgesundheit

Art. 349. (1) Wer vorsätzlich einen für das Leben oder die Gesundheit gefährlichen Gegenstand in einen Brunnen, eine Quelle, eine Wasserleitung oder eine andere für den allgemeinen Gebrauch bestimmte Anlage, aus der oder mit der Trinkwasser geschöpft wird, hineinbringt oder beimischt, wird mit Freiheitsentziehung von zwei bis zu acht Jahren bestraft.

(2) Hatte die Handlung eine schwere Körperverletzung zur Folge, so ist die Strafe Freiheitsentziehung von drei bis zu zehn Jahren, hatte sie aber den Tod eines Menschen zur Folge, so ist die Strafe Freiheitsentziehung von zehn bis zu zwanzig Jahren oder der Tod.

(3) Den Unterscheidungen des vorstehenden Absatzes entsprechend wird auch derjenige bestraft, der in der Absicht, Menschen anzustecken, Erreger einer epidemischen Krankheit verbreitet.

Art. 350. (1) Wer Nahrungsmittel oder Getränke, die für den allgemeinen Gebrauch bestimmt sind, auf eine Weise herstellt, daß gesundheitsgefährliche Stoffe sich in ihnen bilden oder in sie hineingelangen, sowie wer solche Nahrungsmittel oder Getränke verkauft, zum Verkauf anbietet oder auf andere Weise in den Verkehr bringt, wird mit Freiheitsentziehung bis zu fünf Jahren bestraft.

(2) Hatte die Handlung eine mittelschwere Körperverletzung eines anderen zur Folge, so ist die Strafe Freiheitsentziehung bis zu sechs Jahren, war eine schwere Körperverletzung eines anderen die Folge, so ist die Strafe Freiheitsentziehung von einem bis zu acht Jahren, war aber der Tod eines anderen die Folge, so ist die Strafe Freiheitsentziehung von drei bis zu fünfzehn Jahren.

Art. 351. (1) Eine aus Fahrlässigkeit begangene Handlung nach Art. 349 und 350 wird mit Freiheitsentziehung bis zu zwei Jahren oder Besserungsarbeit bestraft.

(2) War in diesem Fall der Tod eines Menschen die Folge, so ist die Strafe Freiheitsentziehung bis zu fünf Jahren.

Art. 352. (1) Wer Wasserläufe, Wasserbehälter, Grundwasser oder Küstengewässer[24], den Boden und die Luft verschmutzt oder zuläßt, daß sie verschmutzt werden und sie dadurch für die Menschen, die Tiere und die Pflanzen gefährlich macht oder sie für ihre Nutzung zu Zwecken der kulturellen Lebensweise, der Gesundheit, der Landwirtschaft oder zu anderen volkswirtschaftlichen Zwecken untauglich macht, wird mit Freiheitsentziehung bis zu fünf Jahren und Geldstrafe bis zu dreihundert Lewa bestraft.

(2) Die gleiche Strafe trifft eine Amtsperson, die bei der Planung, dem Bau oder dem Betrieb eines Entwässerungs- oder Bewässerungssystems es zugelassen hat, daß die notwendigen Maßnahmen nicht getroffen wurden, um eine gefährliche Verschmutzung der Wassereinzugsgebiete für die Trinkwasserversorgung oder das Ansteigen des Grundwasserspiegels in Wohn- und Kurgebieten zu vermeiden.

(3) Wird die Handlung nach den vorstehenden Absätzen aus Fahrlässigkeit begangen, so ist die Strafe Besserungsarbeit oder Geldstrafe bis zu eintausend Lewa.

Art. 353. (1) Eine Amtsperson, die ein Unternehmen oder ein Wärmekraftwerk in Betrieb setzt oder die Inbetriebsetzung anordnet, ehe die notwendigen Reinigungsanlagen in Tätigkeit gesetzt sind,

---

[24] Gewässer, die sich nach den allgemeinen Grundsätzen des Völkerrechts unter einer gewissen Jurisdiktion des Staates befinden, bis zu der entsprechenden Grenze an das Hohe Meer. Vgl. *Genovski*, Osnovi na meždunarodnoto pravo (Grundlagen des Völkerrechts), Sofia 1966, S. 196. Bulgarien ist der Konvention über das Küstenmeer und die Anschlußzone v. 29. April 1958 beigetreten; bulgarischer Wortlaut in: Izvestija na Prezidiuma na Narodnoto Sŭbranie (Anzeiger des Präsidiums der Volksversammlung) Nr. 79 v. 2. Oktober 1962; deutsche Übersetzung bei *G. Hoog*, Die Genfer Seerechtskonferenzen von 1958 und 1960, Hamburg 1961, S. 58 ff. — S. oben Art. 240 samt Anmerkung.

wird mit Freiheitsentziehung bis zu drei Jahren und Geldstrafe bis zu fünfhundert Lewa bestraft.

(2) Die gleiche Strafe trifft auch eine Amtsperson, die ihre Verpflichtungen nicht erfüllt hinsichtlich des Ausbaus von Reinigungsanlagen sowie der Sicherstellung der Zuverlässigkeit und der ununterbrochenen ordnungsgemäßen Betriebsfähigkeit solcher Anlagen, wenn diese deswegen ganz oder teilweise nicht in Betrieb gesetzt werden konnten oder die Einstellung ihres Betriebs bewirkt wurde.

(3) Wird die Handlung nach den vorstehenden Absätzen aus Fahrlässigkeit begangen, so ist die Strafe Besserungsarbeit oder Geldstrafe bis zu eintausend Lewa.

Art. 354. (1) Wer ohne gehörige Erlaubnis einen genehmigungspflichtigen stark wirkenden Giftstoff oder ein solches Betäubungsmittel erwirbt, aufbewahrt, veräußert oder einem anderen übergibt, wird mit Freiheitsentziehung bis zu zwei Jahren oder Geldstrafe bis zu dreihundert Lewa bestraft.

(2) Wird die Handlung nach Absatz I systematisch begangen, so ist die Strafe Freiheitsentziehung bis zu drei Jahren und Geldstrafe bis zu eintausend Lewa.

(3) Der Gegenstand der Straftat wird zugunsten des Staates eingezogen.

Art. 355. (1) Wer eine Anordnung verletzt, die gegen die Verbreitung oder das Auftreten einer ansteckenden Krankheit von Menschen erlassen ist, wird mit Besserungsarbeit oder Geldstrafe bis zu einhundert Lewa bestraft.

(2) Wird die Handlung während einer Epidemie begangen, die mit einem Todesfall verbunden ist, so ist die Strafe Freiheitsentziehung bis zu einem Jahr oder Besserungsarbeit.

(3) Wer eine Anordnung verletzt, die zur Verhütung von Lebensmittelvergiftungen erlassen ist, wird mit Besserungsarbeit oder Geldstrafe bis zu einhundert Lewa bestraft.

Art. 356. (1) Wer bei der Planung, Leitung oder Ausführung eines Bauwerks die festgesetzten Bauvorschriften, sanitären Vorschriften oder Brandschutzvorschriften verletzt und dadurch das Leben eines anderen in Gefahr bringt, wird mit Freiheitsentziehung bis zu zwei Jahren bestraft.

(2) Wird die Verletzung der Vorschriften nach dem vorstehenden Absatz aus Fahrlässigkeit begangen, so ist die Strafe Freiheitsentziehung bis zu einem Jahr oder Besserungsarbeit.

ZWÖLFTES KAPITEL

Straftaten gegen die Verteidigungsfähigkeit der Volksrepublik

ABSCHNITT I.

Straftaten gegen das Staatsgeheimnis

Art. 357. (1) Wer Angaben, die ein Staatsgeheimnis darstellen[25], in irgendeiner Weise bekannt macht, wird, sofern er keine schwerere Strafe verwirkt hat, mit Freiheitsentziehung bis zu drei Jahren bestraft.

(2) Wird die Handlung von einer Amtsperson begangen, der die Angaben in dieser ihrer Eigenschaft anvertraut wurden, oder die diese Angaben aufgrund ihrer Dienststellung erfahren hat, so ist die Strafe Freiheitsentziehung von einem bis zu fünf Jahren.

(3) Wenn durch die Handlung besonders schwere Folgen für die Staatssicherheit eingetreten sind oder eintreten können, so ist die Strafe Freiheitsentziehung von drei bis zu zehn Jahren.

Art. 358. (1) Wer Urkunden, Schriften oder Materialien verliert, die Angaben enthalten, die ein Staatsgeheimnis darstellen, wird mit Freiheitsentziehung bis zu zwei Jahren oder Besserungsarbeit bestraft.

(2) Wenn durch die Handlung besonders schwere Folgen eingetreten sind oder eintreten können, so ist die Strafe Freiheitsentziehung bis zu fünf Jahren.

Art. 359. (1) Wer Anlaß gibt, daß ein Staatsgeheimnis aus Fahrlässigkeit offenbart wird, wird mit Freiheitsentziehung bis zu zwei Jahren oder Besserungsarbeit bestraft.

(2) Geschah dies wegen Nichtbeachtung von Spezialvorschriften über die Aufbewahrung von Urkunden, Schriften und anderen Materialien, so ist die Strafe Freiheitsentziehung bis zu drei Jahren.

Art. 360. Wer Angaben militärischer, wirtschaftlicher oder anderer Natur bekannt macht, die kein Staatsgeheimnis sind, deren Bekanntmachung jedoch durch Gesetz, Befehl oder eine andere Verwaltungsanordnung verboten ist, wird mit Freiheitsentziehung bis zu einem Jahr oder Besserungsarbeit bestraft.

ABSCHNITT II.

Straftaten gegen die Erfüllung des Militärdienstes

Art. 361. (1) Ein bulgarischer Bürger, der sich dem Militärdienst entzieht, wird mit Freiheitsentziehung bis zu drei Jahren bestraft.

---

[25] Siehe unten S. 171.

(2) Ein Reservist, der zu einem Schulungs-, Kontroll- oder Übungsappell nicht rechtzeitig erscheint, wird mit Freiheitsentziehung bis zu drei Jahren oder Besserungsarbeit bestraft.

Art. 362. Wer durch Verstümmelung oder auf andere Weise vorsätzlich sich oder einen anderen zur Erfüllung des Militärdienstes untauglich macht, wird mit Freiheitsentziehung bis zu fünf Jahren bestraft.

Art. 363. Wer in der Absicht, sich oder einen anderen vom Militärdienst zu befreien oder davor zu verbergen, List oder Täuschung anwendet, wird mit Freiheitsentziehung bis zu drei Jahren bestraft.

Art. 364. (1) Wer sich bei einer Mobilmachung dem Militärdienst entzieht, wird mit Freiheitsentziehung von einem bis zu fünf Jahren bestraft.

(2) Begeht der Täter dies in der Absicht, sich dauernd der Erfüllung seiner Militärdienstpflicht zu entziehen, so ist die Strafe Freiheitsentziehung von drei bis zu zehn Jahren.

(3) Wird die Handlung nach Abs. II in Kriegszeit begangen, so ist die Strafe Freiheitsentziehung von fünf bis zu zwanzig Jahren oder der Tod.

Art. 365. Eine Amtsperson, die über den Familienstand oder den Gesundheitszustand eines jungen Mannes, der dem Militärdienst unterliegt, falsche Auskünfte gibt oder unvollständige oder unrichtige Listen aufstellt oder zuläßt, daß ein junger Mann, der dem Militärdienst unterliegt, gegen einen anderen ausgetauscht wird, wird mit Freiheitsentziehung bis zu zwei Jahren oder Besserungsarbeit bestraft.

Art. 366. Wer seine Verpflichtungen bei der militärischen Erfassung von Menschen, Tieren, Verkehrsmitteln und anderen Ausrüstungen verletzt, außer den in den besonderen Gesetzen über die militärische Erfassung vorgesehenen Fällen, wird mit Freiheitsentziehung bis zu zwei Jahren und Geldstrafe bis zu vierhundert Lewa bestraft, wenn die Handlung keine schwerere Straftat darstellt; in Kriegszeit ist die Strafe Freiheitsentziehung von drei bis zu zehn Jahren und Geldstrafe bis zu eintausend Lewa.

Art. 367. (1) Wer die mit der Vorbereitung und Durchführung der Mobilmachung verbundenen Anordnungen nicht befolgt oder ihre ordnungsgemäße Durchführung hindert, wird mit Freiheitsentziehung von einem bis zu acht Jahren und in besonders schweren Fällen mit Freiheitsentziehung von fünf bis zu fünfzehn Jahren bestraft.

(2) Wird die Handlung nach dem vorstehenden Absatz aus Fahrlässigkeit begangen, so ist die Strafe Besserungsarbeit oder Geldstrafe bis zu einhundert Lewa.

Art. 368. Wer wissentlich seine Verpflichtungen verletzt bei der medizinischen Musterung von Militärpersonen, Reservisten oder Rekruten, bei der Inspektion von technischen Mitteln und Verkehrsmitteln oder von Tieren und Ausrüstungen in Verbindung mit der militärischen Erfassung, wird mit Freiheitsentziehung bis zu acht Jahren bestraft, in Kriegszeit ist die Strafe Freiheitsentziehung von fünf bis fünfzehn Jahren.

ABSCHNITT III.

Andere Straftaten

Art. 369. (1) Wer in Kriegszeit seine Verpflichtungen in Verbindung mit dem Luftschutz, dem atomaren oder chemischen Schutz nicht erfüllt, wird mit Freiheitsentziehung bis zu zwei Jahren bestraft.

(2) Sind durch die Handlung schwere Folgen eingetreten, so ist die Strafe Freiheitsentziehung bis zu acht Jahren.

Art. 370. Wer sich in Kriegszeit bei Arbeitsdienstverpflichtung dieser entzieht oder seine Verpflichtungen in Verbindung mit der ihm auferlegten Arbeit nicht erfüllt, wird mit Freiheitsentziehung bis zu fünf Jahren bestraft.

DREIZEHNTES KAPITEL

Militärstraftaten

Art. 371. Für Straftaten nach diesem Kapitel sind verantwortlich:

a) Militärpersonen;

b) Personen aus dem Mannschafts-, Unteroffiziers- oder Offiziersstand der Abteilungen des Ministeriums für innere Angelegenheiten und des Staatssicherheitskomitees;

c) Angehörige des Arbeitsdienstes;

d) Reservisten während eines Schulungs-, Kontroll- oder Übungsappells;

e) in diesem Artikel nicht erwähnte Personen bei Teilnahme an Militärstraftaten.

ABSCHNITT I.

Straftaten gegen die Unterordnung und die militärische Ehre

Art. 372. (1) Wer einen Befehl seines Vorgesetzten nicht erfüllt oder sich weigert, ihn zu erfüllen, wird mit Freiheitsentziehung bis zu zwei Jahren bestraft.

(2) Wird dies von einer Gruppe von Personen begangen oder vor der Formation oder auf demonstrative Weise, so ist die Strafe Freiheitsentziehung von einem bis zu fünf Jahren.

(3) Straftaten nach den vorstehenden Absätzen werden in besonders schweren Fällen mit Freiheitsentziehung von drei bis zu zehn Jahren bestraft.

Art. 373. Die Strafen der entsprechenden Absätze des vorstehenden Artikels finden auch Anwendung auf die Nichtausführung oder die Verweigerung der Ausführung einer gesetzmäßigen Aufforderung seitens einer militärischen Amtsperson, die eine Militärdienstpflicht erfüllt.

Art. 374. Wer gegen eine Anordnung oder einen Befehl seines Vorgesetzten offen Unwillen äußert, wird mit Freiheitsentziehung bis zu einem Jahr bestraft.

Art. 375. Wer seinen Vorgesetzten oder eine militärische Amtsperson, die Militärdienstpflichten erfüllt, mit Körperverletzung oder Tötung bedroht, wird mit Freiheitsentziehung bis zu drei Jahren bestraft.

Art. 376. (1) Wer seinem Vorgesetzten oder einer militärischen Amtsperson, die eine Militärdienstpflicht erfüllt, Widerstand leistet, wird mit Freiheitsentziehung bis zu fünf Jahren bestraft.

(2) Die gleiche Strafe trifft auch denjenigen, der eine solche Person zur Verletzung ihrer Pflichten nötigt.

(3) Wird die Handlung nach den vorstehenden Absätzen mit Waffen oder von einer Gruppe von Personen begangen, so ist die Strafe Freiheitsentziehung von zwei bis zu acht Jahren, in besonders schweren Fällen aber von drei bis zu fünfzehn Jahren.

Art. 377. (1) Wer gegenüber seinem Vorgesetzten eine gewaltsame Handlung begeht, wird mit Freiheitsentziehung von drei bis zu zehn Jahren bestraft.

(2) Sind durch die Handlung schwere Folgen eingetreten, so ist die Strafe Freiheitsentziehung von drei bis zu fünfzehn Jahren.

Art. 378. (1) Wer eine in Art. 371 Buchst. „a", „b", „c" und „d" erwähnte Person in ihrem Beisein oder in ihrer Abwesenheit beleidigt oder sie verleumdet, wird mit Freitheitsentziehung bis zu einem Jahr bestraft.

(2) Wird die Beleidigung nach Abs. 1 durch gewalttätige Handlungen begangen, so ist die Strafe Freiheitsentziehung bis zu zwei Jahren.

Art. 379. Wer einer in Art. 371 Buchstabe „a“, „b“, „c“ und „d“ genannten Person eine leichte Körperverletzung zufügt, wird, wenn die Handlung keine schwerere Straftat darstellt, mit Freiheitsentziehung bis zu zwei Jahren bestraft.

ABSCHNITT II.

Umgehung des Militärdienstes

Art. 380. Wer ohne Erlaubnis seinen Truppenteil oder Dienstort für nicht länger als 24 Stunden verläßt, wird mit Freiheitsentziehung bis zu zwei Jahren bestraft.

Art. 381. (1) Dauerte die Entfernung länger als 24 Stunden, so ist die Strafe Freiheitsentziehung bis zu drei Jahren.

(2) Dauerte die Entfernung länger als drei Tage oder wird sie wiederholt oder systematisch oder von einer Gruppe von Personen begangen, so ist die Strafe Freiheitsentziehung von einem bis zu sechs Jahren.

Art. 382. Wer sich in der Absicht entfernt, der Erfüllung seiner Militärdienstpflicht dauernd zu entgehen, wird mit Freiheitsentziehung von einem bis zu acht Jahren bestraft.

Art. 383. (1) Wer sich durch Vortäuschen einer Krankheit, durch Urkundenfälschung oder auf andere arglistige Weise der Militärdienstpflicht entzieht, wird, wenn die Handlung keine schwerere Straftat darstellt, mit Freiheitsentziehung von einem bis zu sechs Jahren bestraft.

(2) Wer sich durch Zufügung einer Gesundheitsbeschädigung der Militärdienstpflicht entzieht, wird mit Freiheitsentziehung von einem bis zu acht Jahren bestraft.

(3) Stellt die Handlung nach den vorstehenden Absätzen einen besonders schweren Fall dar, so ist die Strafe Freiheitsentziehung von drei bis zu zehn Jahren.

Art. 384. (1) Wer sich nicht rechtzeitig zum Dienst meldet bei einer Ernennung, Versetzung oder Abkommandierung, aus dem Urlaub, aus einem Lazarett oder einer militärischen Besserungsanstalt, wird entsprechend den Umständen der Art. 380, 381, 382 und 383 mit den in diesen Artikeln vorgesehenen Strafen bestraft.

(2) Wird die Handlung nach dem vorstehenden Absatz aus Fahrlässigkeit begangen und dauerte die Entfernung:

a) bis zu 24 Stunden, so ist die Strafe Freiheitsentziehung bis zu sechs Monaten;

b) länger als 24 Stunden, so ist die Strafe Freiheitsentziehung bis zu drei Jahren.

Art. 385. Wer sich weigert, Militärdienstpflichten zu erfüllen oder sich systematisch ihrer Erfüllung entzieht, wird mit Freiheitsentziehung bis zu fünf Jahren bestraft.

Art. 386. (1) Wer sich dem Militärdienst entzieht, indem er ohne Erlaubnis der zuständigen Organe das Landesgebiet verläßt oder in der festgesetzten Frist nicht in das Land zurückkehrt, wird, wenn die Handlung keine schwerere Straftat darstellt, mit Freiheitsentziehung von drei bis zu zehn Jahren bestraft.

(2) Die Vorbereitung wird mit Freiheitsentziehung bis zu fünf Jahren bestraft.

ABSCHNITT III.

Straftaten gegen die Dienstpflicht

Art. 387. (1) Wer seine Amtsgewalt oder seine dienstliche Stellung mißbraucht, seine Dienstpflichten nicht erfüllt oder seine Amtsgewalt überschreitet, wird, wenn daraus schädliche Folgen entstehen, mit Freiheitsentziehung bis zu drei Jahren bestraft.

(2) Sind durch die Handlung schwere Folgen eingetreten oder wird dies systematisch von einem Vorgesetzten gegenüber einem Untergebenen begangen, so ist die Strafe Freiheitsentziehung bis zu fünf Jahren.

Art. 388. Wer seine Dienstpflichten nicht gewissenhaft oder nachlässig erfüllt und dadurch schädliche Folgen verursacht, wird, wenn die Handlung keine schwerere Straftat darstellt, mit Freiheitsentziehung bis zu zwei Jahren bestraft.

ABSCHNITT IV.

Straftaten gegen den Wachdienst, den Posten-, Streifen-, Innen- und Grenzdienst

Art. 389. (1) Wer vorsätzlich oder fahrlässig die statuierten Vorschriften des Wach-, Posten- oder Streifendienstes oder die aufgrund dieser Vorschriften erlassenen Anordnungen verletzt, wird mit Freiheitsentziehung bis zu einem Jahr bestraft.

(2) Wird die Straftat bei einem Objekt von besonderer staatlicher oder militärischer Bedeutung begangen, so ist die Strafe Freiheitsentziehung bis zu drei Jahren.

(3) Hat die Straftat zum Eintritt von schädlichen Folgen geführt, zu deren Verhütung die Wache, der Posten oder die Streife eingesetzt war, so ist die Strafe Freiheitsentziehung von einem bis zu acht Jahren.

(4) Stellt die Handlung nach Abs. II und III einen besonders schweren Fall dar, so ist die Strafe Freiheitsentziehung von drei bis zu zehn Jahren.

Art. 390. Mit der in den entsprechenden Absätzen des vorstehenden Artikels vorgesehenen Strafe wird auch der Diensthabende bestraft, der die statuierten Vorschriften über die Beobachtung oder Benachrichtigung verletzt, die mit der Gewährleistung des Luft-, atomaren, chemischen oder Gesundheitsschutzes sowie auch des Wasserschutzes verbunden sind.

Art. 391. (1) Ein Diensthabender, der vorsätzlich oder fahrlässig die statuierten Vorschriften des Innendienstes verletzt, wird in nicht unbedeutenden Fällen mit Freiheitsentziehung bis zu sechs Monaten bestraft.

(2) Hat die Straftat zum Eintritt von schädlichen Folgen geführt, zu deren Verhütung der Dienst eingesetzt war, so ist die Strafe Freiheitsentziehung bis zu zwei Jahren.

(3) Stellt die Handlung einen besonders schweren Fall dar, so ist die Strafe Freiheitsentziehung bis zu drei Jahren.

Art. 392. (1) Ein Angehöriger des Grenzdienstes, der vorsätzlich oder fahrlässig die Vorschriften über den Schutz der Staatsgrenze verletzt, wird mit Freiheitsentziehung bis zu drei Jahren bestraft.

(2) Bestand die Handlung in eigenmächtigem Verlassen oder Nichtbesetzen des zu schützenden Objekts oder Abschnitts der Staatsgrenze, so ist die Strafe Freiheitsentziehung von einem bis zu acht Jahren.

(3) Straftaten nach den vorstehenden Absätzen werden in besonders schweren Fällen mit Freiheitsentziehung von drei bis zu fünf Jahren bestraft.

ABSCHNITT V.

Andere Militärstraftaten

Art. 393. Wer auf irgendeine Weise Angaben militärischen Charakters bekannt macht, die ein Staatsgeheimnis darstellen, wird, wenn er keine schwerere Strafe verwirkt hat, mit Freiheitsentziehung von drei bis zu zehn Jahren bestraft.

Art. 394. (1) Wer vorsätzlich oder fahrlässig die Vorschriften über die Haltung, Führung oder den Betrieb einer Kampf-, Spezial- oder Transportmaschine verletzt und dadurch den Tod, eine schwere oder mittelschwere Körperverletzung eines anderen oder eine bedeutende Beschädigung der Maschine oder des anderen technischen Kampfgeräts verursacht, wird mit Freiheitsentziehung bis zu zehn Jahren bestraft.

(2) In besonders schweren Fällen ist die Strafe Freiheitsentziehung von drei bis zu fünfzehn Jahren.

Art. 395. Wer Sachen, die ihm zum persönlichen Dienstgebrauch gegeben sind, vernachlässigt oder verliert, wird in nicht unbedeutenden Fällen mit Freiheitsentziehung bis zu einem Jahr bestraft.

ABSCHNITT VI.

Militärstraftaten, die in Kriegszeit oder bei Kampfhandlungen begangen werden

Art. 396. Militärstraftaten, die in Kriegszeit oder bei Kampfhandlungen begangen werden, werden bestraft:

1. nach Art. 380, 388, 391 mit Freiheitsentziehung bis zu fünf Jahren;
2. nach Art. 372 Abs. I, Art. 373 in Verbindung mit Art. 372 Abs. I, Art. 374, 375 und 387 Abs. I mit Freiheitsentziehung bis zu acht Jahren;
3. nach Art. 381, 384 Abs. I, Art. 385, 386 Abs. II, Art. 387 Abs. II mit Freiheitsentziehung von drei bis zu zehn Jahren;
4. nach Art. 373 in Verbindung mit Art. 372 Abs. II und III, Art. 389 Abs. II und III und Art. 390 mit Freiheitsentziehung von drei bis zu fünfzehn Jahren.

Art. 397. (1) Werden die Straftaten nach Art. 372 Abs. II und III, Art. 376, 377 Abs. II, Art. 382, 383 Abs. III in Kriegszeit oder bei Kampfhandlungen begangen, so ist die Strafe Freiheitsentziehung von fünf bis zu fünfzehn Jahren oder der Tod.

(2) Wird die Straftat nach Art. 386 Abs. I in Kriegszeit oder bei Kampfhandlungen begangen, so ist die Strafe der Tod.

ABSCHNITT VII.

Straftaten in Zusammenhang mit Kriegshandlungen

Art. 398. (1) Ein Vorgesetzter, der

a) ihm anvertraute Mittel der Kriegführung nicht vernichtet oder unbrauchbar macht oder die gehörigen Maßnahmen für ihre Vernichtung oder Unbrauchbarmachung nicht trifft, wenn ihnen die unmittelbare Gefahr der Einnahme durch den Feind droht, oder

b) wenn er zwar keinen Befehl zu Kriegshandlungen erhalten hat, jedoch die Notwendigkeit zum Handeln besteht, nicht rechtzeitig die Ausgabe eines solchen Befehls veranlaßt oder unter unaufschiebbaren Umständen nicht aus eigener Initiative handelt,

wird mit Freiheitsentziehung von drei bis zu fünfzehn Jahren bestraft, soweit die Handlung keine schwerere Straftat darstellt.

(2) Wird die Handlung aus Fahrlässigkeit begangen, so ist die Strafe Freiheitsentziehung bis zu fünf Jahren.

Art. 399. Der Kommandant eines untergehenden Kriegsschiffes, der, ohne seine Dienstpflicht bis zum Ende erfüllt zu haben, das Schiff verläßt, sowie eine Person aus der Schiffsmannschaft, die das Schiff ohne Anordnung ihres Kommandanten verläßt, wird mit Freiheitsentziehung von zehn bis zu zwanzig Jahren oder dem Tode bestraft.

Art. 400. Wer während eines Kampfes eigenmächtig das Schlachtfeld verläßt oder sich aus Feigheit oder Kleinmut gefangengibt oder während eines Kampfes den Gebrauch der Waffe verweigert, wird mit dem Tode bestraft.

Art. 401. Wer in Gefangenschaft freiwillig an einer Arbeit teilnimmt, die unmittelbare Kriegsbedeutung hat, wird, wenn die Handlung keine schwerere Straftat darstellt, mit Freiheitsentziehung von zwei bis zu acht Jahren bestraft.

Art. 402. Wer in Gefangenschaft sich als Dienstälterer grausam zu anderen Kriegsgefangenen verhält, wird mit Freiheitsentziehung von zwei bis zu acht Jahren bestraft.

Art. 403. Wer in Gefangenschaft, um sich einen Vorteil zu verschaffen oder sich einer nachsichtigen Behandlung seitens des Feindes zu versichern, Handlungen zum Nachteil anderer Kriegsgefangener begeht, wird mit Freiheitsentziehung von einem bis zu fünf Jahren bestraft.

Art. 404. Wer das Vermögen der Bevölkerung, das sich im Gebiet der Kriegshandlungen befindet, raubt, stiehlt, sich aneignet, beschädigt, zerstört oder rechtswidrig wegnimmt, wird, wenn die Handlung keine schwerere Straftat darstellt, mit Freiheitsentziehung von drei bis zu fünfzehn Jahren, in besonders schweren Fällen aber mit Freiheitsentziehung von zehn bis zu fünfzehn Jahren bestraft.

Art. 405. Wer auf dem Schlachtfeld einem Verwundeten, Gefangenen oder Toten Sachen wegnimmt in der Absicht, sie sich rechtswidrig zuzueignen, wird, wenn die Handlung keine schwerere Straftat darstellt, wegen Marodierens mit Freiheitsentziehung von drei bis zu fünfzehn Jahren, in besonders schweren Fällen aber mit Freiheitsentziehung von zehn bis zu fünfzehn Jahren bestraft.

Ergänzende Vorschrift

Art. 406. (1) Bei Straftaten nach diesem Kapitel, für die eine Strafe von mehr als zehn Jahren Freiheitsentziehung oder der Tod vorgesehen ist, ordnet das Gericht die Aberkennung von Rechten nach Art. 37 Ziff. 6, 7, 9 und 10 an.

(2) Bei Straftaten nach Art. 386 und 393 kann das Gericht die Aberkennung von Rechten nach Art. 37 Ziff. 9 und 10 anordnen.

(3) Bei Straftaten nach Art. 394 kann das Gericht die Aberkennung von Rechten nach Art. 37 Ziff. 6 und 7 anordnen.

(4) Bei Handlungen nach Art. 372 Abs. I, Art. 373, 374, 378 Abs. I, Art. 379, 380, 384 Abs. I in Verbindung mit Art. 380, 384 Abs. II, Art. 387 Abs. I, Art. 388 Abs. I, Art. 391 Abs. 1 und Art. 395 kann der Schuldige auch nach der Disziplinarordnung bestraft oder seine Handlung vor den zuständigen gesellschaftlichen Organen und Kollektiven in der Armee verhandelt werden, wenn sie die militärische Disziplin nicht wesentlich berührt.

VIERZEHNTES KAPITEL

Straftaten gegen den Frieden und die Menschlichkeit

ABSCHNITT I.

Straftaten gegen den Frieden

Art. 407. Wer auf irgendeine Weise Kriegspropaganda treibt, wird mit Freiheitsentziehung bis zu acht Jahren bestraft.

Art. 408. Wer direkt oder mittelbar, durch die Presse, Rede, den Rundfunk oder auf andere Weise danach trachtet, einen bewaffneten Angriff eines Staates auf einen anderen hervorzurufen, wird wegen Kriegshetze mit Freiheitsentziehung von drei bis zu zehn Jahren bestraft.

Art. 409. Wer einen Aggressionskrieg plant, vorbereitet oder führt, wird mit Freiheitsentziehung von fünfzehn bis zu zwanzig Jahren oder dem Tode bestraft.

ABSCHNITT II.

Straftaten gegen die Gesetze und Gebräuche der Kriegsführung[26]

Art. 410. Wer unter Verletzung der Regeln des Völkerrechts über die Kriegsführung:

a) Tötung, Folterung oder unmenschliche Behandlung, einschließlich biologischer Experimente, an Verwundeten, Kranken, Schiffbrüchigen oder Sanitätspersonal begeht oder ihre Begehung befiehlt, solchen Personen schwere Leiden, Verstümmelungen oder andere Gesundheitsschädigungen zufügt oder ihre Zufügung befiehlt;

b) bedeutende Zerstörungen oder Wegnahme von Sanitätsmaterial oder -einrichtungen begeht oder ihre Begehung befiehlt,

wird mit Freiheitsentziehung von fünf bis zu zwanzig Jahren oder dem Tode bestraft.

Art. 411. Wer unter Verletzung der Regeln des Völkerrechts über die Kriegsführung:

a) Tötung, Folterung oder unmenschliche Behandlung, einschließlich biologischer Experimente, an Kriegsgefangenen begeht oder ihre Begehung befiehlt, solchen Personen schwere Leiden, Verstümmelungen oder andere Gesundheitsschädigungen zufügt oder ihre Zufügung befiehlt;

b) einen Gefangenen nötigt, bei den Streitkräften des feindlichen Staates zu dienen, oder

c) einem Gefangenen das Recht vorenthält, daß über ihn ein ordentliches Gericht und in einem ordentlichen Verfahren befindet,

wird mit Freiheitsentziehung von fünf bis zu zwanzig Jahren oder dem Tode bestraft.

Art. 412. Wer unter Verletzung der Regeln des Völkerrechts über die Kriegsführung:

---

[26] Bulgarien ist den Genfer Abkommen 1) zur Verbesserung des Loses der Verwundeten und Kranken der Streitkräfte im Felde, 2) zur Verbesserung des Loses der Verwundeten, Kranken und Schiffbrüchigen der Streitkräfte zur See, 3) über die Behandlung von Kriegsgefangenen, 4) zum Schutze von Zivilpersonen in Kriegszeiten v. 12. August 1949 sowie zur Haager Konvention zum Schutz von Kulturgütern im Falle eines bewaffneten Konfliktes v. 14. Mai 1954 beigetreten.

a) Tötungen, Folterung, unmenschliche Behandlung, einschließlich biologischer Experimente, an der Zivilbevölkerung begeht oder ihre Begehung befiehlt, solchen Personen schwere Leiden, Verstümmelungen oder andere ernsthafte Gesundheitsschädigungen zufügt oder ihre Zufügung befiehlt;

b) Geiseln nimmt oder befiehlt, daß sie genommen werden;

c) ungesetzliche Deportationen, Verfolgungen und Verhaftungen vornimmt oder ihre Vornahme befiehlt;

d) eine Zivilperson nötigt, bei den Streitkräften eines feindlichen Staates zu dienen;

e) einer Zivilperson das Recht vorenthält, daß über sie ein ordentliches Gericht und in einem ordentlichen Verfahren befindet;

f) Zerstörungen oder Wegnahme von Vermögen in großem Ausmaß ungesetzlich oder eigenmächtig begeht oder deren Begehung befiehlt,

wird mit Freiheitsentziehung von fünf bis zu zwanzig Jahren oder dem Tode bestraft.

Art. 413. Wer unberechtigt das Zeichen des Roten Kreuzes oder des Roten Halbmonds trägt oder wer eine Fahne oder ein Zeichen des Roten Kreuzes oder des Roten Halbmonds oder eine Farbe, die für Sanitätstransportmittel bestimmt ist, mißbraucht, wird mit Freiheitsentziehung bis zu zwei Jahren bestraft.

Art. 414. (1) Wer unter Verletzung der Regeln des Völkerrechts über die Kriegsführung kulturelle oder historische Denkmäler und Gegenstände, Kunstwerke, Gebäude und Einrichtungen von kultureller, wissenschaftlicher oder anderer humanitärer Bestimmung vernichtet, beschädigt oder unbrauchbar macht, wird mit Freiheitsentziehung von einem bis zu sechs Jahren bestraft.

(2) Die gleiche Strafe trifft denjenigen, der die im vorstehenden Absatz aufgeführten Gegenstände stiehlt, sich rechtswidrig zueignet oder verheimlicht oder hinsichtlich solcher Gegenstände eine Kontribution oder Konfiskation auferlegt.

Art. 415. (1) Wer unter Verletzung der Regeln des Völkerrechts über die Kriegsführung unerlaubte Mittel oder Weisen der Kriegsführung anwendet oder ihre Anwendung befiehlt, wird mit Freiheitsentziehung von drei bis zu zehn Jahren bestraft.

(2) Sind daraus besonders schwere Folgen entstanden, so ist die Strafe Freiheitsentziehung von zehn bis zu zwanzig Jahren oder der Tod.

ABSCHNITT III.

Vernichtung einer Bevölkerungsgruppe (Genocid)[27]

Art. 416. Wer in der Absicht, eine bestimmte nationale, ethnische, rassische oder religiöse Gruppe ganz oder teilweise zu vernichten:

a) einer Person, die zu einer solchen Gruppe gehört, den Tod, eine schwere Körperverletzung oder ständige Bewußtseinsstörung zufügt;
b) die Gruppe unter solche Lebensbedingungen stellt, die zu ihrer völligen oder teilweisen körperlichen Vernichtung führen;
c) Maßnahmen unternimmt, die auf die Verhinderung von Geburten gerichtet sind;
d) Kinder aus einer Gruppe gewaltsam in eine andere Gruppe verbringt;

wird wegen Genocid mit Freiheitsentziehung von zehn bis zu zwanzig Jahren oder dem Tode bestraft.

Art. 417. Wer eine Vorbereitungshandlung zum Genocid begeht, wird mit Freiheitsentziehung von zwei bis zu acht Jahren bestraft.

Art. 418. Wer offen und direkt zum Genocid anstiftet, wird mit Freiheitsentziehung von einem bis zu acht Jahren bestraft.

Ergänzende Vorschrift

Art. 419. Entsprechend den Unterscheidungen nach den vorstehenden Artikeln wird auch derjenige bestraft, der es wissentlich zuläßt, daß ein Untergebener eine in diesem Kapitel vorgesehene Straftat begeht.

Übergangsvorschriften

Art. 420. Dieses Gesetzbuch tritt am 1. Mai 1968 in Kraft und hebt auf:

1. Das Strafgesetzbuch von 1951,
2. das Gesetz über den Schutz des Friedens von 1951,
3. das Dekret über die Verstärkung des Kampfes gegen Personen, die sich der gesellschaftlich nützlichen Arbeit entziehen und ein gesellschaftswidriges, parasitäres Leben führen.

Art. 421. Personen, die mit der Aberkennung des aktiven und passiven Wahlrechts oder des Rechts auf Bezug eines bestimmten Ruhe-

---

[27] Bulgarien ist der Konvention über die Verhütung und Bestrafung des Völkermordes v. 9. Dezember 1948 beigetreten.

gelds bestraft sind (Art. 28 Ziff. 1 und 4 des Strafgesetzbuchs von 1951) wird diese Strafe mit dem Tag des Inkrafttretens dieses Gesetzbuchs erlassen.

Art. 422. Die Todesstrafe von Personen, die wegen Straftaten verurteilt sind, für die eine solche Strafe von diesem Gesetzbuch nicht vorgesehen ist, wird in Freiheitsentziehung von zwanzig Jahren umgewandelt. Diese Bestimmung tritt mit dem Tag der Veröffentlichung dieses Gesetzbuchs in Kraft.

Art. 423. Maßnahmen nach dem Dekret über die Verstärkung des Kampfes gegen Personen, die sich der gesellschaftlich nützlichen Arbeit entziehen und ein gesellschaftswidriges, parasitäres Leben führen, die vor Inkrafttreten dieses Gesetzbuchs verhängt sind, werden nach der in diesem Dekret festgesetzten Ordnung vollzogen, wobei die Höchstdauer dieser Maßnahmen nach Art. 1 Abs. I Buchstabe „b" auf drei Jahre verkürzt wird.

Art. 424. (1) Auf Handlungen nach Art. 135 Abs. V, Art. 225 Abs. III, Art. 228 Abs. III, Art. 231 Abs. II, Art. 232 Abs. III, Art. 242 Abs. III, Art. 250 Abs. III und Art. 271 finden die Vorschriften des Gesetzes über administrative Übertretungen und Strafen Anwendung.

(2) Die Strafverfügungen werden erlassen:

a) nach Art. 135 Abs. V vom Minister für Volksgesundheit und Sozialfürsorge, nach Art. 225 Abs. III, Art. 228 Abs. III, Art. 231 Abs. II und Art. 232 Abs. II vom Minister für Binnenhandel und nach Art. 242 Abs. III und Art. 250 Abs. III vom Minister der Finanzen oder von Amtspersonen, die von diesen bestimmt sind[28].

Änderungen in anderen Gesetzen

§ 1. Im Gesetz über die bulgarische Staatsangehörigkeit:

In Art. 26 werden die Worte gestrichen „aber in besonders schweren Fällen mit Freiheitsentziehung".

§ 2. Im Forstgesetz:

1. In Art. 42 Abs. I werden nach den Worten „geschlagenen oder gefallenen" die Worte eingefügt „wenn das Ausmaß des Schadens weniger als einhundert Lewa beträgt".

   Absatz II dieses Artikels wird aufgehoben.

[28] Buchstabe b dieses Absatzes wurde durch das Gesetz über administrative Übertretungen und Strafen aufgehoben (Dŭržaven Vestnik Nr. 92 vom 28. 11. 1969).

2. In Art. 43 werden die Worte gestrichen „Absatz I" und am Ende die Worte „aber in den Fällen des Abs. II dieses Artikels mit Freiheitsentziehung bis zu drei Jahren oder Besserungsarbeit".
3. In Art. 45 Abs. I werden nach den Worten „forstliche Baumschule" die Worte eingefügt „wenn das Ausmaß des Schadens weniger als einhundert Lewa beträgt".
   Absatz II dieses Artikels wird aufgehoben.
4. In Art. 52 Abs. II werden die Worte „mit Freiheitsentziehung bis zu drei Jahren oder Besserungsarbeit durch die Worte ersetzt „mit Geldstrafe bis zu fünfhundert Lewa".

§ 3. Im Gesetz über den Schutz der Pflanzen vor Krankheiten und Schädlingen:
In Art. 10 Abs. I werden nach dem Wort „Pflanzenquarantäne" die Worte eingefügt „soweit die Handlung keine Straftat darstellt", die Worte „mit Freiheitsentziehung bis zu fünf Jahren, aber in unbedeutenden Fällen" werden gestrichen.

§ 4. Im Zollgesetz:

1. In Art. 51 Abs. I werden nach den Worten „nach der festgesetzten Ordnung" die Worte eingefügt „soweit die Handlung keine Straftat darstellt".
2. Absatz II des Art. 51 wird geändert in:
   „Waren, die Objekt des Schmuggels sind, sowie Transport- oder Beförderungsmittel, die vornehmlich dem Transport oder der Beförderung über die Grenze gedient haben, werden unabhängig davon, wessen Eigentum sie sind, zugunsten des Staates eingezogen; sind sie nicht vorhanden oder veräußert, so wird zur Zahlung ihres Gegenwertes nach den entsprechenden staatlichen Einzelhandelspreisen verurteilt."
3. In Art. 52, 53, 54 und 59 werden die Worte „werden konfisziert" durch die Worte ersetzt „werden zugunsten des Staates eingezogen", in Art. 61 werden die Worte „der Konfiskation" durch die Worte ersetzt „der Einziehung zugunsten des Staates".
4. Die Artikel 55 und 57 werden aufgehoben.

§ 5. Im Gesetz über die Geschäfte mit Valutawerten und die Valutakontrolle:

1. In Art. 37 und 38 Abs. II werden die Worte „nach Art. 240" durch die Worte ersetzt „nach Art. 250".
2. Artikel 39 wird geändert in:
   „Auf Handlungen nach Art. 250 Abs. III des Strafgesetzbuchs finden die Vorschriften des Gesetzes über administrative Übertretungen und Strafen Anwendung.

Die Strafverfügungen werden vom Minister der Finanzen oder von einer von ihm bestimmten Amtsperson erlassen.
Beträgt der Wert des Gegenstandes der Handlung bis zu zwanzig Lewa, so wird eine Geldstrafe in zweifacher Höhe von dem Organ verhängt, das die Verletzung festgestellt hat, oder von einer anderen amtlich ermächtigten Person. Gegen die Verhängung der Geldstrafe ist die Beschwerde beim Minister der Finanzen zulässig."

§ 6. Im Gesetz über die Mieten:

In Art. 37 werden die Worte gestrichen „mit Freiheitsentziehung bis zu einem Jahr".

§ 7. Im Gesetz über den Schutz der Luft, der Gewässer und des Bodens vor Verschmutzung:

Die Artikel 18 und 19 werden aufgehoben.

§ 8. Im Gesetz über den planmäßigen Ausbau von besiedelten Orten:

In Art. 67 Abs. I werden die Worte „mit Gefängnishaft bis zu einem Jahr" ersetzt durch die Worte „mit Geldstrafe bis zu eintausend Lewa".

§ 9. Im Jagdgesetz:

Art. 21 wird geändert in:

„Wer ohne gehörige Erlaubnis Großwild wie Rotwild, Gemse, Damwild, Reh, Bär oder Wildschwein tötet oder fängt, wird nach Art. 237 Abs. I des Strafgesetzbuchs bestraft.
Wer ohne Besitz eines Jagdscheins Hase, Edelmarder, Steinmarder, Birkhuhn, Fasan, Rebhuhn oder Feldhuhn tötet oder fängt, sowie auch derjenige, der zwar im Besitz eine Jagdscheins jedoch zu einer verbotenen Zeit, an einem verbotenen Ort oder mit verbotenen Mitteln solches Wild tötet oder fängt, wird nach Art. 237 Abs. II des Strafgesetzbuchs bestraft.
Wer ohne Besitz eines Jagdscheins Wildgans, Wildente, Trappe, Haselhuhn, Eichhörnchen, Taube, Turteltaube, Wachtel oder jede übrige Art von jagdbarem Nutzwild tötet oder fängt, wird mit Geldstrafe bis zu fünfzig Lewa bestraft.
Die Strafe des vorstehenden Absatzes trifft auch denjenigen, der zwar im Besitz eines Jagdscheins jedoch zu einer verbotenen Zeit, an einem verbotenen Ort oder mit verbotenen Mitteln solches Wild tötet oder fängt.
Das getötete oder gefangene Wild wird zugunsten des Staates eingezogen; ist es nicht vorhanden oder veräußert, so wird sein Gegenwert bezahlt."

§ 10. Im Gesetz über den Fischfang:

1. Der Absatz II des Art. 23 wird aufgehoben.
2. Die Artikel 24 und 35 werden aufgehoben.

§ 11. Im Gesetz über die Kontrolle von Sprengstoffen, Waffen und Munition:

In Art. 14 wird das Wort „Freiheitsentziehung" gestrichen.

Die Durchführung dieses Gesetzbuchs obliegt dem Minister der Justiz.

Ausgefertigt in Sofia am 16. März 1968 und mit dem staatlichen Siegel besiegelt.

Der Vorsitzende des Präsidiums der Nationalversammlung

G. Trajkov.

Für den Sekretär des Präsidiums der Nationalversammlung

T. Prachov.

Verzeichnis

der Tatsachen, Angaben und Gegenstände, die für die Volksrepublik Bulgarien Staatsgeheimnisse darstellen*

Angaben, die mit der Landesverteidigung zusammenhängen

1. Angaben über den Standort, die Bewegungen, die Benennung, Numerierung, Organisation, Soll- und Ist-Stärke des Personals und die materiell-finanzielle Versorgung der Streitkräfte der Republik, und zwar sowohl in bezug auf ihre Gesamtheit als auch in bezug auf einzelne Truppengattungen und -arten, Einheiten, Zusammenschlüsse, Teile oder Unterabteilungen, Schiffe, Einrichtungen, Anstalten und Militärobjekte.

2. Angaben über Zustand, Größe, Kapazität, Zahl und Standort der Marine-Stützpunkte, Plätze für die Einrichtung von Stützpunkten, über die Küstenverteidigung, den Seebefeuerungs- und hydrographischen Dienst, Militärflugzeuge und -plätze, Kriegsschiffe, über den Schutz der Grenzen auf dem Festland, den Luftschutz und andere militärische Objekte, Einrichtungen und Anlagen.

Angaben über die volle Abfertigungskapazität von See- und Binnenhäfen, die Kapazität der Schiffbau- und -reparaturunternehmen.

3. Angaben über den militärischen Bereitschaftszustand, die Ausbildung, den moralisch-politischen Zustand und die Wehrfähigkeit, militärische Sicherung, Bewaffnung, Nachrichtenwesen, Militärtransportwesen, Kraftstoff- und Schmierölbestände der Streitkräfte der Republik sowohl in bezug auf die Gesamtheit als auch im Hinblick auf die einzelnen Truppengattungen und -arten, Verbände und Zusammenschlüsse von Truppenteilen, Unterabteilungen, Schiffe und Militärobjekte, ferner Angaben über taktisch-technische Möglichkeiten sowie über die militärische Nutzung der Rüstungsbestände.

4. Angaben über taktisch-operative und taktisch-technische Vorhaben und Forschungen in bezug auf Versuchsmodelle für neue Waffen sowie Angaben über die Anwendung solcher Waffenmodelle.

Angaben über taktisch-operative Stellungen für die Führung von Kriegshandlungen und Dokumente (Reglements, Weisungen, Dienst-

---

*** Auszug aus der Verordnung Nr. 28 vom 13. Juli 1964 des Ministerrates über die Bestimmung des Verzeichnisses der Tatsachen, Angaben und Gegenstände, die Staatsgeheimnisse der Volksrepublik Bulgarien darstellen. Důržaven Vestnik (Staatsanzeiger) Nr. 58 vom 24. 7. 1964.**

berichte und anderes), in denen diese Stellungen dargestellt werden. Angaben über die Durchführung der Ausbildung.

5. Angaben über die Sachmittelverwendung des Ministeriums für Nationalverteidigung und des Ministeriums für Innere Angelegenheiten, über den Zuwachs oder die Verminderung von Materialreserven, über die Fonds für Rüstung und Materialreserven sowie über die hierfür gewährten Kredite.

Zusammengefaßte Angaben über die gewährten und übergebenen Mengen von flüssigen Kraftstoffen und Schmierölen für den Bedarf des Ministeriums für Nationalverteidigung und des Ministeriums für Innere Angelegenheiten, Standort der Lagerungsstätten für Kraftstoffe und Schmieröle im Lande.

6. Zusammengefaßte Nachrichten über die Mängel der Bewaffnung und des technischen Kriegsgeräts der Streitkräfte der Republik sowie der einzelnen Truppengattungen und -arten, militärischen Einheiten und Objekte.

7. Angaben oder Dokumente über Verhandlungen, Abkommen und Vereinbarungen mit den Ländern des Warschauer Paktes oder mit anderen Staaten, die mit der Landesverteidigung in Zusammenhang stehen.

8. Angaben über die Zahl der wehrdienstfähigen und der arbeitsdienstpflichtfähigen Jugendlichen im ganzen Land oder in einzelnen Wehrkreisen.

Angaben über ausbildungspflichtige Reservisten und über solche, die die militärische Ausbildung beendet haben.

9. Angaben über Mobilisierungs- und Operationspläne der Streitkräfte der Republik in bezug auf die Gesamtkräfte oder auf einzelne Truppengattungen oder -arten, militärische Einheiten oder Objekte sowie zusammengefaßte Angaben, Dienstberichte, Akten und Rechenschaftsberichte über die operative und Mobilisierungsbereitschaft der Bulgarischen Volksarmee.

10. Angaben über Mobilisierungs- und Operationspläne, Berechnungen, Projekte und Maßnahmen im Zusammenhang mit der Gewährleistung der Verteidigungsfähigkeit der Republik durch die staatliche Verwaltung, Industrie, das Transportwesen und andere damit verbundene Zweige der Volkswirtschaft.

11. Angaben über die Größe, Zusammensetzung, den Zustand, Standort und die Zweckbestimmung der Mobilisierungsreserven aller Art (Menschenreserven, Tiere, Material, Transportmittel und ähnliches) der Streitkräfte der Republik, und zwar sowohl im Hinblick auf die Gesamtheit als auch auf einzelne Truppengattungen und -arten, Einheiten und Zusammenschlüsse, Truppenteile, Unterabtei-

lungen und Militärobjekte, sowie Angaben über die Evakuierung von Unternehmen und Einrichtungen.

12. Kataloge, die Triangulations- und gravimetrische Punkte enthalten, Verzeichnisse und Dokumente, die Koordinaten sowie Koordinaten der geodäsischen Zeichen (Triangulations-, Nivellierungs-, Achsen-, Polygon-, gravimetrische und astronomische Punkte) enthalten, welche mit dem staatlichen Koordinatensystem in Zusammenhang stehen; topographische Karten im Maßstab von 1 : 5000 bis zu einschließlich 1 : 500 000, Pläne im Maßstab von 1 : 200 bis zu 1 : 5000 samt eingetragenen Werten des topographischen Netzes im Rahmen derselben, heliographische Aufnahmen, Offset-, Licht- oder Schattenkopien oder Teile der Originale von topographischen Karten, photographierten Plänen und Skizzen sowie Kataloge von Nivellierungspunkten mit beigefügten topographischen Karten;
gravimetrische Karten in allen Maßstäben und gravimetrische Angaben für einzelne Punkte;
alle Arten von Karten und Plänen, denen topographische Karten im Maßstab bis zu 1 : 500 000 einschließlich zugrunde liegen;
Luftfilme, deren Kopien, Diapositive und Luftphotoaufnahmen.

13. Angaben über die technische Beschaffenheit und den genauen Standort von Wasserquellen, die große Städte mit Wasser versorgen, von Eisenbahnknotenpunkten und großen Industriezentren.

Angaben über Wasserwehren, deren hydrotechnische Anlagen und Kraftwerke mit genauen Koordinaten, Koten, panoramische Aufnahmen von Wasserwehren mit einer Mauerhöhe von mehr als 15 m und einem Stau von mehr als 10 Mio m^3 Wasser, Flußanlagen und geeignete Stellen für die Flußüberquerung durch Militärverbände.

14. Angaben über Entdeckungen, Erfindungen, Rationalisierungsvorschläge, Forschungs- und Experimentalarbeiten auf dem Gebiet der Wissenschaft und Technik, die für die Landesverteidigung von Bedeutung sind.

Angaben, die mit der inneren Sicherheit und der Außenpolitik der Republik verbunden sind

15. Nachrichten und Angaben auf dem Gebiet der Innenpolitik, von denen in einem ordnungsgemäßen Verfahren bestimmt wurde, daß sie nicht kundzutun sind, weil deren Kenntnisnahme durch andere die Interessen des Landes verletzen könnte.

Angaben über die politisch-wirtschaftliche Lage von fremden Staaten, die auf nichtveröffentlichte Angaben gestützt sind und deren Kundmachung zu diplomatischen Komplikationen führen könnte.

16. Angaben über die Zusammensetzung, die militärische Bereitschaft und Ausbildung, den moralisch-politischen Zustand, die

Kampfbereitschaft, Zahlenstärke und den Standort des Personalbestandes, über die Organisation, den Charakter der Aufgaben, die Methoden und Mittel der operativen Tätigkeit des Ministeriums für Innere Angelegenheiten und seiner Unterabteilungen sowie Angaben über ihre Ausrüstung.

17. Staatliche Chiffren und der Inhalt von chiffriertem Material.

Angaben wirtschaftlichen Charakters

18. Angaben oder Dokumente, die von den Organen des Rates für Gegenseitige Wirtschaftshilfe für vertraulich erklärt sind.

19. Standorte der Unternehmen der Verteidigungsindustrie, Generalpläne und technische Garantiescheine der Unternehmen, die Erzeugnisse für den Militärbedarf herstellen, Zahlen über die in der Militärproduktion Beschäftigten und über den diesbezüglichen Lohnfonds sowie dergleichen Angaben über die Militärproduktion und über die damit verbundenen Produktionskapazitäten, Projektierungspläne sowie Pläne für die Herstellung und Lieferung von Ausrüstungen und Material.

20. Angaben über die Aufnahme der Produktion von Militärerzeugnissen und über die Schaffung von Mobilisierungskapazitäten für die Herstellung von militärisch-technischen Erzeugnissen und Reserven in den Unternehmen.

21. Angaben über Bauobjekte, die im unmittelbaren Zusammenhang mit der Landesverteidigung oder der Rüstungsindustrie stehen.

22. Angaben über das Vorhandensein, die Erfassung und die Lagerung von staatlichen Materialreserven.

23. Angaben über Reserven, Produktionskapazitäten, Produktion aller seltenen und Reinmetalle, deren Ausfuhr und Einfuhr in Mengen und Wertangaben.

24. Angaben über geologische Vorkommen von buntmetallhaltigen Erzen und Produktionsmengen von goldhaltigem Konzentrat.

25. Erfindungen und Entdeckungen von großer wissenschaftlicher und volkswirtschaftlicher Bedeutung bis zur Erteilung der Genehmigung zu ihrer Veröffentlichung.

Verkehr und Fernmeldewesen

26. Angaben über die Durchlaß- und Beförderungskapazität der Eisenbahnlinien, einzelner Eisenbahnstreckensektoren, Abfertigungskapazität der Verteiler- und Sektorenbahnhöfe sowie der Maximalfahrplan für den Zugverkehr.

27. Angaben über die Menge, Arten, Kapazität und den technischen Zustand des rollenden Materials — Lokomotiven, Waggons und Lastkraftfahrzeuge des Ministeriums für Verkehr und Fernmeldewesen, der Spezialbehörden und insgesamt in der Republik. Gesamtsituationspläne von Eisenbahnlinien, Eisenbahnknotenpunkten, Verteiler- und Sektorenbahnhöfen, Eisenbahnbrücken mit einer Spannweite von über 20 m sowie Brücken deren Länge 50 m übersteigt sowie über das Straßennetz samt Angaben über besondere Straßenanlagen.

28. Zusammenfassende Angaben über die Stärke des fliegenden und technischen Personals, das Flugplatznetz, die Qualität, Ausrüstung und die Beförderungskapazität der Zivilluftflotte der Republik.

29. Pläne, Dokumente, Karten, Zeichnungen, Beschreibungen und Angaben über die Kapazität, den Standort, die Art und Zahl der Fernmeldeanlagen und anderer Bestandteile der telegraphisch-telephonischen, Rundfunkrelais- und Funkverbindungsanlagen sowie anderer Objekte im Zusammenhang mit der Verteidigungsbereitschaft des Landes auf dem Gebiet des Fernmeldewesens.

30. Angaben über die innere Gliederung im Hinblick auf die Dichte der Funkstationen und anderer Funkanlagen im Lande.

Zusammenfassende Karten und Verzeichnisse über die fest installierten Luft- und unterirdischen Kabelleitungen, Rundfunkrelais- und andere Funkverbindungen, Hochfrequenz-, Telephon- und Telegraphenanlagen für einzelne Gebiete, einzelne Magistralen oder Richtungen.

Finanzen und Handel

31. Angaben über Gold- und Devisenbestände sowie über den Geldumlauf in der Republik und die Mittel zum Schutz gegen Fälschung von Geldzeichen.

32. Angaben über Kassen- und Devisenpläne sowie die Zahlungs- und Abschlußbilanz der Republik in absoluten Zahlen.

33. Angaben über die Ausgaben des staatlichen Haushalts für Planverluste sowie über Ausgaben im unmittelbaren Zusammenhang mit der Landesverteidigung sowie über Finanzergebnisse der Exporte.

34. Angaben über den Stand der Clearing-Salden sowie über die Gesamtbilanz und die diesbezüglichen Formulare des Ministeriums für Außenhandel.

35. Angaben über die im Plan oder einem Dokument des Ministerrats festgesetzten Fristen für die Lieferung von Ausrüstungen, Material und Lizenzen, an denen Mangel besteht und deren Einfuhr

aus fremden Staaten erforderlich ist, sowie über Weisungen für den Abschluß von Außenhandelsgeschäften.

36. Zusammenfassende Angaben über industrielle und landwirtschaftliche Waren, die für den Export bestimmt sind, sowie zusammenfassende Angaben über den Gesamtbedarf an Importwaren oder über den Importbedarf an einzelnen Warengattungen, durch die die Interessen der Volkswirtschaft verletzt werden oder verletzt werden könnten.

Instruktion Nr. 188

betreffend die Regelung der künstlichen Schwangerschaftsunterbrechung und den Kampf gegen kriminelle Abtreibung*

Die Geburtenrate und der Bevölkerungszuwachs haben immer im Mittelpunkt der Sorge der Partei, der Regierung und der Gesellschaft gestanden. Das Ministerium für Volksgesundheit und Sozialfürsorge hat durch seine Organe ununterbrochen dahingehend gewirkt, die Geburtenrate in unserem Lande zu erhöhen und die anderen demographischen Kennziffern zu verbessern.

Besondere Sorge wird der Bekämpfung der Abtreibungen gewidmet, die antiphysiologische Erscheinungen sind und sich schädlich auf die Gesundheit der Frau auswirken, indem sie ihr Leben und ihre Funktion, Kinder zu gebären, unmittelbar gefährden und dadurch auch die Möglichkeiten zur Erhöhung der Geburtenrate beschränken. Eine wirksame Bekämpfung der Abtreibungen ist mit der Entfaltung einer breit angelegten, nachdrücklichen und wissenschaftlich begründeten gesundheitlichen Aufklärung verbunden, die sich den Ausbau eines neuen sozialistischen Verhältnisses zum Kinde und zur Familie zum Ziel setzt.

Aufgrund des Beschlusses Nr. 61 des Zentralkomitees der Bulgarischen Kommunistischen Partei und des Ministerrates vom 28. Dezember 1967 über die Förderung der Geburtenrate hat die künstliche Schwangerschaftsunterbrechung nur unter strenger Einhaltung nachstehender Vorschriften zu erfolgen:

I. Maßnahmen zur Einschränkung der künstlichen Schwangerschaftsunterbrechung

1. Die Möglichkeiten der künstlichen Schwangerschaftsunterbrechung werden folgendermaßen beschränkt:

a) Die Schwangerschaftsunterbrechung ist bei Frauen, die keine lebenden Kinder haben, verboten, es sei denn, daß medizinische Indikation vorliegt und in besonders schweren Fällen.

b) Bei Frauen, die ein oder zwei Kinder haben, entscheidet über die künstliche Schwangerschaftsunterbrechung eine spezielle medizinische Kommission. Die Kommission erläutert die Schäden und Gefahren der Abtreibung, die Notwendigkeit der Austragung der

---

* Důržaven Vestnik (Staatsanzeiger) Nr. 13 vom 16. 2. 1968.

Schwangerschaft, die materiellen Vorteile, die der Familie durch die Geburt des Kindes erwachsen, und bemüht sich im allgemeinen, jede Frau, die die Schwangerschaftsunterbrechung wünscht, hiervon durch Überzeugung abzubringen. Besteht die Frau dennoch darauf, daß die Schwangerschaft unterbrochen wird, so erteilt die Kommission die entsprechende Genehmigung.

c) Die Schwangerschaftsunterbrechung auf Wunsch der Schwangeren wird bei Frauen, die über 45 Jahre alt sind und solchen, die drei Kinder haben, ohne medizinische Kommission genehmigt.

d) Die medizinische Kommission bewilligt die künstliche Schwangerschaftsunterbrechung bei unverheirateten Frauen aufgrund medizinischer Indikation und in besonders schweren Fällen, namentlich

bei Minderjährigen unter 16 Jahren mit Zustimmung der Eltern; bei einer Frau, die von einer Person geschwängert wurde, mit der sie wegen Blutsverwandtschaft die Ehe nicht schließen kann;

wenn Notzucht vorliegt, soweit die Frau rechtzeitig eine Anzeige bei der zuständigen Behörde erstattet hat und die Schwangerschaft dem Zeitpunkt der Notzüchtigung entspricht;

wenn eine schwere soziale Indikation vorliegt, die von dem Frauenberatungsdienst festgestellt wurde.

2. Schwangerschaftsunterbrechung auf Wunsch wird nicht bewilligt, wenn folgende medizinische Kontraindikationen vorliegen:

a) Vorliegen einer akuten oder semiakuten Entzündungskrankheit der Geschlechtsorgane (akute oder semiakute Vulvovaginitis, Bartholinitis, Ulkus vulvae acutum, Kondilomata acuminata et lata mit Entzündungsreaktion, Ulkus durum, Ulkus molle, Kolpitis, Pseudoerosion oder Erosion mit offener Eitersekretion, Endoservicitis, Endometritis, Parametritis, Adnexitis, Gonorrhöe oder andere Entzündungskrankheiten dieser Organe, Tumoren an Genitalien mit Komplikationen);

b) Vorliegen von Eiterherden unabhängig von ihrer Lokalisierung;

c) Vorliegen von akuten Infektionskrankheiten (soweit diese keine medizinische Indikation für die Schwangerschaftsunterbrechung darstellen);

d) Wenn in den letzten sechs Monate eine Operation zwecks Schwangerschaftsunterbrechung durchgeführt wurde;

e) Wenn die Schwangerschaft objektiv länger besteht als zehn Wochen (im Zeitpunkt der Untersuchung durch die Kommission).

II. Künstliche Schwangerschaftsunterbrechung aufgrund medizinischer Indikation

3. Künstliche Schwangerschaftsunterbrechung aufgrund medizinischer Indikation wird, ohne Rücksicht auf die Zeit, in allen Fällen bewilligt, wenn die Schwangerschaft und die Niederkunft die Gesundheit und das Leben der Schwangeren gefährdet oder wenn die Gefahr toxischer oder anderer nachgewiesener schwerer Beschädigungen der Leibesfrucht besteht.

4. Die Schwangerschaftsunterbrechung aufgrund medizinischer Indikation wird von einer besonderen Kommission, nach individueller Untersuchung, bei Vorliegen einer der Erkrankungen, die in dem vom Ministerium für Volksgesundheit und Sozialfürsorge genehmigten Verzeichnis (Anlage 1) aufgeführt sind, bewilligt.

5. Muß aufgrund medizinischer Indikation die Unterbrechung einer Schwangerschaft durchgeführt werden, die jedoch 12 Wochen überschritten hat, so ist die Operation nur in einer hochqualifizierten Gesundheitsanstalt vorzunehmen (Bezirkskrankenhaus erster Stufe und diesem gleichgestellte städtische Krankenhäuser, Krankenhäuser für Geburtshilfe und Frauenheilkunde der höheren medizinischen Institutionen und des ISUL[1], spezialisierte Krankenhäuser für Geburtshilfe und Frauenheilkunde und Republikkrankenhäuser).

Ist die Schwangere transportunfähig, so ist zwingend dafür zu sorgen, daß die Operation der künstlichen Schwangerschaftsunterbrechung von einem Facharzt der oben angeführten Anstalten am Ort, im betreffenden Bezirks-, Städtischen oder Kreiskrankenhaus durchgeführt wird.

III. Organisationsbestimmungen im Zusammenhang mit der künstlichen Schwangerschaftsunterbrechung

6. Die Schwangere richtet ihren Antrag auf Schwangerschaftsunterbrechung an die Frauenberatungsstelle des Kreises, in dem sie lebt. Ausnahmsweise wird einer unverheirateten Frau gestattet, sich direkt an die Kreiskommission oder an die Kommission eines anderen Kreises zu wenden. Die medizinischen Arbeiter der Frauenberatungsstelle sind verpflichtet, mit Nachdruck auf die Schwangere durch Überzeugung dahingehend einzuwirken, daß sie ihren Antrag auf Schwangerschaftsunterbrechung zurückzieht; hierbei sind alle Möglichkeiten der Aufklärungsarbeit und allseitigen Hilfe für die Frau und die Familie auszuschöpfen.

---

[1] Institut für Spezialisierung und Weiterausbildung von Ärzten.

7. Die Gesundheitsarbeiter der Frauenberatungsstelle gewähren den Schwangeren den erforderlichen sozialrechtlichen Beistand, indem sie sie an die sozialrechtlichen Kabinette, zuständigen Gewerkschaftsorgane, Volksräte verweisen und im Bedarfsfall zusammen mit den letzteren den Frauen, die ihre Schwangerschaft austragen, materielle und soziale Hilfe leisten.

8. Kann die Frau nicht überzeugt werden und liegt ein in Abschnitt I Ziff. 1 angeführter Grund für eine Schwangerschaftsunterbrechung vor, so verweist der Kreisgesundheitsdienst bzw. die Frauenberatungsdienststelle des Wohnortes die Frau an die zuständige Kommission, die die Schwangerschaftsunterbrechung bewilligt. Der Schwangeren wird eine Rückfahrkarte mit Talon ausgefertigt, in die die Personalangaben, Zahl der Kinder der Frau, die Gründe für die Schwangerschaftsunterbrechung und die Stellungnahme der Frauenberatungsstelle einzutragen sind.

9. Die Frauenberatungsstelle trägt die Verantwortung für die Richtigkeit der Angaben und für die abgegebene Beurteilung. Im Bedarfsfall werden die entsprechenden Urkunden bei den Volksräten, Milizorganen, Gerichten, einer anderen Gesundheitsanstalt u. dgl. eingeholt.

10. Bei Schwangeren aus Dörfern und Städten, die von der Frauenberatungsstelle abgefertigt sind, sind vor der Anmeldung bei der Kommission die notwendigen klinischen und paraklinischen Untersuchungen durchzuführen, deren Befunde in den von der Frauenberatungsstelle ausgefertigten Talon einzutragen oder diesem beizufügen sind.

11. Es ist notwendig, daß sich die Frauenberatungsstelle um eine frühe Diagnose der Schwangerschaft bemüht und die Frauen rechtzeitig an die spezielle Kommission verweist.

12. Die Kommissionen für die Bewilligung der Schwangerschaftsunterbrechung werden bei selbständigen Polikliniken sowie bei den Kreis-, Städtischen, Bezirks- und Republikkrankenhäusern, Medizinischen Hochschulen und ISUL[2] eingerichtet.

Kommissionen werden auch in Bezirks-, Städtischen, Kreis- und Republikkrankenhäusern, in Kliniken für Geburtshilfe und Frauenheilkunde, in Kliniken für Geburtshilfe und Frauenheilkunde der Medizinischen Hochschulen und des ISUL[3] und im Wissenschaftlichen Forschungsinstitut für Geburtshilfe und Frauenheilkunde eingerichtet. Diese Kommissionen entscheiden über die Frage der Un-

---

[2] Siehe Anmerkung 1.
[3] Siehe Anmerkung 1.

terbrechung der Schwangerschaft nur bei den in den betreffenden Anstalten in stationärer Behandlung befindlichen Patientinnen, wenn medizinische Indikation vorliegt.

13. Die Zusammensetzung der Kommission wird auf Anordnung der Bezirksgesundheitsabteilung, des Rektors der Medizinischen Hochschule oder des ISUL[4] oder des Direktors des Wissenschaftlichen Forschungsinstituts für Geburtshilfe und Frauenheilkunde folgendermaßen bestimmt:

— Vorsitzender: Der Stellvertreter des Chefarztes des Krankenhauses bzw. der Chefarzt der nichtvereinigten Poliklinik;

— Mitglieder: Ein Gynäkologe, ein Mitarbeiter der Frauenberatungsstelle und ein Facharzt entsprechend der Krankheit der Frau.

14. Die Kommission zieht Gutachter — Fachärzte oder Sozialarbeiter (vom Volksrat, Sozialrechtlichen Kabinett, von der Gesundheitsabteilung oder Vertreter gesellschaftlicher Organisationen) hinzu.

Die Bezirksgesundheitsabteilung bestimmt das Verzeichnis der Fachärzte, die als Mitglieder oder Gutachter der Kommission beigezogen werden können. Die Teilnahme bei der Kommission erfolgt auf Verfügung des Chefarztes.

15. Die Kommissionen arbeiten nach einem vom Chefarzt der betreffenden Gesundheitsanstalt genehmigten festen Plan, in dem die für die Bevölkerung günstigste Zeit berücksichtigt und zugleich die erforderliche Zahl der wöchentlichen Sitzungen gewährleistet wird.

16. Hat die Kommission die Schwangerschaftsunterbrechung bewilligt, so wird die Frau in eine entsprechende Anstalt eingewiesen — in die Abteilung für Geburtshilfe und Frauenheilkunde eines Bezirks-, Städtischen, Arbeiterkreis- oder Republikkrankenhauses, in ein spezialisiertes Krankenhaus für Geburtshilfe und Frauenheilkunde, in eine Klinik für Geburtshilfe und Frauenheilkunde einer Medizinischen Hochschule, des ISUL[5] oder des Wissenschaftlichen Forschungsinstituts für Geburtshilfe und Frauenheilkunde.

Die Anstalt ist verpflichtet, die Schwangerschaftsunterbrechung binnen zehn Tagen nach dem Zugang der Bewilligung durchzuführen.

17. Wird die Unterbrechung aufgrund medizinischer Indikation angeordnet, so steht auch der Anstalt, in der die Operation durchge-

---

[4] Siehe Anmerkung 1.

[5] Siehe Anmerkung 1.

führt wird, das Recht zu, über die Indikation oder Kontraindikation zu befinden.

18. Bei Ablehnung der Durchführung der Schwangerschaftsunterbrechung schickt die Kommission oder die Anstalt den Talon und die andere medizinische Dokumentation, mit der die Schwangere eingewiesen wurde, unter Vermerkung der eigenen Entscheidung, auf dem Dienstwege zurück.

19. Bei Eintritt in die Anstalt legt die Schwangere den Talon, in dem die Entscheidung der Kommission vermerkt ist, und die medizinische Dokumentation (wenn es sich um eine Unterbrechung aufgrund medizinischer Indikation handelt) vor. Die Anstalt erhebt eine Gebühr von 5 Lewa gegen Quittung, die der Krankengeschichte beigefügt wird.

Bei Schwangerschaftsunterbrechung aufgrund medizinischer Indikation wird keine Gebühr erhoben.

Die für die Schwangerschaftsunterbrechung erhobenen Gebühren werden gemäß Verordnung des Ministerrates Nr. 433 vom 28. März 1956 an den Republik-Haushalt abgeführt.

20. Über jede in die Anstalt wegen einer Schwangerschaftsunterbrechung aufgenommene Frau ist obligatorisch eine Krankengeschichte zu führen, der alle Dokumente beigefügt sind, die mit dieser aufbewahrt werden.

21. Die Aufenthaltszeit in der Anstalt wird individuell bestimmt, wobei in Fällen, in denen kein 24stündiger Aufenthalt gewährleistet werden kann, eine Überwachung der Frau daheim durch die zuständige Frauenberatungsstelle wahrgenommen wird. Frauen aus ländlichen Kreisen soll der Aufenthalt in der Anstalt zumindest bis zum nächsten Tag ermöglicht werden.

22. Alle Arbeitsunterlagen der Kommission sind Dienstgeheimnis; deshalb kann hierüber nur Personen, die durch Gesetz hierzu berechtigt sind, in festgesetztem Verfahren Auskunft erteilt werden. Der Chefarzt des Krankenhauses hat die Voraussetzungen für die Diskretion der Tätigkeit der Kommission zu gewährleisten, wobei alle medizinischen und andere Dienstpersonen, die Geheimnisse über die Schwangere offenbaren, die strengste Verantwortlichkeit trifft.

23. Die Kommission vermerkt ihre Entscheidungen auf einem besonderen Vordruck im Aktenbuch, das folgende Angaben enthält:

Laufende Nr., Datum, die drei Namen der Schwangeren, Alter, Anschrift, Dauer der Schwangerschaft, Gründe für die Unterbrechung, begründete Bewilligung der Kommission, wohin die Schwangere zur Unterbrechung verwiesen wurde u. a.

Die Bewilligung wird von drei Mitgliedern der Kommission unterzeichnet.

Das Buch wird als Urkunde für den Amtsgebrauch gem. Ziffer 22 Abs. III dieser Instruktion aufbewahrt.

24. In besonderen Fällen, wenn dies für die Gewährleistung des Geheimnisses der Schwangeren notwendig ist, kann die Kommission nach vorgängiger Vereinbarung die Schwangere zur Unterbrechung in eine Anstalt eines anderen Kreises einweisen. In solchen Fällen stattet sie die Schwangere mit den für die Schwangerschaftsunterbrechung notwendigen Dokumenten und mit entsprechender Rückfahrkarte aus.

25. Lehnt die Kommission die Schwangerschaftsunterbrechung ab, weil im vorliegenden Fall kein ausreichender Grund oder weil Kontraindikation besteht, oder erklärt sich die Schwangere bereit, die Schwangerschaft auszutragen, so hat die Frauenberatungsstelle des Wohnortes der Schwangeren ihre verstärkte Fürsorge angedeihen zu lassen, um eine normale Niederkunft sicherzustellen und eine kriminelle Abtreibung zu verhüten.

26. Schwangerschaftsunterbrechung bei einer fremden Staatsangehörigen wird in folgenden Fällen bewilligt:

— bei medizinischer Indikation;
— bei Staatsangehörigen mit deren Heimatstaat Gesundheitsverträge bestehen und in denen die Schwangerschaftsunterbrechung auch bei Nichtvorliegen medizinischer Indikation bewilligt wird;
— bei in Bulgarien lebenden und wohnhaften Ausländerinnen nach der für bulgarische Staatsangehörige geltenden Regelung.

Bei Schwangerschaftsunterbrechung an einer Staatsangehörigen, mit deren Heimatstaat keine Gesundheitskonvention unterzeichnet wurde (die eine andere Regelung dieser Sache vorsieht), hat diese den Betrag für eine mittelschwere oder schwere Operation in Auslandswährung (in Bulgarien Lebende in Lewa) mit dem Betrag für einen mindestens dreitätigen Anstaltsaufenthalt, der in der Anordnung über die Heilpflege von fremden Staatsangehörigen in Bulgarien festgesetzt ist, und mit den Gebühren für die Durchführung von Operationen an fremden Staatsangehörigen zu zahlen.

IV. Maßnahmen zur verstärkten Bekämpfung krimineller Abtreibungen

27. Die heilprophylaktische Verwaltung beim Ministerium für Volksgesundheit und Sozialfürsorge, die Abteilungen für Volksgesundheit und Sozialfürsorge bei den Bezirksvolksräten, die Chefärzte und Leiter der Abteilungen für Geburtshilfe und Frauenheil-

kunde des Gesundheitsprophylaktischen Netzes, die Leiter der sozialrechtlichen Kabinette haben der Bekämpfung von kriminellen Abtreibungen ihre besondere Aufmerksamkeit folgendermaßen zu widmen:

a) in Fällen einer außerhalb der Gesundheitsanstalt begonnenen und vollendeten Abtreibung den kriminellen Eingriff festzustellen, wobei immer eine genaue und umfassende Anamnese zusammenzustellen ist;

b) in allen Fällen von Abtreibung ist eine gezielte und umfassende Untersuchung durchzuführen, um Symptome einer künstlichen Schwangerschaftsunterbrechung festzustellen — traumatische von Handmassage der Gebärmutter herrührende Spuren an der Gebärmutterwand, an äußeren Geschlechtsorganen, an der Vagina, am Gebärmutterhals, Spuren der Verwendung der Portiofaßzange, der Einführung von Jod oder von anderen Gegenständen u. dgl.;

c) das diensttuende medizinische Personal, das eine Frau, die abgetrieben hat, in die Gesundheitsanstalt aufnimmt, ist verpflichtet, jeden Fall von außerhalb der Gesundheitsanstalt begonnener oder vollendeter Abtreibung in der Krankengeschichte genau zu beschreiben.

Entsteht der Verdacht eines kriminellen Eingriffs, so sind alle bei der Aufnahme der Anamnese und bei der Untersuchung der Patientin festgestellten Angaben, die auf eine kriminelle Abtreibung hinweisen (Namen derjenigen, die sie durchgeführt haben, Art der Durchführung, wann, unter welchen Umständen, Namen von Personen, die zur Abtreibung angestiftet oder bei dieser Beihilfe geleistet haben u. dgl.), obligatorisch in der Krankengeschichte zu vermerken.

Bei Verdacht einer kriminellen Abtreibung wird die Anamnese in Anwesenheit von zwei medizinischen Arbeitern (Arzt, Hebamme) aufgenommen und von ihnen, wie auch von der Patientin selbst, zur Bestätigung unterschrieben. Bei Unmöglichkeit oder Verweigerung der Unterschrift von Seiten der Patientin wird dieser Umstand vermerkt. Dies ist erforderlich, um einem späteren Aufkommen von Widersprüchen zwischen der Patientin und dem medizinischen Personal vorzubeugen;

d) Bei Durchführung von operativen Eingriffen (Kürettage u. dgl.) in Fällen von außerhalb der Gesundheitsanstalt begonnenen oder vollendeten Abtreibung, insbesondere bei Verdacht eines kriminellen Eingriffs, ist die Vornahme einer biologischen Schwangerschaftsprobe sowie die Entnahme des Materials für eine histologische Untersuchung zwecks Ermittlung von ergänzenden Angaben obligatorisch;

e) Bei Verdacht einer kriminellen Abtreibung, der in der Krankengeschichte zum Ausdruck kommt, hat der diensttuende Arzt unverzüglich die zuständige Staatsanwaltschaft oder die nächste Abteilung des Ministeriums für Inneres telefonisch zu benachrichtigen; zugleich hat die Leitung der Anstalt dem Ministerium für Inneres, der Abteilung für Volksgesundheit beim Bezirksvolksrat und dem Sozialrechtlichen Kabinett einen schriftlichen Bericht zu erstatten, in dem alle Umstände, von wem und unter wessen Teilnahme die Abtreibung durchgeführt wurde, kurz niedergelegt sind. Im Bericht sind auch Umstände und Angaben festzuhalten, die das medizinische Personal zu der Schlußfolgerung geführt haben, daß es sich um einen Fall von strafbarer Schwangerschaftsunterbrechung handele;

f) Die Arbeiter des Gesundheitswesens in den Frauenberatungsstellen sind verpflichtet bei Kenntnisnahme oder Feststellung von Angaben über einen kriminellen Abtreibungseingriff, davon gemäß der oben angeführten Regelung die zuständige Staatsanwaltschaft oder die Organe des Ministeriums für Inneres, die Abteilungen für Volksgesundheit bei den Bezirksvolksräten und die Sozialrechtlichen Kabinette zu benachrichtigen;

g) Leiter der Abteilungen für Geburtshilfe und Frauenheilkunde, diensttuendes medizinisches Personal und Arbeiter der Frauenberatungsstellen, die Angaben über den Verdacht einer kriminellen Abtreibung oder über eine erwiesene Abtreibung erhalten, jedoch darüber dem zuständigen Organ nicht unverzüglich einen schriftlichen Bericht erstatten, sind dafür strafrechtlich verantwortlich.

28. Auf Vorschlag der Leitung der Anstalt verfügt die Abteilung für Volksgesundheit beim Bezirksvolksrat zugleich mit dem Antrag auf gerichtliche Verfolgung die Schließung der privaten Arztpraxis für die Zeit von mindestens einem Jahr und unterbreitet dem Ministerium für Volksgesundheit und Sozialfürsorge den Vorschlag, daß denjenigen, die kriminelle Abtreibungen durchgeführt haben, die Zulassung zur Ausübung des Arztberufes für eine bestimmte Zeit entzogen wird.

Wurde die kriminelle Abtreibung im Rahmen der Dienstzeit eines Arztes durchgeführt oder besteht hierbei ein anderer Zusammenhang mit seinen Dienstaufgaben und -pflichten, werden neben anderen Strafarten auch folgende Disziplinarstrafen verhängt:

a) Zuweisung einer minderbezahlten Arbeit in derselben Anstalt bis zu drei Monaten;

b) Versetzung in eine andere Anstalt unter Zuweisung einer minderbezahlten Arbeit;

c) disziplinäre Entlassung.

Nach gleichen Regeln werden die Mitglieder der speziellen Kommissionen zur gerichtlichen Verantwortung herangezogen und den obigen Strafen unterworfen, wenn Nachweise vorliegen, daß sie ihre amtliche Stellung mißbraucht und im Widerspruch zu den Bestimmungen dieser Instruktion gehandelt haben.

29. Beim Eingang von Berichten oder anderen Signalisierungen stellen sich die Leiter der Sozialrechtlichen Kabinette den Abteilungen für Volksgesundheit bei den Bezirksvolksräten zur Verfügung und ermitteln alle notwendigen Ergänzungsangaben zur Feststellung und Bestätigung einer durchgeführten kriminellen Abtreibung. Sie arbeiten mit den Untersuchungs- und Gerichtsorganen zusammen und leisten ihnen Hilfe bei der Aufdeckung der Straftat.

30. Die Sozialrechtlichen Kabinette führen eine Evidenz über alle Signalisierungen und Berichte, die bei ihnen oder bei den Abteilungen für Volksgesundheit der Bezirksvolksräte eingegangen sind, über stattgefundene kriminelle Abtreibungen samt den notwendigen Angaben — Ergebnis der durchgeführten Untersuchung, auferlegte Strafe u. a.

Diese Instruktion tritt am 1. Januar 1968 in Kraft; aufgehoben wird die Instruktion des Ministeriums für Volksgesundheit und Sozialfürsorge über das Verfahren bei künstlicher Schwangerschaftsunterbrechung vom 5. April 1956 (Izvestija Nr. 34/1956) mit der Ergänzung Nr. 311 vom 2. Februar 1963 (Dŭržaven Vestnik Nr. 22/1963) sowie die Anordnung Nr. 3107 des Ministeriums für Volksgesundheit und Sozialfürsorge vom 3. August 1964.

(In der Anlage: Verzeichnis der Krankheiten, bei denen die Schwangerschaftsunterbrechung genehmigt wird.)

Gesetz
über die Kameradengerichte vom 22. Juni 1961*

— Auszug —

I. Aufgaben der Kameradengerichte

1. Die Kameradengerichte in der Volksrepublik Bulgarien sind gewählte gesellschaftliche Organe. Sie sind mit dem Vertrauen eines Kollektivs ausgestattet und bringen dessen Willen zum Ausdruck.

Aufgabe der Kameradengerichte ist es, bei der Erziehung der Bürger im Geiste der kommunistischen Einstellung zur Arbeit, der Befolgung der gesetzten Rechtsordnung und der Regeln des sozialistischen Gemeinschaftslebens und des Schutzes des sozialistischen Eigentums tätig mitzuwirken sowie bei den Werktätigen den Sinn für Gemeinschaft, kameradschaftliche gegenseitige Hilfe und Achtung vor der Ehre und Würde der Bürger zu entwickeln.

2. Das Schwergewicht in der Arbeit der Kameradengerichte liegt bei der Verhütung von Straftaten, Verstößen und anderen gesellschaftswidrigen Erscheinungen durch Weckung gesellschaftlicher Unduldsamkeit gegen diese und durch Erziehung der Bürger mittels Überzeugung und gesellschaftlicher Einwirkung.

II. Organisation der Kameradengerichte

3. Die Kameradengerichte in Unternehmen, Behörden, Organisationen, Hochschulen und höheren Lehranstalten werden durch Beschluß der Vollversammlung des Kollektivs der Arbeiter, Angestellten oder Studierenden geschaffen.

Die Kameradengerichte in den landwirtschaftlichen Arbeitsgenossenschaften und in den sonstigen Genossenschaften werden, wie auch die territorialen Kameradengerichte in den Städten und Dörfern, durch Beschluß der Vollversammlung der Genossenschaftsmitglieder oder der Bürger des Ortes im Einvernehmen mit den zuständigen

* Izvestija na Prezidiuma na Narodnoto Sůbranie (Mitteilungen des Präsidiums der Nationalversammlung) Nr. 50 vom 23. 6. 1961 in der Fassung des Gesetzes über die Änderungen des Gesetzes über die Kameradengerichte vom 19. 12. 1966, Důržaven Vestnik (Staatsanzeiger) Nr. 101 vom 27. 12. 1966.

Gemeinde- (Stadt-, Dorf-) oder Rayonkomitees der Vaterländischen Front geschaffen.

Kameradengerichte werden in Kollektiven mit mindestens fünfzig Personen eingerichtet.

4. Die Mitglieder der Kameradengerichte werden auf Vollversammlungen der entsprechenden Kollektive in öffentlicher Abstimmung auf die Dauer von drei Jahren gewählt. Die Versammlungen werden von den Gewerkschaftskomitees, den Verwaltungsräten der Landwirtschaftlichen Arbeitsgenossenschaften und der sonstigen Genossenschaften sowie von den Gemeinde- (Stadt-, Dorf-) und Rayonkomitees der Vaterländischen Front einberufen, für die Studierenden aber von den Komitees des Dimitrov-Verbandes der kommunistischen Jugend.

Zu Mitgliedern der Kameradengerichte werden hervorragende Bürger gewählt, die das Vertrauen des Kollektivs genießen.

Die Zahl der Mitglieder der Kameradengerichte wird von der Vollversammlung des Kollektivs bestimmt; sie muß mindestens sechs betragen.

In das Kameradengericht gewählt gelten jene Bürger, für welche mehr als die Hälfte der Anwesenden gestimmt hat und welche die meisten Stimmen erhalten haben.

Die Mitglieder des Kameradengerichts wählen in öffentlicher Abstimmung den Vorsitzenden, die Stellvertreter des Vorsitzenden und den Sekretär.

5. Das Kameradengericht gibt der Vollversammlung des Kollektivs mindestens einmal jährlich über seine Tätigkeit Rechenschaft.

6. Die Mitglieder des Kameradengerichts können von der Vollversammlung des Kollektivs abberufen werden, wenn sie das ihnen erwiesene Vertrauen nicht rechtfertigen. An Stelle der abberufenen oder aus anderen Gründen ausgeschiedenen Mitglieder werden nach Maßgabe des Art. 4 neue gewählt.

III. Sachen, über welche die Kameradengerichte verhandeln

7. Die Kameradengerichte verhandeln über folgende Sachen:

1. Verstöße gegen die Arbeitsdisziplin, wie Abwesenheit von der Arbeit, Verspätung oder vorzeitiges Verlassen des Arbeitsplatzes ohne triftige Gründe, Verursachung von Ausschuß, minderwertiger Produktion oder Produktionsstockung durch ungewissenhafte Verrichtung der übertragenen Arbeit, Verweigerung der Verrichtung der übertragenen Arbeit u. a.;

2. Verstöße gegen die Bestimmungen über technische Sicherheit und Arbeitshygiene;
3. Müßiggang, Ablehnung gesellschaftlich nützlicher Arbeit, parasitärer Lebenswandel, Trunkenheit oder andere gesellschaftswidrige Erscheinungen;
4. Nichterfüllung der Verpflichtungen gegenüber der Familie, insbesondere hinsichtlich der Erziehung und des Unterhalts der Kinder und Unterlassung der Hilfe gegenüber bedürftigen Eltern;
5. Mißachtung der Bestimmungen über die Benutzung von Wohn- und anderen Gebäuden, von kommunalen Einrichtungen, wie Elektrizitäts- und Wasserleitungsanlagen, Rundfunkvorrichtungen u. dgl. sowie von Grünanpflanzungen, wie Parkanlagen, Gärten u. a.;
6. Verstöße gegen die Hausordnung in den Wohnungen, pflichtvergessene Nichtzahlung der Miete oder der Gebühren für kommunale Dienstleistungen oder regelwidrige Benutzung der öffentlichen Anlagen und Plätze;
7. Unbedeutende Fälle von Verstößen auf dem Gebiet der Forst-, Land-, Jagd- und Fischereiwirtschaft sowie des Handels und andere unbedeutende administrative Übertretungen — auf Antrag der zur Verhängung von Strafverfügungen befugten Organe, der Organe des Ministeriums für Innere Angelegenheiten, der Staatsanwaltschaft oder des Gerichts, wenn gegen den Täter nicht bereits eine Maßnahme gesellschaftlicher Einwirkung oder administrative Strafe wegen einer ähnlichen Handlung verhängt worden ist;
8. Gesetzwidrige Benutzung staatlicher und gesellschaftlicher Materialien, Bestände oder Verkehrsmittel, nachlässige Einstellung zum staatlichen oder gesellschaftlichen Vermögen, wenn dadurch dem Staat oder den gesellschaftlichen Organisationen keine bedeutenden Schäden entstanden sind;
9. Beleidigung gem. Art. 165[1] oder leichte Körperverletzung ohne Gesundheitsschädigung gem. Art. 141 und 145 Ziffer 3[2] des Strafgesetzbuchs, die in einem Kollektiv von einem Mitglied gegenüber einem anderen Mitglied desselben Kollektivs begangen ist, wenn gegen den Täter nicht bereits eine Strafe oder Maßnahme der gesellschaftlichen Einwirkung für eine vorsätzliche Straftat gegen die Persönlichkeit verhängt ist und wenn ein Antrag des Verletzten vorliegt.

---

[1] StGB von 1951. Im neuen StGB: Art. 146.
[2] StGB von 1951. Im neuen StGB: Art. 130 Abs. II.

Verleumdung gem. Art. 166 Abs. I[3] des Strafgesetzbuchs, die in einem Kollektiv von einem Mitglied gegenüber einem anderen Mitglied desselben Kollektivs begangen ist, wenn gegen den Täter nicht bereits eine Strafe oder Maßnahme gesellschaftlicher Einwirkung für eine vorsätzliche Straftat gegen die Persönlichkeit verhängt ist und wenn der Verletzte die Klage beim Kameradengericht erhoben hat;

10. Bagatelldiebstahl oder -unterschlagung von gesellschaftlichem Vermögen, Bagatelldiebstahl oder -unterschlagung von persönlichem Vermögen sowie auch Bagatellhandlungen von Eigenmächtigkeit, wenn Täter und Verletzter Mitglieder eines Kollektivs sind, wenn gegen den Täter nicht bereits eine Strafe oder Maßnahme der gesellschaftlichen Einwirkung für eine ähnliche Handlung verhängt ist und wenn in Anbetracht des Charakters der Handlung und der Persönlichkeit des Täters befunden wird, daß dieser mit den vom Kameradengericht verhängten Maßnahmen der gesellschaftlichen Einwirkung gebessert werden kann;

11. Andere geringfügigere Straftaten, für die das Gesetz die Strafe der Freiheitsentziehung bis zu einem Jahr oder eine andere leichtere Strafe vorsieht, wenn gegen den Täter nicht bereits eine Strafe oder Maßnahme der gesellschaftlichen Einwirkung für eine ähnliche Handlung verhängt ist, und wenn das Gericht oder der Staatsanwalt in Anbetracht des Charakters der Handlung und der Persönlichkeit des Täters befindet, daß dieser mit Hilfe der vom Kameradengericht verhängten Maßnahmen der gesellschaftlichen Einwirkung gebessert werden kann.

    Die Vorschriften der Ziffern 9, 10 und 11 finden keine Anwendung, wenn noch eine andere Straftat oder eine Straftat unter Teilnahme einer anderen Person begangen worden ist und die Sache für eine der Straftaten oder einen der Teilnehmer der Untersuchung durch das Kameradengericht nicht unterliegt;

12. Geldforderungen und Streitigkeiten über bewegliche Sachen im Werte bis zu 500[4] Lewa zwischen Bürgern, die an demselben Ort leben oder arbeiten, falls der Berechtigte dies beantragt; bei Einverständnis der Parteien bis zu 1000[5] Lewa.

8. Im Falle von Familien- und Ehestreitigkeiten, welche die Ehe und Familie zu zerrütten drohen, bei Vermögensstreitigkeiten zwi-

---

[3] StGB von 1951. Im neuen StGB: Art. 147.

[4] Seit 1. 1. 1962 infolge Währungsreform jetzt 50 neue Lewa (VO Nr. 149 v. 22. 7. 1961, Izv. Nr. 59 v. 25. 7. 1961, in Verb. mit Instr. v. 19. 8. 1961, Izv. Nr. 70 v. 1. 9. 1961).

[5] Jetzt 100 neue Lewa; vgl. Fußnote 4.

schen Bürgern sowie auch bei Beleidigung, Verleumdung und leichter Körperverletzung und anderen Straftaten, die auf Klage des Verletzten bestraft werden, kann das Kameradengericht die Bürger durch Überzeugung und kameradschaftliche Einwirkung geneigt machen, ihre Verpflichtungen einsichtig zu erfüllen und die zwischen ihnen bestehenden Streitigkeiten durch gütliche Versöhnung zu bereinigen.

9. Über Sachen gem. Art. 7 Ziff. 1, 2 und 8 wird von den Kameradengerichten am Arbeitsplatz des Beschuldigten verhandelt, über Sachen gem. Art. 7 Ziff. 3, 4, 5 und 6 von den Kameradengerichten am Wohnort und über Sachen gem. Art. 7 Ziff. 7, 9, 10 und 11 am Wohnort des Täters; ist aber die Tat am Arbeitsort des Täters begangen worden, so ist das Kameradengericht am Arbeitsort zuständig.

Über Geldforderungen und Streitigkeiten über bewegliche Sachen nach Art. 7 Ziff. 12 wird von dem Kameradengericht am Wohnort des Beklagten verhandelt, wenn beide Parteien an demselben Ort arbeiten, vom Kameradengericht am Arbeitsort.

10. Die Kameradengerichte können nicht über Rechtsverstöße und Zivilstreitigkeiten verhandeln, derentwegen Zivil-, Straf- oder Verwaltungsverfahren schweben oder Urteile oder Bescheide ergangen sind.

IV. Maßnahmen gesellschaftlicher Einwirkung

11. Das Kameradengericht kann sich darauf beschränken, den Fall öffentlich zu verhandeln, oder eine der folgenden Maßnahmen gesellschaftlicher Einwirkung verhängen:

1. Den Rechtsbrecher verpflichten, sich bei dem Verletzten oder bei dem Kollektiv zu entschuldigen;
2. Kameradschaftliche Verwarnung;
3. Gesellschaftliche Rüge;
4. Gesellschaftlicher Tadel;
5. Geldstrafe bis zu 100[6] Lewa, ausgenommen in Angelegenheiten nach Art. 7 Ziff. 1 und 2;
6. Beim Unternehmens- oder Behördenleiter, bei der Leitung der Landwirtschaftlichen Arbeitsgenossenschaft oder der Organisation beantragen, dem Schuldigen auf die Dauer von höchstens drei Monaten eine geringer bezahlte Arbeit oder eine nicht mit der Verfügung über oder der Verwaltung von Materialien oder Geld zusammenhängende Arbeit zuzuweisen, ihn auf eine niedrigere Dienststellung zu versetzen oder ihn im Einklang mit den geltenden Gesetzen zu entlassen;

[6] Vgl. Fußnote 4.

7. Beim Volksgericht beantragen, den Verurteilten zur Räumung seiner Wohnung zu veranlassen, wenn das Zusammenleben mit ihm unmöglich ist, weil er durch ordnungswidrige Benutzung Vermögensschäden herbeiführt oder pflichtvergessen die Miete nicht bezahlt;
8. Den Schuldigen verpflichten, den angerichteten Schaden durch eigene Arbeit wieder gutzumachen.

12. Neben den im vorstehenden Artikel unter Ziff. 1 bis 7 vorgesehenen Maßnahmen gesellschaftlicher Einwirkung kann das Kameradengericht den Schuldigen verpflichten, die angerichteten Schäden bis zur Höhe von 500[7] Lewa zu ersetzen, wenn es sich jedoch um einen Arbeiter oder Angestellten handelt, bis zu der in Art. 95 und 96 des Arbeitskodexes vorgesehenen Höhe und unter den dort festgesetzten Bedingungen. Wenn die angerichteten Schäden 500 Lewa übersteigen, kann die interessierte Partei die Schadensersatzforderung im ordentlichen Verfahren geltend machen.

V. Verfahrensordnung der Kameradengerichte

13. Die Kameradengerichte verhandeln:

1. Auf Antrag der Leitungen der Gewerkschaften, der Vaterländischen Front, der Komsomol- und der sonstigen gesellschaftlichen Organisationen, auf Antrag der Versammlung der Kollektive am Arbeitsort des Rechtsbrechers und auf Antrag der freiwilligen Einheiten zur Sicherung der öffentlichen Ordnung, der Kommissionen der Volkskontrolle, der Produktionskomitees, der Arbeitsschutzkommissionen und der Arbeitsinspektoren;
2. Auf Antrag der Exekutivkomitees der Nationalräte und der bei ihnen bestehenden ständigen Kommissionen;
3. Auf Antrag der Leitungsorgane der Unternehmen, Behörden, Landwirtschaftlichen Arbeitsgenossenschaften, Genossenschaften und Lehranstalten;
4. Auf Antrag der Organe der Volksmiliz, der Staatsanwaltschaft und des Gerichts;
5. Auf Antrag der Kommissionen zur Bekämpfung gesellschaftswidriger Erscheinungen von Minderjährigen und Nichtvolljährigen;
6. Auf Bitten von Bürgern.

Vertreter der gesellschaftlichen Organisationen, die einen Antrag gestellt haben, können vor dem Kameradengericht auftreten und ihren Antrag begründen.

---

[7] Vgl. Fußnote 4.

Gesetz
über administrative Übertretungen und Strafen vom 20. November 1969*

— Auszug —

ERSTES KAPITEL

Allgemeine Bestimmungen

Art. 1. Dieses Gesetz bestimmt die allgemeinen Regeln für administrative Übertretungen und Strafen, das Verfahren für die Feststellung der administrativen Übertretungen, für die Verhängung und Vollstreckung der administrativen Strafen und gewährleistet die notwendigen Garantien für den Schutz der Rechte und Interessen der Bürger und der sozialistischen Organisationen.

Art. 2. (1) Handlungen, die eine administrative Übertretung darstellen, und die entsprechenden Strafen für diese werden durch Gesetz oder Dekret bestimmt.

(2) Ist die Verletzung eines Gesetzes oder eines Dekretes allgemein als mit einer nach Art und Umfang bestimmten administrativen Strafe für strafbar erklärt, so können der Ministerrat oder Regierungsmitglieder, wenn sie von dem entsprechenden Gesetz oder Dekret hierzu ermächtigt sind, die Merkmale der konkreten Übertretungen bestimmen.

(3) Durch Anordnungen, die die Volksräte erlassen, bestimmen sie die Merkmale derjenigen administrativen Übertretungen und die entsprechenden Strafen, die im Gesetz über Volksräte vorgesehen sind.

Art. 3. (1) Auf jede administrative Übertretung wird der Normativakt angewendet, der im Zeitpunkt ihrer Begehung in Kraft war.

(2) Ergehen vor Rechtskraft der Strafverfügung verschiedene Normativvorschriften, so wird die für den Täter günstigste angewendet.

Art. 4. Dieses Gesetz und andere Gesetze und Dekrete, die administrative Strafen vorsehen, werden auf alle administrative Übertretungen angewandt, die auf dem Territorium der Volksrepublik Bulgarien, auf einem bulgarischen Schiff oder Flugzeug begangen wur-

* Důržaven Vestnik (Staatsanzeiger) Nr. 92 vom 28. 11. 1969.

den sowie gegenüber bulgarischen Bürgern, die im Ausland nach bulgarischen Gesetzen strafbare administrative Übertretungen begangen haben, soweit hiervon die Interessen unseres Staates betroffen sind.

Art. 5. Die Frage der Verantwortlichkeit der Ausländer, die hinsichtlich der administrativstrafrechtlichen Jurisdiktion der VRB Immunität besitzen, bestimmt sich nach den von ihr anerkannten Normen des Völkerrechts.

ZWEITES KAPITEL

Administrative Übertretungen und Strafen

ABSCHNITT I.

Administrative Übertretungen

Art. 6. Administrative Übertretung ist eine Handlung (Tun oder Unterlassen), die die festgesetzte Ordnung der sozialistischen Staatsverwaltung verletzt, die schuldhaft begangen und für strafbar erklärt ist mit einer administrativen Strafe, welche im administrativen Verfahren verhängt wird.

Art. 7. (1) Eine Handlung, die als administrative Übertretung erklärt ist, ist schuldhaft, wenn sie vorsätzlich oder fahrlässig begangen ist.

(2) Fahrlässig begangene Handlungen werden nur in ausdrücklich vorgesehenen Fällen bestraft.

Art. 8. Keine administrativen Übertretungen sind Handlungen, die in Notwehr oder Notstand begangen werden.

Art. 9. (1) Die Vorbereitung zur administrativen Übertretung wird nicht bestraft.

(2) Auch der Versuch einer administrativen Übertretung wird nicht bestraft, mit Ausnahme des Versuches von Zoll- und Devisenübertretungen, und zwar nur in den Fällen, die im entsprechenden Gesetz oder Dekret vorgesehen sind.

Art. 10. Bei administrativen Übertretungen werden die Anstiftung, Beihilfe und Hehlerei nur in den Fällen bestraft, die im entsprechenden Gesetz oder Dekret vorgesehen sind.

Art. 11. Bei Fragen der Schuld, der Zurechnungsfähigkeit, der die Verantwortlichkeit ausschließenden Umstände, der Formen der Teilnahme, der Vorbereitung und des Versuchs werden die Bestimmungen des Allgemeinen Teils des Strafgesetzbuches angewandt, soweit dieses Gesetz nichts anderes bestimmt.

ABSCHNITT II.

Administrative Strafen

Art. 12. Administrative Strafen werden zum Zweck der vorbeugenden Beeinflussung und der Umerziehung des Täters zur Einhaltung der festgelegten Rechtsordnung sowie zwecks erzieherischer und vorbeugender Einwirkung auf andere Bürger verhängt.

Art. 13. Für administrative Übertretungen können folgende administrative Strafen vorgesehen und verhängt werden:

a) Gesellschaftlicher Tadel;

b) Geldbuße;

c) Zeitweilige Aberkennung des Rechts auf Ausübung eines bestimmten Berufes oder einer bestimmten Tätigkeit.

Art. 14. Der gesellschaftliche Tadel wegen einer begangenen Übertretung erfolgt durch öffentliches Tadeln vor dem Arbeitskollektiv, in dem der Täter arbeitet oder vor der Organisation, deren Mitglied er ist.

Art. 15. (1) Geldbuße ist eine Geldstrafe, die 300 Lewa, bei wiederholter Begehung derselben Straftat aber 500 Lewa nicht übersteigen darf.

(2) Bei Nichtvolljährigen wird die administrative Strafe der Geldbuße durch den gesellschaftlichen Tadel ersetzt.

Art. 16. Die Aberkennung des Rechts auf Ausübung eines bestimmten Berufes oder einer bestimmten Tätigkeit erfolgt durch das gegenüber dem Täter ausgesprochene Verbot der Ausübung des Berufes oder der Tätigkeit, in deren Zusammenhang er die Übertretung begangen hat. Die Dauer dieser Strafe darf nicht kürzer als ein Monat und nicht länger als zwei Jahre sein, bei durch Alkoholgenuß oder andere Rauschmittel hervorgerufenen verkehrsgefährdenden Übertretungen kann sie bis zu drei Jahren betragen. Dies berührt nicht die erworbene Rechtsfähigkeit, mit Ausnahme der Fälle, die im entsprechenden Gesetz oder Dekret vorgesehen sind.

Art. 17. Niemand darf wegen einer administrativen Übertretung, für die er durch eine rechtskräftige Strafverfügung oder eine Gerichtsentscheidung bestraft wurde, zum zweiten Mal bestraft werden.

Art. 18. Sind durch eine Handlung mehrere administrative Übertretungen begangen worden, oder hat eine und dieselbe Person mehrere einzelne Übertretungen begangen, so werden die auferlegten Strafen für jede von ihnen einzeln verfügt.

Art. 19. Für die nach diesem Gesetz strafbaren administrativen Übertretungen ist bedingte Bestrafung unzulässig.

Art. 20. (1) Zusammen mit den in Art. 13 vorgesehenen administrativen Strafen ordnet das Organ, das die Strafe verhängt, die Einziehung der Sachen zugunsten des Staates an, die dem Täter gehören und ihm zur Begehung einer vorsätzlichen administrativen Übertretung gedient haben, wenn dies im entsprechenden Gesetz oder Dekret vorgesehen ist.

(2) Zugunsten des Staates werden auch Sachen eingezogen, die Gegenstand der Übertretung sind und deren Besitz verboten ist, wo diese sich auch immer befinden und unabhängig von ihrer Menge und ihrem Wert.

(3) Außer den Sachen gemäß den vorstehenden Absätzen werden in den Fällen, die im entsprechenden Gesetz oder Dekret vorgesehen sind, auch dem Täter gehörende Sachen, die Gegenstand der Übertretung gewesen sind, zugunsten des Staates eingezogen.

(4) Die Einziehung gemäß Absatz I und III ist unzulässig, wenn der Wert der Sachen im offensichtlichen Mißverhältnis zu dem Charakter und der Schwere der administrativen Übertretung steht, es sei denn, daß im entsprechenden Gesetz etwas anderes bestimmt wird.

Art. 21. Sachen, die der Täter als Ergebnis der Übertretung erlangt hat, werden unabhängig von Menge und Wert zugunsten des Staates eingezogen.

ABSCHNITT III.

Administrative Zwangsmaßnahmen

Art. 22. Zum Zwecke der Vorbeugung und der Verhinderung von administrativen Übertretungen sowie zwecks der Beseitigung der eingetretenen Schadensfolgen können administrative Zwangsmaßnahmen angewendet werden.

Art. 23. Die Fälle, in denen administrative Zwangsmaßnahmen angewendet werden können, ihre Art, die anwendenden Organe, die Anwendungsweise sowie das einschlägige Beschwerdeverfahren werden durch entsprechendes Gesetz oder Dekret geregelt.

ABSCHNITT IV.

Administrativstrafrechtlich verantwortliche Personen

Art. 24. (1) Die administrativstrafrechtliche Verantwortlichkeit ist persönlich.

(2) Für administrative Übertretungen, die bei der Verwirklichung der Tätigkeit von Unternehmen, Einrichtungen und Organisationen begangen wurden, sind die Arbeiter oder die Bediensteten verant-

wortlich, die sie begangen haben sowie die Vorgesetzten, die sie angeordnet oder ihre Begehung zugelassen haben.

Art. 25. Hat der Täter einer administrativen Übertretung in Ausführung eines unrechtmäßigen Dienstbefehls gehandelt, der ordnungsgemäß erteilt wurde, so ist der Täter nicht administrativstrafrechtlich verantwortlich, wenn für ihn nicht offensichtlich gewesen ist, daß der Befehl eine Übertretung beinhaltet.

Art. 26. (1) Administrativstrafrechtlich verantwortlich sind Personen, die das 18. Lebensjahr vollendet und die administrative Übertretung im Zustand der Zurechnungsfähigkeit begangen haben.

(2) Administrativstrafrechtlich verantwortlich sind auch Nichtvolljährige, die das 16. nicht aber das 18. Lebensjahr vollendet haben, wenn sie das Wesen und die Bedeutung der begangenen Übertretung erfassen und ihr Verhalten beherrschen konnten.

(3) Für administrative Übertretungen, die von Minderjährigen oder von Nichtvolljährigen im Alter von 14 bis 16 Jahren und von Entmündigten begangen werden, sind entsprechend die Eltern, Vormünder oder Pfleger verantwortlich, die wissentlich ihre Begehung zugelassen haben.

ABSCHNITT V.

Zumessung der administrativen Strafe

Art. 27. (1) Die administrative Strafe wird gemäß diesem Gesetz und im Rahmen der Strafe zugemessen, die für die begangene Übertretung vorgesehen ist.

(2) Bei der Strafzumessung werden die Schwere der Übertretung, die Beweggründe für ihre Begehung und andere schuldmindernde und -erschwerende Umstände sowie die Vermögenslage des Täters berücksichtigt.

(3) Mildernde Umstände führen zur Verhängung einer leichteren Strafe, erschwerende zu einer schwereren Strafe.

(4) Die Ersetzung der für die Übertretung vorgesehenen Strafe durch eine leichtere Strafart ist — mit Ausnahme der Fälle gem. Art. 15 Abs. II — unzulässig.

(5) Ebenso ist unzulässig die Zumessung der Geldstrafe und der zeitweiligen Aberkennung des Rechts auf Ausübung eines bestimmten Berufes oder einer bestimmten Tätigkeit unter der vorgesehenen Mindestgrenze.

Art. 28. In unbedeutenden Fällen von administrativen Übertretungen kann das strafbefugte Organ:

a) keine administrative Strafe verhängen und zugleich den Täter mündlich oder schriftlich verwarnen, daß bei wiederholter Begehung der Übertretung die adminstrative Strafe verhängt wird.
b) den Vorgang dem Kameradengericht übergeben, wenn gegen den Täter nicht bereits eine Maßnahme der gesellschaftlichen Einwirkung oder eine administrative Strafe wegen einer ähnlichen Übertretung verhängt worden ist.

Art. 29. In unbedeutenden Fällen von administrativen Übertretungen, die von Nichtvolljährigen begangen wurden, leitet das strafbefugte Organ den Vorgang an die Örtlichen Kommissionen zur Bekämpfung gesellschaftswidriger Erscheinungen von Minderjährigen und Nichtvolljährigen zum Zwecke der Verhängung von Maßnahmen erzieherischen Charakters weiter.

ABSCHNITT VI.

Allgemeine administrativstrafrechtliche Bestimmungen

Art. 30. Für einzelne administrative Übertretungen, die nicht im Verfahren gem. Art. 2 Abs. I und II bestimmt sind, werden die Art. 31 und 32 entsprechend angewendet.

Art. 31. Wer einen gesetzlichen Beschluß, einen Befehl oder eine Anordnung eines Organs der Macht, einschließlich der wirtschaftlichen Maßnahmen des Staates, nicht ausführt oder verletzt, wird mit einer Geldstrafe bis zu 50 Lewa bestraft.

Art. 32. (1) Wer eine Verordnung, einen Beschluß oder einen anderen vom Ministerrat erlassenen oder angenommenen Akt nicht ausführt oder verletzt, wird mit einer Geldstrafe bis zu 200 Lewa bestraft, wenn die Handlung keine Straftat darstellt.

(2) Die Bestimmung des vorstehenden Absatzes wird auf diejenigen vom Ministerrat erlassenen oder bestätigten Akte angewendet, die ausdrücklich auf diesen Artikel Bezug nehmen.

Strafvorschriften
in anderen Gesetzen

— Auszüge —

1. Gesetz über den Schutz des nutzbaren Bodens vom 14. Juni 1967*

Art. 27. Wer einen begonnenen gesetzwidrigen Bau auf einem nicht veräußerten oder nicht ordnungsgemäß zugewiesenen Grundstück fortsetzt, nachdem ihm angeordnet worden ist, das Bauen einzustellen, wird mit Freiheitsentziehung bis zu fünf Jahren bestraft.

2. Gesetz über den Naturschutz vom 14. Juni 1967*

Art. 35. (1) Wer ein unter Schutz gestelltes Naturobjekt beschädigt oder an diesem verbotene Handlungen vornimmt, wird mit Geldstrafe bis zu 500 Lewa bestraft.

(2) Ist durch die begangene Handlung ein den Wert von 500 Lewa übersteigender Schaden verursacht worden, so ist die Strafe Freiheitsentziehung bis zu zwei Jahren oder Besserungsarbeit.

Art. 36. (1) Wer ein außerordentlich wertvolles, einmaliges oder unersetzliches Naturobjekt, das unter Schutz steht, wie Wildtiere, Vögel, Pflanzen und andere, die durch Anordnung des Ministers für Forste und Holzindustrie für einmalig erklärt sind, vernichtet oder beschädigt, wird mit Freiheitsentziehung bis zu drei Jahren bestraft.

(2) Wird die Handlung fahrlässig begangen, so ist die Strafe Besserungsarbeit oder Geldstrafe bis zu 500 Lewa.

3. Gesetz über Erfindungen und Rationalisierungen vom 8. Oktober 1968**

Art. 93. Wer eine anerkannte oder angemeldete Erfindung oder Rationalisierung ins Ausland versendet, verbringt, dort registriert, abtritt, verkauft oder nutzt oder sie einem ausländischen Staatsangehörigen oder einer ausländischen Firma im Inland außerhalb der vorgesehenen Ordnung und ohne Genehmigung gemäß Art. 6 dieses Gesetzes abtritt, übergibt oder verkauft, wird mit Freiheitsentziehung bis zu drei Jahren oder mit Geldstrafe bis zu 2000 Lewa bestraft, wenn in einem anderen Gesetz nicht eine schwerere Strafe vorgesehen ist[1].

---

* Důržaven Vestnik (Staatsanzeiger) Nr. 47 vom 16. Juni 1967.

** Důržaven Vestnik (Staatsanzeiger) Nr. 81 vom 18. Oktober 1968.

[1] Art. 6. (1) Ein bulgarischer Bürger kann anerkannte Erfindungen und Rationalisierungen gemäß der vorgesehenen Ordnung mit Genehmigung

des Vorsitzenden des Staatlichen Komitees für Wissenschaft und technischen Fortschritt ins Ausland versenden, verbringen, dort registrieren, abtreten, verkaufen oder nutzen oder sie einem ausländischen Staatsangehörigen im Inland abtreten, übergeben oder verkaufen.

(2) Im Abs. 1 bezeichnete Handlungen, die sich auf Vorschläge beziehen, welche nicht gemäß der in diesem Gesetz vorgesehenen Ordnung angemeldet oder anerkannt sind, können mit Genehmigung des Vorsitzenden des Staatlichen Komitees für Wissenschaft und technischen Fortschritt vorgenommen werden.

Stichwortregister

Die freistehenden Zahlen geben die Seiten, die eingeklammerten die Artikel des StGB an.

FSC
www.fsc.org
MIX
Papier | Fördert gute Waldnutzung
FSC® C083411

Kolibri 360 GmbH
Ferdinand-Jühlke-Straße 7
99095 Erfurt, Deutschland
produktsicherheit@kolibri360.de